GOLDMANN ESOTERIK

Umschlagillustration:

Für die Umschlagillustration wurde ein dreidimensionales Illusionsbild aus den Bänden »Das magische Auge«, erschienen in der arsEdition München, verwendet. Und so können Sie das 3D-Bild erkennen: Führen Sie das Buch an die Nasenspitze. Blicken Sie geradeaus, als würden Sie durch das Bild hindurchsehen. Bewegen Sie das Buch langsam von sich weg und blinzeln Sie nicht. Vor Ihren Augen entwickelt sich ein dreidimensionales Bild ...

Sun Bear lehrt den weißen Mann,wie man durch eine Rückkehr zum indianischen freundschaftlichen Verhältnis zur Natur sein Leben reinigen und erfüllen kann. Sein Ziel ist es, den Weißen zum indianischen Selbstverständnis zu führen. Deshalb versteht Sun Bear sich nicht als Vertreter eines bestimmten indianischen Stammes oder als Medizinmann der Indianer. Sun Bears Vision ist die eines gemeinsamen Stammes von Weißen und Indianern, der die Grundlage zur Auferstehung der alten indianischen Spiritualität bilden soll, mit der die Erde zu heilen ist. Mit diesem Ziel hat Sun Bear seinen eigenen Stamm gegründet, den Bear Tribe, in dem Indianer und Weiße zusammenleben und für eine Rückkehr zur Mutter Erde arbeiten. Sein Buch zeigt, wie wir durch die Erfahrung des Lebens in der Wildnis die alte Natur- und Erdverbundenheit des Indianers neu erlernen können. Es ist zugleich ein anschaulicher Führer für den rücksichtsvollen Umgang mit der Natur. Sun Bear lehrt, wie der Mensch sich ein Heim in der Wildnis bauen sollte,und er zeigt damit zugleich die Fehler auf, die wir alle in unserem herzlosen und ausbeuterischen Umgang mit der Natur täglich begehen. Sein Buch ist deshalb auch ein überzeugendes Dokument des indianischen Naturverständnisses – ein Naturverständnis, das keineswegs überholt ist, sondern uns auch heute noch als Wegweiser dienen kann.

Bei Goldmann sind von Sun Bear die folgenden Bücher erschienen:

Das Medizinrad (12108)
Der Pfad der Kraft (11801)
Die Erde liegt in unserer Hand (12206)
Das Medizinrad-Praxisbuch (12197, Pb)

SUN BEAR
Leben mit der Kraft

Ein Selbsthilfebuch für das Leben in der Wildnis

Aus dem Amerikanischen von
Jürgen Langowski
Unter Mitarbeit von
Edna Falke von Hartmann

GOLDMANN VERLAG

Sonderausgabe
Der Titel ist bereits unter der Nummer 11822
als Goldmann-Taschenbuch erschienen.

Die Originalausgabe erschien unter dem Titel:
»The Bear Tribe's Self-Reliance Book« bei
Bear Tribe Publishing Co., Spokane, WA

Überarbeitete Neuausgabe 1987

Umwelthinweis:
Alle bedruckten Materialien dieses Taschenbuches
sind chlorfrei und umweltschonend.
Das Papier enthält Recycling-Anteile.

Der Goldmann Verlag
ist ein Unternehmen der Verlagsgruppe Bertelsmann

Umschlaggestaltung: Design Team München
Umschlagillustration: Aus dem Buch »Das magische Auge III«,
© 1994 N. E. Thing Enterprises,
erschienen im Verlag arsEdition München und Zug
Satz: Uhl + Massopust, Aalen
Druck: Presse-Druck Augsburg
Verlagsnummer: 43023
Ba · Herstellung: Heidrun Nawrot/sc
Made in Germany
ISBN 3-442-43023-2

1 3 5 7 9 10 8 6 4 2

Dieses Buch ist allen Menschen gewidmet,
die versuchen, mehr Verantwortung für sich selbst
und für die Mutter Erde zu tragen;
und Shasta, der uns so viel über die Liebe lehrte.

Teile dieses Buches erschienen ursprünglich in MANY SMOKES, dem Native American/Earth Awareness Magazine und in seinem Nachfolger, WILDFIRE, The Medicine Network Magazine.

Die Wampanoag-Prophezeiung, die ursprünglich in MANY SMOKES erschien, wird auch in einem neuen Buch von Manitonquat enthalten sein, das unter dem Titel RETURN TO CREATION erscheinen wird.

Inhalt

Danksagung

Wir danken dem Großen Geist, weil er uns seinem Willen dienen läßt.

Wir danken der Mutter Erde für ihre Geduld, für ihr Verständnis, für ihre Aufmerksamkeit, für ihre Duldsamkeit, für ihre Sanftheit und ihre Schönheit.

Wir danken all jenen, die unsere Lehrer waren, und denen, die zu uns kamen, um zu lernen und uns auf diese Weise lehrten.

Wir danken unseren Verwandten im Mineralreich, im Pflanzenreich und im Tierreich, weil sie uns lehrten, uns nährten und unsere Bewunderung annahmen.

Wir danken für diese Gelegenheit, einige Dinge, die wir lernten, weiterzugeben.

Wir danken all jenen, die zum Stamm kamen und sich selbst und ihr Wissen einbrachten. Besonders danken wir den Menschen, die ihre ganze Liebe und Energie in die Entstehung dieses Buches gesteckt haben: Yarrow McDonald, Ken, Mondamin und Soonkaax-kwe, Jim, Leon, Mary Kay, Wolf, Barbara, Brad, Carla, Yarrow Goding, Bobby und Red Bear. Wir danken Gregory, Stan und Whispering Leaf, die Teile des Buches geschrieben haben. Wir danken allen Dichtern und Künstlern, die ihre Arbeiten zur Verfügung stellten. Wir danken Bill Durrell und Jean Terra, die beim Druck und der Aufbereitung der Fotos halfen. Wir danken jenen, die zufällig vorbeikamen und ihre Hilfe anboten. Wir danken Linda Legman für das Titelbild.

Wir danken Simon Henderson für sein wertvolles Wissen und seine Erfahrung auf dem Gebiet des organischen Landbaus, für seine Hilfe bei der überarbeiteten Neuauflage dieses Buchs, und wir danken ihm für die Rolle, die er in unserem Leben spielt. Wir danken Cougar für seine Liebe für die Erde und sein Wissen über den Erwerb von Land und das Leben auf dem Land. Wir danken

Ninimosha, deren wachsende Weisheit und deren Weitblick sich im ganzen Buch widerspiegeln.

Und wir danken all jenen, die beim Stamm arbeiten und halfen, diese Neuauflage entstehen zu lassen: Sun Bear, Wabun, Shawnodese, Gaia,- Raven Cougar, Niminosha, Donna Singing Pipe Woman, Ruth Blue Camas, Casey, Yarrow, Thunderbird Woman, Michelle Odayinquae, Beth Earthseeker, Simon Henderson, Marc Creller, Mary Fallahay, Matt Ryan, Elisabeth Robinson, Tom Wilson, Saundra Pathweaver, Gail Buckner und Cheryl Crombie. Sie und viele andere liebe Menschen, unter ihnen auch Sun Bears Schüler, haben in den letzten Jahren unser Wissen über Selbstversorgung und über das Leben sehr bereichert.

Wir danken dir dafür, daß du dieses Buch gekauft hast und liest.

Einleitung

Wenn du je davon geträumt hast, auf dem Land zu leben; wenn du je daran gedacht hast, dich einer Gemeinschaft auf dem Lande anzuschließen oder eine zu gründen; wenn du einer der Millionen Menschen bist, auf die amerikanische Indianer eine Faszination ausüben; wenn du heute schon in deinem Hinterhof gärtnerst; wenn du ein Mensch bist, der Möglichkeiten sucht, die Welt zu einem schöneren Ort zu machen; wenn du Möglichkeiten suchst, weniger verschwenderisch zu leben; wenn du herausfinden willst, wie du unabhängiger leben kannst – dann ist dieses Buch für dich geschrieben.

Das Bear Tribe Self Reliance Book gibt einen Überblick über alle oben erwähnten Themen und viele weitere. Es wird dir helfen, dich mehr auf deine eigenen Fähigkeiten und dein Wissen zu verlassen, um dich mit den notwendigen Dingen selbst zu versorgen – oder um eine Vorstellung zu entwickeln, wie der Weg dorthin für dich aussehen könnte. Es ist ein einführender Überblick für die Menschen, die gerade beginnen, sich mit der Selbstversorgung auseinanderzusetzen, und zugleich eine Ermutigung für alle, die sich bereits mehr oder weniger selbst versorgen. Außerdem hilft dir dieses Buch beim Verständnis dafür, wie die Erde gehegt wird und wie du in deinem Alltagsleben eine positive Grundhaltung entwickeln kannst.

Dieses Buch stellt keine abstrakten Theorien vor. Alles auf diesen Seiten entspringt der Erfahrung der Verfasser. Sun Bear, ein Nachkomme der Ojibwa, wuchs in der Wildnis des nördlichen Minnesota auf. Um zu überleben, mußte er lernen, mit dem Land zu leben und für sich selbst zu sorgen. Und er ist ein Lehrer, der uns heute hilft, das Weltbild der Indianer und seine Verbindungen zu unserem heutigen Leben zu verstehen. Er hat vielen Menschen geholfen, ihren eigenen Weg der Kraft zu finden und zu gehen.

Niminosha und ich wuchsen in der Welt der Weißen auf; sie auf einer Farm in Rhode Island und ich in der Survival School of Newark, New Jersey. Wir schlossen uns Sun Bear und dem Bear Tribe an, weil wir in ihm und seiner Vision eine positive Alternative zu der Welt sahen, die wir bislang kannten. Zusammen haben wir drei mehr als fünfzig Jahre Erfahrung im Leben in einer Gemeinschaft.

Der Bear Tribe ist unter anderem eine Medizingesellschaft von Lehrern, die das Wissen, das sie erworben haben, mit anderen teilen wollen. In diesem Buch ist dieses Wissen festgehalten; die Themen reichen von Visionen und Prophezeiungen bis zur Konservierung von Lebensmitteln und Versicherungen. Für jeden Leser dieses Buches gibt es zumindest ein Bröckchen neues Wissen zu gewinnen.

Wir glauben, daß alles, was man tut, eine Rolle spielt. Jedesmal, wenn man die Erde umsichtig und sensibel berührt, gibt sie eine Antwort. Jedesmal, wenn wir unsere alten, destruktiven Gewohnheiten aufgeben, wachsen wir und erwerben ein neues, sanfteres Verhalten; und egal wie gering die Veränderung ist, die Erde antwortet. Die Erde und ihre Kinder besitzen eine bemerkenswerte Regenerationsfähigkeit, doch nur, wenn wir aus ganzem Herzen zusammenarbeiten.

Wabun

Das Märchen vom Wasserklan

(wie es von Sun Bear erzählt wird)

Es war einmal vor langer, langer Zeit, da reisten einige Menschen in Kanus mit gewaltigen Segeln über das Große Wasser. Diese seltsamen Kanus konnten all die vielen Menschen tragen, die auf der Suche nach neuem Land waren, weil die Herrscher in ihrer Heimat böse und selbstsüchtig geworden waren. Sie hatten ihr Volk gelehrt, alle zu hassen, die eine andere Sprache sprachen oder den Großen Geist auf eine andere Weise anbeteten. Die Herrscher begannen Kriege, die ihnen Profit brachten, dem Volk jedoch Leiden und Tod.

Als sie das Land unserer Ahnen erreichten, wurden sie von unserem Volk begrüßt. Unsere Vorfahren setzten sich mit ihnen zur Beratung zusammen und behandelten sie wie Schwestern und Brüder. Sie ließen die Pfeife herumgehen, rauchten, teilten ihre guten Gedanken und Worte, und sie beschenkten einander. Zu jener Zeit war großes Glück über dem Land.

Die Menschen, die über das Wasser kamen, sagten, daß sie eine neue Heimat suchten. Unser Volk sagte: »Kommt, lebt mit uns. Wir teilen unser Land und unsere Gebräuche mit euch, und ihr sollt der Wasserklan genannt werden.« Die Leute, die über das große Wasser gekommen waren, betrachteten die Gebräuche unseres Landes und sahen, daß Frieden und Überfluß herrschten, und daß jeder Mensch den Großen Geist so anbeten konnte, wie seine Vision es ihm gesagt hatte. Und so nahmen sie voll warmer Dankbarkeit das Angebot unseres Volkes an. Die Leute vom Wasserklan lernten, das neue Land zu bestellen, und ihre Söhne und Töchter verheirateten sich mit unserem Volk. Sie lernten, unsere Stammesorganisation zu respektieren, die so war, daß die Häuptlinge und Berater zusammensaßen und gute Entscheidungen für das Volk trafen.

Der Wasserklan erzählte schreckliche Geschichten von anderen Ländern, in denen Männer um des Geldes willen regierten und korrupt wurden. Sie sagten: »Dies soll hier nicht geschehen. Unsere Häuptlinge sollen wie die euren um der Liebe der Menschen willen beraten, und sie sollen bei der Jagd oder auf dem Feld mit ihren Brüdern und Schwestern zusammenarbeiten.«

Sie erzählten andere Geschichten über Menschen, die ins Gefängnis gesteckt wurden, weil sie hungrig waren und etwas gestohlen hatten; oder die einen Menschen getötet oder Unrecht gegen ihre Mitmenschen begangen hatten, weil sie krank im Geist waren. Und sie sagten: »Das ist schlecht. Es ist besser, wenn wir leben wie ihr und die Hungrigen speisen und jene, die auf diese Weise erkrankt sind, zu euren Ratgebern und Medizinleuten schicken, die ihnen helfen können, wieder gesund zu werden.«

Als das Land wuchs, gründeten wir Zentren der Wärme, zu denen alle gehen konnten, die durcheinander waren oder Probleme hatten. Sie konnten dort ruhen und sich an der Liebe der weisen Ratgeber aufwärmen; und die Ratgeber halfen ihnen, zu wachsen und ihr Gleichgewicht wiederzufinden.

Als die Menschen nach Westen zogen, trafen sie auf andere

Stämme, die andere Visionen hatten, und sie sagten: »Dies ist die Vision für diesen Teil des Landes. Wir müssen sie respektieren. Es gibt hier andere Häuptlinge, die von ihrem Volk geliebt werden, also wollen wir ihr Wissen und ihren Rat akzeptieren.«

Die Häuptlinge dort sagen den Menschen, sie dürften nur so viele Büffel schießen, wie sie zur Ernährung brauchten, und die Leute sahen, daß dies weise war, denn so würde es für die Kinder immer genug Büffel geben. Ein Häuptling namens Sitting Bull sagte, er hätte einen schlechten Traum gehabt; er hätte weiße Männer in blauen Anzügen gesehen, die mit Feuerstöcken gekommen wären und sein ganzes Volk getötet und ermordet hätten. Die Leute vom Wasserklan versicherten ihm, daß dies nicht geschehen würde, denn dies sei eine Krankheit, die sie glücklich überwunden hätten, als sie die Ufer dieses neuen Landes erreichten.

Als der Wasserklan zusammen mit Angehörigen anderer Stämme durchs Land zog, trafen sie immer wieder neue Völker, bis schließlich die Völker von Küste zu Küste voneinander wußten. An einigen Orten hatten die Menschen große Dörfer gebaut, doch sie sorgten immer zusammen für die Ernährung des Dorfes, und sie achteten auf ihr Gleichgewicht mit der Mutter Erde. Jedes Gebiet hatte einen Häuptlingsrat, der jede neue Idee daran maß, ob sie dem Volk, der Mutter Erde und dem Großen Geist nützte.

Als ein Mann namens Ford eine Erfindung machte, mit der man herumfahren und das Land bestellen konnte, sagten sie: »Das ist gut, wenn wir es gut gebrauchen. Wir können Lebensmittel anbauen, um hungrige Menschen in anderen Ländern zu speisen, und in unserem eigenen Land können wir die Dinge, die wir brauchen, schneller befördern. Dies versetzt die Menschen in einem Gebiet in die Lage, die Leute in anderen Gebieten zu besuchen, so daß wir voneinander lernen können und unsere Herzen wie ein einziges schlagen.« Die Leute vom Wasserklan dachten sich noch viele Erfindungen aus, die für die Menschen nützlich und gut waren, und die sich in Harmonie mit dem Land befanden, und die anderen Klans sagten: »Es ist gut, daß unsere neuen Brüder und Schwestern über das Wasser kamen, um mit uns zu leben.«

Als die Angehörigen des Wasserklans hörten, daß die Menschen in ihrer alten Heimat verrückt geworden waren und Waffen bauten, mit denen viele Menschen getötet wurden, fragten sie, ob sie diese Leute zu den Beratern bringen durften. So geschah es, und sie wurden in Aufwärmhäuser gebracht, bis sie ihre Balance gefunden hatten. Dann wurden sie in ihre Heimat zurückgeschickt, und sie lehrten die anderen diese Balance, während sie daran arbeiteten, die Dinge wieder aufzubauen, die sie in ihrem Wahn zerstört hatten. Einige Angehörige unseres Volkes besuchten sogar die traditionellen Sprecher in anderen Ländern noch viel weiter im Osten, und die Häuptlinge aller Stämme auf dem Planeten berieten gemeinsam und fanden einen Weg, wie alle Menschen in Frieden und Überfluß leben konnten.

Alle hatten die Balance mit der Mutter Erde gelernt, und in ihrer Freude wurde sie grün und prächtig. Der Große Geist blickte zur Erde, auf der alle Geschöpfe ihren Platz und ihre Aufgabe kannten, und er war froh, ihr Glück zu sehen. Es ist gut.

So hätte es sein können. So könnte es immer noch für jene sein, die lernen, in Liebe und mit Sinn für das Gleichgewicht auf der Mutter Erde zu wandeln.

I
Die Vision

Sun Bears Vision

Die Vision ist etwas, auf das man hofft, das man aber noch nicht gesehen hat. Die Vision ist etwas, das uns führt, das uns leitet und die Richtung weist. Die Vision ist eine Erfahrung, zu der jeder junge Ureinwohner ermuntert wurde, und die Ureinwohnerinnen konnten ebenfalls zur Visionssuche ausziehen. Dabei wurde ein Gebet gesprochen: »Welches soll meine Aufgabe im Leben sein, Großer Geist? Wie kann ich am besten meinem Volk dienen? Welches ist mein Platz im Universum?«

Ich hatte meine Vision, als ich noch sehr jung war. Zusammen mit der Vision kommt die Kraft der Führung.

Ich sah die Zeit, da Menschen zusammenkommen würden, um zu lernen, wie Brüder und Schwestern zusammenzuleben. Dies sollte wirklich geschehen. Ich sah Menschen, die in Gruppen zusammenlebten und miteinander teilten und einander halfen, Indianer und Nicht-Indianer zusammen. Ich sah, wie die Mutter Erde geheilt wurde, indem die Menschen ihr Land wirklich zu lieben begannen. Doch zuerst sah ich ganze Städte, die zugrunde gingen, weil die Menschen keine Möglichkeit mehr fanden, sich zu versorgen. Ich wunderte mich darüber, denn die Vereinigten Staaten schienen allmächtig zu sein. Dann sah ich in der Vision schlimme Jahre der Dürre; eine Zeit, in der die Mutter Erde jedes Wachstum hemmen würde. Ich sah große schwarze Vögel, die wie Geier über vertrockneten Kornfeldern kreisten; Scharen hungriger Menschen reisten über das Land und suchten Essen. Ich wußte, daß ich die Menschen lehren mußte, sich selbst zu versorgen.

Zuerst arbeitete ich nur mit Indianern, doch nach einiger Zeit führte meine Arbeit mich nach Kalifornien, und meine Medizin sagte mir, daß es an der Zeit sei, meine Hauptarbeit zu beginnen, die Bear Tribe Medicine Society. Die Vision, die ich hatte, sprach von Menschen, die zusammen arbeiteten und die Dinge teilten, die auf dem Land lebten, ihre Nahrungsmittel selbst zogen, die ihre Häuser selbst bauten und zugleich andere Menschen das gleiche Verantwortungsbewußtsein für das Land lehrten, statt sich über die Dinge zu beschweren, die ihnen die Gesellschaft antut. Ich wollte den Menschen lieber zeigen, wie sie ihre Familien ernähren können, indem sie näher am Land leben und auf diese Weise die Abhängigkeiten des Lebens in der Stadt abstreifen.

In meiner Vision sah ich Menschen, die mit einer neuen Demut und neuer Achtung für die Mutter Erde zum Land zurückkehrten. Ich sah, wie neue Zeremonien aus den alten entstanden. Die Friedenspfeife wurde auf die richtige Weise benutzt, und die Menschen kamen auf die alte Art zusammen, die doch wieder etwas Neues war. Es gab ein umfassendes Gemeinschaftsgefühl. Ich sah Menschen um freies Wasser lagern, an Flüssen und Bächen und Quellen, ich sah sie schwer arbeiten, um ihre Nahrungsmittel zu erzeugen; doch sie waren dankbar, daß sie lebten, denn es lebten nur noch versprengte kleine Gruppen von Menschen, und alle dankten dem Großen Geist, daß sie noch leben durften. Wenn die Menschen zusammenkamen, umarmten sie sich liebevoll; sogar jene, die zuvor noch Fremde waren.

Nur wenige Menschen hatten die Veränderungen überlebt. Ich habe viel Zerstörung gesehen; Menschen flohen aus den großen Städten; andere Menschen starben an Verseuchungen, ich sah verlassene Städte; und ich fragte mich immer wieder, wie es dazu kommen würde, bis ich in den letzten Jahren Kalifornien und andere Orte sah, an denen es nicht mehr genug Wasser, Strom oder Gas gab, um die Städte zu versorgen.

Da verstand ich, was ich vorher gesehen hatte. Uns wurde gesagt, daß unser Volk wie tot im Staub liegen würde, und dann würden wir uns wieder erheben und aufs Land ziehen. Uns wurde gesagt, daß die Söhne und Töchter der Besitzer unseres Landes zu uns kommen und unsere Lebensart annehmen würden, und daß wir wie ein Volk zusammenleben und das Land miteinander teilen würden – und daß wir uns mit Liebe und Verständnis begegnen sollen.

Meine Medizin sagte mir, ich solle einen Ort mit einer natürlichen Wasserversorgung suchen. Auf dem Land des Bear Tribe haben wir eine Quelle, die uns das Wasser liefert. Sie entspringt in den Bergen, so daß wir keine elektrischen Pumpen brauchen, die ja stehenbleiben würden, wenn der Strom ausfällt. Wir sind so hoch im Gebirge, daß es keine Verschmutzung gibt, und über uns ist niemand. In unserem früheren Wohnort haben die Wasserwerke Gift in die Bewässerungsgräben geleitet, um das Unkraut abzutöten, das sie verstopfte; doch gleichzeitig haben sie damit alle Fische und Frösche getötet und das Wasser verseucht. Wir haben keine Dämme über uns, die brechen könnten. Wir haben die Kiefern und die großen Felsen aus unserer Vision gefunden, und wir leben jetzt im Nordosten von Washington. Wenn unsere Vision oder unsere Medizin uns sagte, daß wir abermals weiterziehen sollen, dann würden wir es tun, denn wir wollen nicht überheblich sein. Wir müssen akzeptieren, was unsere Vision uns sagt. In den Bergen strecken wir die Hände aus, um den anderen Wesen auf dem Planeten Erde zu helfen und sie zu lehren, was wir wissen. Es ist gut, im Gleichgewicht auf der Mutter Erde zu gehen.

Ich blicke mit großer Freude die Jahre zurück, seit ich meine erste Vision über die Harmonie mit der Erde hatte. Ich bin glücklich, wenn ich sehe, daß wir unserer Vision entsprechend leben, und weil ich weiß, daß unsere Vision wächst und mit ihr unsere Bewußtheit. Es ist gut zu sehen, daß die Arbeit, die wir vor einem Jahrzehnt taten, immer noch gut, stabil und harmonisch ist, während wir zugleich auf unserer heiligen Reise nicht stehengeblieben sind, sondern unser Wissen vermehrt haben. Wir versuchen, dieses Wachstum zu fördern, damit die Erde überleben kann.

Die Kraft der Medizin

In der Vergangenheit spielten Medizinleute und Medizingesellschaften eine wichtige Rolle im Leben jedes Stammes. Sie machten Medizin und sprachen Gebete für eine gute Ernte und für eine erfolgreiche Jagd. Wenn der Stamm gezwungen war, in den Krieg zu ziehen, wurden vorher die Medizinleute befragt. Bei Krankheiten oder Dürren wurden Gebete und Zeremonien an den Großen Geist gerichtet.

Im Südwesten gibt es heute viele Kivas* und Pueblo-Medizingesellschaften, die heute noch genauso arbeiten wie früher. Die Angehörigen betreten ihre Kivas, und ihre Gebete, die Gesänge und die Medizin, die sie dort machen, sind nur ihnen bekannt. Die Vorbereitungen für die Zeremonie des Jungen Maises finden zunächst in der Kiva statt. Die Schlangenpriester der Hopi machen mit ihrem Volk Medizin, ehe sie mit den Klapperschlangen tanzen und um Regen für die Feldfrüchte bitten. Die Medizinleute sind auch für die Vorbereitung der Kachnina-Zeremonie** verantwortlich. Sie beten und bitten den Großen Geist, das Volk zu segnen.

Heute dienen die Medizinleute ganz verschiedenen Medizinen. Einige arbeiten mit Kräutern; sie sprechen ihre Gebete und

* Zeremonialkammer der Pueblo-Indianer
** Maskentanz der Ahnengeister

sammeln Kräuter, um Kranke zu heilen. Andere sehen mit dem inneren Auge. Sie betrachten die Zukunft und sagen den Menschen, was ihr Leben ihnen bringen wird. Andere sind Propheten der Erde. Sie fragen die Mutter Erde, was geschehen wird. Wieder andere tragen die Verantwortung, die alte Lebensart zu lehren. Manche benutzen ihre Medizin, um Menschen zu helfen, die mit Alkohol oder Drogen Probleme haben.

Die Medizin kann für Indianer vielerlei sein. Sie kann etwas sein, das man im Traum oder in einer Vision sieht. Sie kann ein Gebet sein oder Wissen über Pflanzen. Wahre Medizinleute respektieren die Kraft und das Wissen der anderen. Niemand macht einen anderen herunter oder spielt sich auf. Sie glauben, daß jeder etwas zum Ganzen beizutragen hat. Sie prahlen nicht mit ihrer Macht. Das Handeln selbst ist der Sinn.

Wenn jemand zu einem Lehrer geht, um von ihm zu lernen, dann lernt er auch, die Art zu akzeptieren und zu respektieren, in der ihn der Lehrer unterweist. Manche lehren durch Reden und Vorführen. Viele beobachten und lauschen. Und wenn man das verstehen und tun kann, dann ist es richtig. Viele alte Medizinleute hatten Schüler, die bei ihnen blieben, solange der Lehrer lebte. Wenn er weiterzog, konnten sie beginnen, die Medizin zu machen, die sie gelernt hatten. Dies ist ein Grund dafür, daß ich Ausbildungsprogramme eingerichtet habe. Der Geist trug mir auf, mein Wissen weiterzugeben, solange ich noch lebe, damit ich mit neuem Wissen gefüllt werden kann.

Viele Menschen erwachen heute und lernen Medizin. Großer Geist, laß es wachsen und hilf ihnen, in Balance zu wandeln.

Wie man gute Medizin macht

Es geht etwa so. Wir sehen unsere Nöte und beten um gute Medizin. Jeden Tag arbeiten wir, um unser Ziel zu erreichen, und danken dem großen Geist für die Geschenke des Tages. Wir akzeptieren unseren Platz im Universum und fügen uns, und wir übernehmen die Verantwortung für ihn.

Wir wissen, daß auf der Mutter Erde große Veränderungen kommen werden, und wir sollten sie erwarten und uns auf sie vorbereiten und sie hinnehmen. Unseren Platz im Universum zu kennen und die Zeit, in der wir leben, ist eine Möglichkeit, dafür zu sorgen, daß unsere Medizin immer gut ist.

Gute Medizin ist etwas, das einem jeden Tag im Leben helfen sollte. Es ist nicht etwas, das man nur sonntags tut. Früher war unser Volk enger mit der Natur verbunden; es gab ein Gefühl der Harmonie und Zugehörigkeit. Wenn man eine gute Maisernte wollte, betete man und arbeitete auf dieses Ziel hin. Dasselbe galt, wenn man auf die Büffeljagd ging oder einer anderen Aufgabe nachging.

Wenn wir uns in Harmonie mit dem Universum und der Mutter Erde bewegen, spüren wir, daß alles Eins ist. Jeder Mensch, jedes Geschöpf und jede Pflanze wird zu einer Erweiterung von uns selbst. Wenn wir beten oder die heilige Pfeife rauchen, dann ist das ein Opfer an alle Dinge, denn alle Dinge sind ein Teil von uns und unserem Universum. Deshalb sollten wir allen Dingen mit Respekt gegenübertreten.

Ein Teil eines Geistertanz-Gebetes geht so: »Wenn all die kleinen Träume der Pferde, der Büffel und der Menschen vergangen sind, dann werden wir wahrhaft Eins sein.« Wenn wir wirklich spüren, daß wir einen Fluß mit dem Fisch teilen oder den Himmel mit dem Adler und das Land mit einem Präriehund oder Hirsch, dann werden wir es nicht verseuchen. Wenn die Menschen diese Achtung im Herzen tragen, dann sind ihre Gebete gut, und sie werden gute Medizin machen.

Aus Mangel an Liebe

Aus Mangel an Liebe starb die Welt. Heute sehen wir, wie diese Ernte eingebracht wird. All die Selbstsucht dieser Nation und aller anderen findet ihre gerechte Vergeltung. Jene, die der Erde die Bodenschätze nahmen, ohne sich um die kommenden Generationen zu sorgen; jene, deren einziger Gedanke ihr Profit war;

jene, die für die Verschwendung und Zerstörung der Naturschätze verantwortlich sind; und jene, die gefühllos mordeten, werden von Mächten bestraft werden, die unendlich stärker sind als sie.

Die USA haben in Asien viele Menschen ermordet, die Reisfelder und die Vorräte zerstört und das Land mit Chemikalien besprüht, damit keine Nahrung mehr wächst. Amerika ist fett geworden durch die Ausbeutung der Menschen auf der ganzen Welt, genau wie es früher die Indianer bestahl und ihren Hunger ignorierte und verhöhnte. Als sie Krankenhäuser bombardierten und Menschen von gedungenen Mördern umbringen ließen, sagten sie: »Gott ist tot, niemand kann es sehen.« Doch der Große Geist sah alles, was in diesem Land und auf anderen Kontinenten geschah.

Obwohl sich der Präsident dieses Landes als Vertreter von Recht und Gesetz aufspielt und sagt: »Wir müssen aufhören, die Kriminellen zu verhätscheln«, begehen seine Mitarbeiter jedes Verbrechen, das man sich nur denken kann. Und als er sich in seinen Lügen verfing, versuchte er, sie mit anderen Lügen zu vertuschen. Doch nun sind alle seine Lügen und die Lügen seiner Gesellschaft bloßgestellt. Wie kann man für dieses Land Liebe oder Patriotismus empfinden? Die Gewerkschaften streiken und kämpfen gegeneinander, während die Konzerne die Preise erhöhen. Wohin auch immer wir blicken, sehen wir Gier – maskiert als Liebe und Mitgefühl.

Wie lange werden unsere Polizisten und Feuerwehrleute noch arbeiten? Gerade so lange, wie sie noch ihr Gehalt bekommen. In den meisten großen Städten der USA hat sich bereits ein Phänomen entwickelt, das als »blue flu« bezeichnet wird. Die Leute melden sich krank und bleiben zu Hause, wenn ihre Lohnforderungen nicht erfüllt werden. Die Lastwagenfahrer werden aufhören, die Städte zu beliefern, wenn sie kein Geld mehr bekommen.

Die Energiekrise und andere Probleme haben bereits dazu geführt, daß viele Menschen arbeitslos wurden. Auf der ganzen Welt herrscht Lebensmittelknappheit.

All dieses Leiden und alles, was kommen wird, existiert nur, weil die Mehrheit der Menschen selbstsüchtig ist. Sie zeigen keine Sorge und keine Liebe für jemand anders als sich selbst. Wir sehen den Untergang der großen Städte kommen, wo die Menschen heute schon auf den Straßen Angst haben, wo Schwarz gegen Weiß kämpft, Mittelklasse gegen Arme. Wenn der Verkehr völlig zusammenbricht, wird es in den Städten keine Lebensmittel mehr geben, und Straßenbanden hungriger Menschen werden umherstreifen und plündern und Schlimmeres tun.

Brüder und Schwestern, ich kann euch einen guten Rat geben. Findet Menschen, die ihr lieben und mit denen ihr leben könnt; Menschen, die in die gleiche Richtung gehen wie ihr. Legt Lebensmittelvorräte an. Wenn die Veränderungen der Erde kommen, wird es wenig Wild und andere Nahrung geben. In den letzten Jahren hat es an vielen Stellen keine Eicheln und keine Tannenzapfen mehr gegeben. Es gibt mehr Hirschjäger als Hirsche. Mutter Erde wird ihr Wachstum hemmen, bis die große Reinigung und Läuterung vorbei ist. Wir werden überleben, weil wir an die alten Prophezeiungen glauben, und weil wir an den Großen Geist glauben. Wir werden lernen, in Liebe und Harmonie auf dem Land zu leben.

Prophezeiungen

Viele Ureinwohner auf der ganzen Welt kennen Prophezeiungen, welche die gleichen Veränderungen der Erde voraussagen, die Sun Bear in seinen Visionen gesehen hat. In diesem Kapitel wollen wir einige dieser Prophezeiungen mitteilen.

Die Wampanoag-Prophezeiung

Die folgende Prophezeiung wurde von Manitonquat niedergeschrieben, dem Geschichtenerzähler und Hüter des Wissens der Wampanoag Nation. Sie ist ein Teil seines Buches RETURN TO CREATION.

Macht jetzt mit mir eine kleine Reise. Nehmt die magische Feder, damit wir uns zusammen erheben und über den Kiefern- und Eichenwäldern schweben können. Dort ist der Lake Watuppa, an dem einige meiner Ahnen lebten, und direkt über ihm liegt die Watuppa Wampanoag Reservation, wo wir das ganze Jahr über viele Zeremonien abhalten. Dahinter liegt der Taunton River, den unser Volk Turicut nannte; er ist für uns ein wichtiger Strom, der von Norden, vom Fall River, herunterkommt. Wir sehen den Assonet Neck, wo sich der Fluß ein Stück hinter der Assonet Bay verengt. Dort ist ein State Park mit einem kleinen Gebäude, das einen großen Felsen schützt.

Dieser Felsblock heißt Dighton Rock. Auf einer Seite, auf der, die dem Fluß zugewandt ist, sind viele Zeichen eingeritzt. Über diese Inschrift gibt es viele Theorien; angeblich stammt sie von den Wikingern, von portugiesischen Forschern, sogar von den Ägyptern. Es gibt Dutzende von Theorien. Unser Volk weiß natürlich genau, daß unsere Ahnen sie gemacht haben, doch die Gelehrten und Hobbyforscher scheinen mit ihren Theorien glücklich zu sein, also belassen wir es dabei. Sie fragen uns sowieso nicht.

Über die Jahre wurden Zusätze hinzugefügt, doch die ursprüngliche Botschaft wurde vor langer Zeit von einem Propheten unseres Volkes in den Stein geschlagen. Sein Name war Weetucks.

Man sagt, daß unser Volk damals begonnen hatte, von den Alten Geboten abzuweichen, die Maushop ihnen erklärt hatte. Maushop war viele Jahrtausende zuvor fortgegangen. Er hatte das Gefühl bekommen, daß die Menschen sich zu sehr auf ihn verließen und daß er ihr Wachstum behinderte. So rief er sie zusammen und sagte ihnen, daß sie die Verantwortung füreinander und für die Mutter Erde und für alle ihre Verwandten, die Kinder der Erde, übernehmen müßten. Dann ging er fort, der aufgehenden Sonne entgegen, um dort zu bleiben, bis die Welt zu Ende geht.

Einige von uns glauben, daß dieses Ende bald kommen wird.

Nach vielen tausend Jahren waren die Menschen schwach und verwirrt geworden, denn sie vernachlässigten die Zeremonien, die Maushop sie gelehrt hatte, und die sie an ihre Verantwortung für die ganze Schöpfung erinnern sollten. Sie hatten alles über Pesuponk vergessen, die Schwitzhütte. Die Menschen stritten sich wieder und suchten Zuflucht in der Zauberei, weil sie Angst hatten. Sie vergaßen, füreinander zu sorgen und zu teilen, was sie besaßen.

Es gab eine junge Witwe, die schwanger wurde und nicht sagen wollte, wer der Vater war. Die Leute dachten, daß es ein Zauberer oder ein Dämon sein könnte, und verstießen sie. Sie lebte im Wald, ein Stück vom Dorf entfernt, und blieb allein. Als das Kind geboren wurde, sah sie, daß es ein Junge war. Sie nannte ihn Weetucks. Weetucks wuchs schnell heran und konnte bald seiner Mutter helfen. Er jagte und fischte und besorgte den Garten.

Als Weetucks etwa zwölf Jahre alt war, erklärte er seiner Mutter, daß es für ihn an der Zeit sei, sich auf die traditionelle Weise eine Weile zurückzuziehen. Sie wußte nicht, woher er es erfahren hatte, denn er ging nie ins Dorf und sprach mit keinem Menschen, und die Leute hatten sowieso die Traditionen vergessen.

Er blieb einen Mond fort. Die Leute aus dem Dorf dachten, er hätte sich verlaufen oder sei verletzt, und begannen ihn zu suchen. Als er dann zurückkehrte, ging er direkt ins Dorf und brach auf dem Wasserpfad zusammen. Er war mit Erde bedeckt, denn er hatte sich eingegraben, um Wissen von der Mutter Erde zu empfangen. Und er war auf einem Berggipfel gewesen, um Wissen von Vater Himmel und Großvater Sonne zu empfangen, vom Wind und den fernen Sternen.

Als die Leute im Dorf den mit Schmutz bedeckten Weetucks

sahen, wußten sie, daß er seine Anleitung für den Pfad der Medizin gefunden hatte. Denn sie erinnerten sich daran, daß der Gang zurück ins Herz der Mutter und das Empfangen ihrer Lehren der traditionelle Beginn einer solchen Reise war. Da dies ohne Anleitung durch die Ältesten geschehen war, bedeutete es, daß das Wissen direkt von Kiehtan, von der Schöpfung selbst, gekommen war.

So wußten sie, daß dieser Junge ein ganz besonderes Wissen besitzen mußte, und als er sprach, kamen sie und lauschten. Er sprach über die alten Bräuche, obwohl er sie von keinem Mann und keiner Frau gelernt hatte. Er lehrte sie die Alten Gebote des Schöpfers. Er sprach über Maushops Lehren, über die Zeremonien, die sie vergessen hatten, und wie sie vollzogen werden mußten. Er zeigte ihnen wieder, wie man sich in der Schwitzhütte und bei der Schlammbad-Zeremonie selbst heilt, er zeigte ihnen Heilkräuter und andere Dinge. Ein Teil von diesem Wissen ist inzwischen gut bekannt; andere Dinge sind wohlgehütete Geheimnisse, die nur unseren Medizinleuten bekannt sind und nur von ihnen auf eine heilige Weise benutzt werden.

Eines Nachts wurde er von zwei Geisterführern besucht, die aus dem Reich der Ahnen kamen. Sie waren gekommen, um seine Mutter auf dem Sternenpfad zum südwestlichen Himmel zu führen. Sie sprachen zu ihm von den Dingen, die dem Land und den Menschen geschehen würden.

Zu Mittsommer kam das Turkey-Volk von Westen, um den Wunderjungen zu hören, den man für einen Sohn von Kishtannit hielt. Zu dieser Zeit erklärte Weetucks allen Menschen seine Prophezeiungen. Er sagte, daß sich eines Tages Hobomockos ängstliches Flüstern über die ganze Welt ausbreiten würde und Krankheiten, Gewalt und Hungersnot über die ganze Erde bringen würde. Viele würden in Verwirrung und Unwissenheit sterben, doch jene, die sich an die heiligen Lehren erinnerten, an die Alten Gebote, würden fähig sein, ihre Kinder zu retten und die Erde zu heilen. Viele würden von ihrem Weg abkommen und in die Irre gehen und den heiligen Pfad verlassen; doch wenn sie es rechtzeitig begriffen, würden sie dennoch fähig sein, umzukehren und zur Schöpfung zurückzukehren, und es würde eine Welt entstehen, in der die Menschen von ihren Herzen geleitet würden, von Liebe und Freude und Schönheit.

Er zeigte den Leuten den Felsen, in den er die Geschichte des Großen Geistes, der alle Wesen erschuf und ihnen seine Gebote gab, geritzt hatte. Auf der rechten Seite sind zwei Menschen auf dem Höhepunkt der Schöpfung zu sehen. Einer lauscht und kehrt auf den Heiligen Pfad zurück, der andere schickt sich an, auf einem Weg weiterzuschreiten, der ihn in seinen eigenen Untergang führt.

Dies war Weetucks letzte Botschaft. Da das Turkey-Volk lange feindlich gewesen war, gab es im Dorf Montaup ein großes Fest, mit dem der neue Friede und die Verständigung gefeiert wurden. Es dauerte die ganze Nacht, und es gab Jubel und Frohsinn. Vor der Dämmerung folgten die Leute Weetucks ans Ufer der Turkey-Bay, wo er ihnen Lebewohl sagte. Als hinter ihnen die Sonne aufging, schritt Weetucks über das Wasser zum Westlichen Himmel hinaus, und er wurde nie wieder gesehen.

Dies ist die Geschichte, die die Inschrift im Dighton Rock wirklich erzählt, und sie ist allen Gelehrten und Archäologen unbekannt. Es ist nicht die ganze Botschaft des Felsens, doch dies ist nicht die Zeit, mehr zu enthüllen. Ich habe den Auftrag, diesen Teil der Prophezeiung jetzt zu erzählen, denn sie paßt zu den Prophezeiungen der Leute auf Turtle Island oder zur Botschaft der Hopi über die Große Reinigung, zur Lakota-Geschichte vom Großen Büffel und den Prophezeiungen der Anishnabe, die von Sieben Feuern sprechen.

Diese Prophezeiungen werden jetzt erzählt, weil wir glauben, daß einige hören und achtgeben werden. Einige aus jeder Rasse und jeder Nation werden innehalten und umkehren und auf den Heiligen Pfad zurückfinden.

Denen unter euch, denen es schwerfällt, an so alte Geschichten eines Volkes zu glauben, das euch fremd ist, möchte ich etwas über den Bericht des Club of Rome erzählen. Dem Club of Rome gehören Dutzende der besten Wissenschaftler der Welt aus jedem Wissensgebiet an, aus jedem Bereich der Forschung.

Sie haben sich mit den Entwicklungen der ersten sechs Jahrzehnte des zwanzigsten Jahrhunderts beschäftigt und sie in die Zukunft projiziert. Diese wissenschaftliche Prophetie klingt ganz ähnlich wie unsere. Hungersnöte, Krankheiten, Gewalt – alles wird noch zu unseren Lebzeiten weiter zunehmen und in der größten Zerstörung münden, die die Menschheit je erlebt hat, und sie wird für mehr Menschen viel vernichtender sein als die Brände, das Eis oder die Fluten der Vergangenheit.

Doch ihr könnt euch selbst Propheten sein. Seht nur, was heute überall in der Welt passiert. Die Bevölkerung wächst, fruchtbare Krume wird ins Meer gespült, der Grundwasserspiegel sinkt, das Wasser ist verseucht. Hungersnöte und Elend werden immer schlimmer, während immer weniger Menschen einen immer größeren Teil der Erde besitzen. Angst und Mißtrauen regieren überall. Familien brechen auseinander, es gibt immer mehr Scheidungen, der Generationenkonflikt verschärft sich, Kinder werden verlassen, mißbraucht, vernachlässigt. Gerichte und Gefängnisse können mit der Flut von Verbrechen nicht schritthalten; und die Verbrechen selbst werden immer gewalttätiger. Terrorismus ist die politische Mode der Zeit – zwischen Nationen, Rassen, Religionen und politischen Parteien. Terror schleicht durch die Straßen der großen Städte auf der ganzen Welt.

Man muß kein Wissenschaftler und kein Visionär sein, um zu sehen, wohin all dies unweigerlich führen wird. Niemand, der die Aufmerksamkeit der Öffentlichkeit hat, kein politischer Führer, keine energische und geachtete Stimme hat brauchbare Lösungen für diese Probleme vorgeschlagen.

Unter diesen Bedingungen finde ich es überhaupt nicht seltsam, daß unter den Menschen von heute so viel Apathie und Frustration herrscht, so viel Hoffnungslosigkeit und kaum unterdrückte Wut. Ich finde es nicht überraschend, daß sich junge Menschen zu Drogen oder Kulten hinwenden oder zum kurzsichtigen Genuß sinnlicher Freuden. Es ist heute schwer, die Leute für eine gute Sache auf die Beine zu bringen. Welche Sache kann uns noch etwas bedeuten, da die Nachrichten jeden Tag eine abstumpfende, endlose Folge von Katastrophen zu uns bringen?

Doch wo immer ich spreche, ist die Botschaft, die ich bringe, eine der Hoffnung. Die Botschaft, die ich den Prophezeiungen, den Visionen und Geboten und Traditionen meiner Ahnen entnahm, ist die, daß es für jene, die hören und achtgeben wollen, noch nicht zu spät ist.

Die Menschheit hat all die Probleme, vor denen sie jetzt steht, selbst geschaffen, und die Menschheit kann sie lösen – wenn wir es wollen. Der Geist, der unglaubliche Zerstörungswaffen erfunden hat, sich über die Erde bis zu den Sternen hinausgewagt hat, kann doch gewiß einen Weg finden, die Menschen auf der Erde um ihres eigenen Überlebens willen zusammenzubringen. Doch es ist, als säßen wir in einem brennenden Haus, und alle, die darin sitzen, schmücken ihre Zimmer neu aus und bestehlen sich gegenseitig, statt zusammen das Feuer zu löschen.

Ich habe keinen Zweifel im Geist, daß Millionen von Menschen den Holocaust, den wir sogar jetzt noch für uns selbst vorbereiten, nicht überstehen werden. Und gleichermaßen habe ich keinen Zweifel im Herzen, daß jene, die zum Heiligen Weg des Schöpfers zurückfinden, überleben und eine Gesellschaft erschaffen werden, in der Harmonie und Freude regieren – weiser und gestärkt durch die Lektionen dieses Zeitalters des Schreckens und der Ignoranz.

Es ist schwer, sich in einer Welt, in der es schon so viel Leiden gibt, vorzustellen, daß es bald noch viel schlimmer wird, als wir es uns ausmalen können. Doch weil dies schwer ist, sollten wir uns nicht sträuben, es zu sehen, es zu betrachten, darüber nachzudenken und unser Leben zu verändern.

Die Menschen sprechen von politischen Problemen, von wirtschaftlichen Problemen, von sozialen Problemen, von psychologischen Problemen – und jeder hat eine Lieblingstheorie, wie er sein eigenes Lieblingsproblem lösen kann. Doch das sind nur kleine Pflaster auf den Wunden eines kranken Körpers. Für die wirkliche Ursache der Krankheit muß ein anderes Heilmittel gefunden werden.

Auf der tiefsten Ebene ist es eine spirituelle Krankheit. Die Probleme sind spiritueller Natur. Spiritualität, wie ich sie verstehe, ist einfach die Verbundenheit aller Dinge im Universum. Statt nur an uns selbst zu denken, müssen wir unsere Familien berücksichtigen, unsere Kinder, die ungeborenen Generationen, unseren Planeten und alle Wesen, die ihn mit uns teilen, alle Sterne und alle Wesen im ganzen Kosmos und das Eine, das alles geschaffen hat.

Es muß mit Vertrauen beginnen. Wenn wir nicht darauf vertrauen, daß die Schöpfung gut ist, daß sie funktioniert, daß wir gut sind, daß wir lernen können, auf gute Weise in dieser Schöpfung zu leben, so lange sind wir der Verzweiflung ausgeliefert. Sobald wir aber dieses Vertrauen besitzen, brauchen wir nur noch zu entdecken, wie die Schöpfung funktioniert; wir müssen den Weg finden und ihm folgen. Glücklicherweise gibt es viele Führer, die vor uns diesem Weg gefolgt sind, und viele Menschen, die ihm jetzt folgen. Und wir haben die Führung des Herzens in uns.

Es gibt ein altes Indianerwort, das besagt, daß jeder Schritt, den wir auf der Erde tun, ein Gebet sein sollte. Nun, ein Gebet ist eigentlich nichts anderes als ein Weg, wirklich bewußt zu werden, sich wirklich auf die Verbundenheit aller Dinge einzustimmen. Um jeden Schritt zu tun, als wäre er ein Gebet, müssen wir bei jeder Handlung völlig bewußt sein. Meist verbringen wir die wachen Stunden im Halbschlaf und sind uns unserer Gefühle nur undeutlich bewußt – ganz zu schweigen von den Dingen, die in der Welt um uns vorgehen.

Und nun laßt uns die Alten Gebote betrachten. Laßt uns damit anfangen, ein Stück zurückzugehen und den Heiligen Pfad wiederzufinden. Und während wir gehen, laßt uns auf heilige Weise gehen, indem wir jeden Schritt tun, als wäre er ein Gebet. Auf diese Weise werden wir den Weg der Schönheit finden, den Weg des Herzens, und zur Schöpfung zurückkehren.

Die Prophezeiungen der Hopi

Die folgenden Hopi-Prophezeiungen beruhen zum größten Teil auf Botschaften der Hopi-Ältesten, die während der letzten Jahrzehnte mitgeteilt wurden. Sun Bear dankt vor allem seinem spirituellen Bruder Soloho, der jetzt in der Geisterwelt ist, für all die Informationen, die er ihm über diese Prophezeiungen gab.

In der Religion der Hopi bezeichnet man die Kraft der Schöpfung mit dem Namen Taiowa (der Unendliche). Diese Kraft erdachte am Anfang das Wesen Sotuknang (der Endliche) und befahl ihm, »Niedere Wesen« zu schaffen. Sotuknang erschuf die Zwillinge Poqanghoya (Nordpol) und Palonqawhoya (Südpol). Außerdem erschuf er Kokyanwuti (die Spinnenfrau). Diese erschuf den Menschen aus den vier Erdfarben: Gelb, Rot, Weiß und Schwarz. Ein anderes Hilfsmittel, das bei der Schöpfung der Menschen verwendet wurde, war Tuchvala (Speichel). Sie breitete den Mantel der Kreativen Weisheit über ihre Geschöpfe und hauchte ihnen den Atem des Lebens ein.

Der Beginn der Schöpfung geschah in drei Phasen. Die erste Phase ist die Zeit des Dunklen Purpurlichtes, die Quganguptu genannt wird. Sie umfaßt die physische, unbelebte Schöpfung. Zunächst wurden die physischen Formen erschaffen, und es gab noch kein Leben.

Die zweite Phase war die Zeit des Gelben Lichtes, die Sikyngnuya genannt wird. Hier wurde den physischen Formen der Atem des Lebens eingehaucht.

Die dritte Phase ist die Zeit des Roten Lichtes, die Talawva genannt wird. Hier wurden die Lebensformen vollendet und begannen sich zu entwickeln.

Die Menschen haben seit der Morgendämmerung der Schöpfung auf Vier Welten gelebt. Die Erste Welt hieß Tokpela (Endloser Raum). Ihre Himmelsrichtung ist der Westen, und die mit ihr assoziierte Farbe ist Sikyangpu (Gelb). Das zu ihr gehörende Mineral ist Sikyasvu (Gold), und die wichtigsten Lebensformen waren Katoya (Die Schlange mit dem großen

Kopf), Wisuko (Der Vogel, der Fett frißt) und Muha (Die Pflanze mit vier Blättern). Die Menschen lebten lange Zeit auf dieser Welt, bis sie begannen, ihren Ursprung zu vergessen. Sie verloren die Fähigkeit, das Energiezentrum auf dem Schädeldach (Kopave) zu benutzen, und die Weiche Stelle*, die Pforte zwischen Körper und Geist, begann sich zu verhärten. Taiowa entschied, daß es nicht gut war, und befahl Sotuknang, die Welt zu zerstören und einige wenige Menschen vor dem Untergang zu retten. Er führte sie ins Zentrum der Welt, wo sie vom Ameisenvolk aufgenommen wurden. Das Ameisenvolk speiste sie so gut, daß es selbst immer schmächtiger wurde. Man sagt, daß dies der Grund dafür ist, daß die Ameisenleute heute so schmale Taillen haben. Während die Menschen unter der Erde blieben, brachen die Vulkane auf der Oberfläche der Ersten Welt aus, und die ganze Welt begann zu brennen. Nachdem das Feuer ausgebrannt war, kamen die Menschen aus ihrem Schutz heraus und zogen in die Zweite Welt hinaus, die für sie vorbereitet worden war.

Die Zweite Welt trug den Namen TOKPA (Dunkle Mitternacht). Ihre Himmelsrichtung ist der Süden und ihre Farbe Blau. Das zu ihr gehörende Mineral war Qochasiva (Silber), und die wichtigsten Lebensformen waren Salave (Die Douglasfichte), Kwahu (Der Adler) und Kolichigan (Der Skunk). Auch hier lebten die Menschen wieder, bis sie ihren Ursprung vergaßen und hart und kalt waren gegenüber dem Guten Leben. Und so wurde Sotuknang abermals befohlen, die Welt zu zerstören. Diesmal rief er die Zwillinge, Poqanghoya und Palongawhova, von ihren Posten am Nordpol und Südpol herbei und ließ sie die Welt zerstören. Sie taten es, nachdem sich die Menschen abermals unter der Erde beim Ameisenvolk versteckt hatten. Nachdem die Zwillinge ihre Posten verlassen hatten, verlor die Erde ihre Stabilität und kippte um, und alles auf ihr wurde vom Eis zerstört. Die ganze Welt gefror. In dieser Legende finden wir zwei Vorstellungen wieder, die unsere Wissenschaftler heute entwickelt haben: die Umkehrung der Pole und die Vereisung in

* gemeint ist die Fontanelle

der letzten Eiszeit. Nachdem das Eis so weit abgeschmolzen war, daß die Welt wieder bewohnbar war, kamen die Menschen aus ihrem Schutz heraus und begannen in die Dritte Welt hinauszuziehen.

Die Dritte Welt hieß KUZKURZA (ein Wort, für das es wohl keine moderne Übersetzung gibt). Die Richtung ist der Osten, die Farbe Rot. Das entsprechende Mineral war Palasiva (Kupfer), und die wichtigsten Lebensformen waren Piva (Tabak), Aungwusi (Der Rabe) und Chuvio (Die Antilope). Hier errichteten die Menschen große Städte und entwickelten eine gewaltige Technologie. Vieles, was man heute für moderne Erfindungen hält, war dort bereits in Gebrauch, wie zum Beispiel Flugzeuge. Doch die Menschen verloren abermals ihren Ursprung aus den Augen und vergaßen, was ihnen im Augenblick ihrer Schöpfung eingegeben worden war. Sie flogen in den Flugmaschinen, die Patowavta hießen, zu anderen Städten und griffen sie nachts an, wenn sie nicht gesehen werden konnten. Schlimme Dinge wie Krieg und die Errichtung von Grenzen und Zäunen geschahen. Wieder wurden die Menschen böse, und Taiowa befahl die Zerstörung der Dritten Welt. Diesmal wurden die Erwählten in hohlen Röhren versiegelt, die auf dem Wasser treiben konnten, denn die Welt sollte durch Wasser zerstört werden. Die Legende berichtet, daß die Wellen immer höher wurden, bis sie das Land überschwemmten – man sagt, daß sie sogar höher waren als die Berge. Bevor dies geschah, erbaten und erhielten die Gläubigen die Erlaubnis des Großen Geistes, mit Ihm in diesem neuen Land zu leben. Der Große Geist sagte: »Es liegt bei euch. Wenn ihr bereit seid, meinen Lehren und Geboten entsprechend zu leben und nie den Glauben an das Leben verliert, das ich euch geben werde, dann dürft ihr kommen und mit mir leben.« Die Hopi und alle, die vor der großen Flut gerettet worden waren, schlossen einen Heiligen Bund mit dem Großen Geist. Sie schworen feierlich, sich nie wieder von ihm abzuwenden.

Die Richtung der Vierten Welt, die TUWAQUACHI (die Vollständige Welt) genannt wird, ist der Norden. Die Farbe ist Sikynangpu (Gelb, fast Weiß). Das entsprechende Material ist

Sikyapala (viele gemischte Mineralien), und die wichtigsten Lebensformen sind Tohopko (Puma), Kneumapee (Wacholder) und Mongwau (Eule, der Heilige Bote). Dies ist die heutige Welt, in der die Hopi jetzt leben.

Die Prophezeiungen von der Zerstörung dieser Welt und dem unausweichlichen Zug in eine Fünfte Welt sind zahlreich. Sie drehen sich um die Vorstellung, daß die Vierte Welt durch Strahlung zerstört werden könnte, und daß sich die Menschen abermals unter der Erde verstecken müssen. Wieder wird es einige wenige Erwählte geben – jene, die willens und bereit sind, von neuem die Wahrheit zu empfangen. Man sagt, daß der nördliche Teil von Arizona und New Mexico relativ unbeschädigt überleben wird. Die Prophezeiungen erklären, daß jene, die in den alten Ländern die Wahrheit wußten (also Europäer, Afrikaner, Ostasiaten und so weiter), das Instrument zur Zerstörung dieser Welt sein werden, und die Zerstörung könnte durch Radioaktivität geschehen. Bislang scheint die Geschichte sehr genau den Prophezeiungen der Hopi zu entsprechen – ganz zu schweigen von den Prophezeiungen anderer Menschen, die völlig unabhängig zu den gleichen Schlüssen kommen. Die Menschheit schickt immer mehr Strahlung in die Atmosphäre, und wir vergessen immer mehr die Brüderlichkeit allen Lebens, in der wir nicht überlegen sind, sondern gleiche Brüder unter Gleichen. Wir beginnen die Tatsache aus den Augen zu verlieren, daß die Erde die Mutter ist.

Für die Hopi ist der Große Geist allgegenwärtig. Er erschien den ersten Menschen und lehrte sie, in Anbetung zu leben. Um sein Land und das Leben zu hüten, schuf er einen Satz Heiliger Steintafeln, in die er alle Lehren, Anweisungen, Prophezeiungen und Warnungen einhauchte. Bevor sich der Große Geist verbarg, zeigte er den Anführern verschiedener Gruppen verschiedene Arten von Mais in verschiedenen Farben, aus denen sie die Art auswählen sollten, von der sie in dieser Welt leben wollten. Der Hopi wartete bis zuletzt und wählte die kleinste Sorte. Auf diese Weise bewies der Hopi dem Großen Geist, daß er intelligent war. Der Große Geist sagte, daß er gut gewählt hätte, denn er hätte sich für den echten Mais entschieden, während die anderen Imitationen erhalten hätten, in denen die Samen anderer Pflanzen steckten. Aus diesem Grund legte ihm der Große Geist die Steintafeln, die Tiponi, in die Hand, ein Symbol der Macht und Autorität über alles Land und Leben, das der Hopi als Treuhänder des Großen Geistes zu hüten und zu schützen hat, bis der Große Geist in späteren Tagen zurückkehrt.

Der Häuptling, der die Gläubigen in dieses neue Land und Leben führte, geriet auf böse Abwege und starb. Seine beiden Söhne, von der gleichen Mutter geborene Brüder, schalten ihren Vater nach seinem Tod für den Fehler, den er begangen hatte, und übernahmen die Verantwortung der Führerschaft. Diesen beiden Brüdern wurde ein Satz Heiliger Steintafeln gegeben, und beide wurden angewiesen, sie zu einem Ort zu bringen, den der Große Geist ihnen genannt hatte. Der ältere Bruder sollte sich sofort nach Osten wenden, der aufgehenden Sonne entgegen, und wenn er sein Ziel erreicht hatte, mußte er sofort zu seinem jüngeren Bruder umkehren, der im Land des Großen Geistes blieb. Seine Aufgabe war es, seinem jüngeren Bruder bei der Vorbereitung des Tages der Reinigung zu helfen, an dem alle, die Böses oder Falsches getan hatten, bestraft oder vernichtet werden sollten; und erst danach wird es wirklichen Frieden, Brüderlichkeit und das ewige Leben geben. Er wird seinem Bruder das Land zurückgeben, das die Bösen unter den Weißen ihm genommen haben werden. Und er wird nach den Heiligen Steintafeln suchen und die Heilige Mission erfüllen, die ihm vom Großen Geist aufgetragen wurde.

Der jüngere Bruder wurde angewiesen, alles Land abzuschreiten und überall im Land deutliche Fußtritte zu hinterlassen. Beiden Brüdern wurde gesagt, daß ein großer weißer Stern im Himmel erscheinen würde, wenn die Menschen in dieses und in andere Länder zögen. Ihnen wurde gesagt, daß in diesem Augenblick ALLE Menschen wüßten, daß der ältere Bruder sein Ziel erreicht hätte, und daraufhin sollten sich alle Menschen dort niederlassen, wo sie gerade waren, bis der ältere Bruder zum jüngeren Bruder zurückgekehrt sei. Man sagt, daß der ältere

Bruder nach vielen Jahren seine Hautfarbe verändern wird; sie könnte weiß werden, doch sein Haar bliebe schwarz. Und er wird die Fähigkeit haben, Dinge aufzuschreiben und der einzige sein, der die Heiligen Steintafeln lesen kann. Wenn er in dieses Land zurückkehrt und seinen jüngeren Bruder findet, werden diese Steintafeln nebeneinander aufgestellt, um aller Welt zu zeigen, daß sie WIRKLICHE BRÜDER sind.

In alten Zeiten prophezeiten unsere Ahnen, daß dieses Land von den alten Völkern besetzt werden würde; sie hätten die Erlaubnis vom Großen Geist Massau'u bekommen; und dann würde ein weißer Bruder aus einem anderen Land kommen – vorgeblich, um seinen Brüdern zu helfen, die hier auf spirituelle Weise, mit Gebeten, Zeremonien und demütig das Land und das Leben hüten. Er würde entweder mit starkem Glauben und einer guten Religion kommen, die Massau'u ihm gab, oder er würde kommen, nachdem er den großen Lebensplan aufgegeben hätte und einem Glauben verfallen sei, den er aus eigenen, selbst erfundenen Ideen entwickelt hätte, bevor er hergekommen sei. Es war bekannt, daß der weiße Mann ein intelligenter Mensch ist, ein Erfinder vieler Worte und materieller Dinge, ein Mann, der weiß, wie er mit seinen süßen Worten andere beeinflussen kann. Er wird viele dieser Dinge für uns benutzen, wenn er kommt. Der weiße Bruder wird viele Dinge tun, die für den eingeborenen Bruder gut sind.

Wenn es ihm jedoch nur darum geht, die Kontrolle über das Land zu bekommen, und wenn er nur für seinen eigenen Ruhm lebt, dann dürfen wir nicht auf seine süße Zunge hören, sondern müssen auf seine Taten achten. Wenn er uns hintergeht, lügt und Menschen von ihrem Land vertreibt, dann müssen wir auf unseren wahren Bruder warten, der den zweiten Satz der Heiligen Steintafeln hat.

Der Hopi hat dem ersten weißen Bruder nicht geglaubt. Wir Hopi vertrauen den Geboten des Großen Geistes Massau'u auch heute noch. Wir sind dem Plan unseres Lebens gefolgt. Wir feiern immer noch unsere heiligen Rituale und Zeremonien – wir leben noch im Gleichklang mit dem Rhythmus des Lebens, das

Massau'u uns gegeben hat. Wir haben nicht den Glauben an Massau'u verloren. Er hat uns viele Prophezeiungen gegeben. Er erklärte uns, daß der weiße Bruder kommen würde, daß er ein sehr intelligenter Mann wäre und uns viele Dinge bringen würde, die er erfunden hatte. Eine Erfindung, von der unsere Ahnen sprachen, war eine Maschine oder ein Ding, das, mit Tieren vorgespannt, durchs Land zöge – der Planwagen. Unsere Ahnen sprachen auch von einer Maschine, die sich später bewegen würde, ohne daß sie gezogen würde – und als wir das Automobil sahen, verstanden wir. Sie sagten, daß das Land zerschnitten werden würde und daß es viele Straßen geben würde. Heute sehen wir überall Pflaster. Später würde es sogar Straßen im Himmel geben, auf denen die Menschen reisten. Heute sehen wir die Flugzeuge. Massau'u sagte, daß viele Menschen sterben werden und das Ende der materialistischen Lebensart nahe ist, wenn ein Kürbis aus Asche auf die Welt fällt. Wir interpretieren dies als den Abwurf der Atombomben über Hiroshima und Nagasaki. Wir wollen nicht, daß dies noch einmal geschieht, hier nicht und an keinem Ort unserer Mutter Erde; sondern wir wollen alle Energie für den friedlichen Zweck einsetzen und nicht für den Krieg.

Der weiße Bruder hat bis heute durch seine Unsensibilität gegenüber der Natur das Gesicht der Mutter Erde geschändet. Die weit entwickelte Technologie des weißen Bruders ist nur entstanden, weil er den spirituellen Weg und das Wesen aller lebenden Dinge nicht achtete. Das Verlangen des weißen Bruders nach materiellem Besitz und Macht hat ihn für die Schmerzen blind gemacht, die er der Mutter Erde zufügte, als er nach den Dingen suchte, die er Naturschätze nennt. Und der Weg von Massau'u ist heute kaum noch zu sehen. Die meisten Menschen, sogar die ersten Menschen, die Ureinwohner, sehen ihn kaum noch, denn sie wurden ins Erziehungssystem des weißen Bruders gezwungen und haben sich entschieden, dem Weg des weißen Bruders zu folgen. Die Zeit nähert sich, da die Reiniger, die vom Großen Geist eingesetzt wurden, den Menschen daran hindern werden, sich selbst und die Natur zu zerstören.

Es ist bekannt, daß unser weißer Bruder, wenn er kommt, allmächtig sein wird, und er wird eine rote Mütze oder einen roten Mantel tragen. Sein Volk wird zahlreich sein, und er wird keiner Religion anhängen außer seiner eigenen. Er wird die Heiligen Steintafeln mitbringen. Großartig wird sein Kommen sein. Niemand wird fähig sein, sich ihm entgegenzustellen. Alle Macht dieser Welt wird in seine Hand gelegt sein, und er wird geschwind kommen und an einem einzigen Tag die Kontrolle über unseren ganzen Kontinent übernehmen. Die Hopi wurden gewarnt, nie eine Waffe in die Hand zu nehmen.

Mit ihm werden zwei Große Männer kommen, beide sehr intelligent und mächtig. Einer wird das Zeichen (&23,1&) haben, das für Reinheit steht; dieses Zeichen ist männlich. Und er wird das Zeichen (&24,1&) haben, das für Reinheit steht und weiblich ist, die Schöpfung des Lebens. Außerdem ist bekannt, daß er eine Kappe tragen wird, die der Gehörnten Kröte (&24,2&) ähnelt. Der dritte oder der zweite Helfer unseres Wahren Weißen Bruders wird das Zeichen oder das Symbol der Sonne (&24,3&) tragen. Auch sein Volk wird zahlreich sein und sehr intelligent und mächtig.

Die Hopi sagen, daß diese Zeichen zusammen die Welt repräsentieren, und wenn die Reinigung nahe ist, werden die Menschen mit diesen Zeichen die Welt zweimal erschüttern, und es wird am dritten liegen, sich mit den anderen beiden zu vereinen; und sie werden als Einer kommen und den Tag der Reinigung verkünden und dem jüngeren Bruder helfen, der in diesem Land wartet.

Es ist auch prophezeit, daß, wenn diese drei bei ihrer Mission versagen, der EINE von Westen kommen wird wie ein gewaltiger Sturm. Sein Volk wird viele, viele Menschen zählen, und sie werden keine Gnade kennen. Wenn er kommt, wird er das Land überrennen wie Ameisen. Das Volk der Hopi wurde gewarnt, nicht auf Dächer zu steigen, um zuzusehen, wie er kommt, um alle Menschen zu bestrafen.

Und wenn keiner von ihnen seine Mission in diesem Leben vollendet, dann werden die Hopiführer ihre Gebetsfedern in die vier Ecken der Erde legen und den Großen Geist anrufen. Er wird Blitze schicken, um das Volk der Erde zu treffen. Nur die Rechtschaffenen werden wiedererweckt. Und wenn sich alle Menschen vom Großen Geist abwenden, wird er gewaltige Fluten schicken, um die Erde abermals zu bedecken. Wir Menschen haben dann die Möglichkeit des ewigen Lebens verloren. Man sagt, daß danach die AMEISEN die Welt bevölkern werden.

Doch wenn die DREI ihre heilige Mission vollenden und wenn einer oder zwei oder drei Hopi bis zuletzt diesen alten Lehren und Geboten folgen, dann wird der Große Geist Massau'u vor allen erscheinen, die gerettet werden sollen, und die DREI werden einen neuen Lebensplan entwerfen, der zum ewigen Leben führt. Diese Erde wird so neu sein, wie sie ganz am Anfang war. Blumen werden wieder blühen, wilde Tiere werden zurückkehren, und es wird reichlich Nahrung für alle geben. Jene, die gerettet werden, werden alles gleich teilen. Sie werden alle den Großen Geist anerkennen, und sie werden untereinander heiraten und nur noch EINE SPRACHE sprechen. Eine neue Religion wird entstehen, wenn die Menschen es wünschen.

Heute sind fast alle Prophezeiungen wahr geworden. Große Straßen ziehen sich wie Flüsse durchs Land; Menschen sprechen durch das Spinnennetz der Telefonleitungen zu anderen Menschen; Menschen reisen in Flugzeugen auf den Himmelsstraßen; zwei große Kriege wurden von denen mit dem Hakenkreuz und denen mit der Sonne begonnen, wie von unseren religiösen Führern prophezeit; der Mensch greift nach dem Mond und den Sternen. Die Hopi und andere eingeborene Brüder wurden gewarnt, daß kein Mensch etwas vom Mond zur Erde herabbringen sollte. Dies würde ein Ungleichgewicht der natürlichen und universellen Gesetze schaffen und viele schwere Erdbeben hervorrufen, Sturmfluten, Hagelstürme, Veränderungen der Jahreszeiten und Hungersnöte. Dies geschieht heute. Die meisten Menschen sind vom Lebensplan, den Massau'u entworfen hat, abgewichen. Diese Zeichen sagen uns, daß wir uns dem Ende unseres Lebens nähern.

Die Hopi wissen dies und warten, indem sie bei ihrer Lebensart bleiben, und trotz aller Mühsal haben sie bis auf den heutigen Tag nicht den Glauben verloren. Denn sie hüten dieses Land und das Leben für alle rechtschaffenen Menschen.

Die Prophezeiung der Irokesen

Die folgende Prophezeiung, die Deganawida zugeschrieben wird, dem Propheten der Irokesen, wurde vom verstorbenen Mad Bear Anderson erzählt, einem irokesischen Medizinmann.

Als Deganawida die Indianer in der Bucht von Quinte in Ontario verließ, erklärte er dem indianischen Volk, daß ihnen eine Zeit großen Leidens bevorstünde. Sie würden ihren Anführern und den Prinzipien des friedlichen Bündnisses mißtrauen. Eine große weiße Schlange sollte zu den Irokesen kommen, die sich eine Zeitlang unter die Indianer mischen und von ihnen akzeptiert werden würde; sie würden die Schlange als Freund aufnehmen. Diese Schlange würde mit der Zeit immer mächtiger werden und schließlich den Versuch unternehmen, die Indianer zu vernichten; der Beschreibung nach sollte die Schlange den Indianern das Blut und das Leben aussaugen. Deganawida erklärte den Indianern, daß sie dadurch in einen so schrecklichen Zustand kommen würden, daß sie jede Hoffnung verlören. Er erzählte ihnen, daß, wenn die tiefste Dunkelheit erreicht sei, von Norden eine rote Schlange kommen und sich der weißen Schlange nähern würde, die Angst bekäme. Die weiße Schlange würde die Indianer freigeben, die wie hilflose Kinder zu Boden fallen würden, und die weiße Schlange würde ihre ganze Aufmerksamkeit auf die rote Schlange richten.

Verwirrt würde die weiße Schlange die rote Schlange vorübergehend akzeptieren. Die weiße Schlange wäre verblüfft und würde die rote Schlange aufnehmen und akzeptieren. Dann würde es hitzigen Streit und Kämpfe geben. Dann erwacht der Indianer wieder und kriecht zum Hügelland, wo er sein Volk um sich sammelt. Das Volk erneuert den Glauben und die Prinzipien des Friedens, die Deganawida eingeführt hatte. Zu dieser Zeit würde unter den Indianern große Liebe und Nachsicht gegenüber dem Bruder herrschen. Zu dieser Versammlung würden von überall her Menschen strömen – nicht nur Irokesen, sondern Menschen von überall her –, und sie würden sich im Hügelland sammeln und ihre Freundschaft erneuern. Und sie würden im Kampf zwischen der weißen Schlange und der roten Schlange neutral bleiben.

Während sie die kämpfenden Schlangen beobachten, erreicht sie eine Botschaft, die sie sehr demütig macht. Wenn sie so demütig sind, werden sie auf einen jungen Anführer warten, einen Indianerjungen, der vielleicht noch nicht einmal zwanzig Jahre ist, und der ein auserwählter Seher ist. Niemand weiß, wer er ist oder woher er kommt, doch ihm wird große Macht gegeben werden. und er wird von Tausenden gehört werden. Er wird ihnen Anleitung geben und Hoffnung, und er wird sie daran hindern, zu ihrem Land zurückzukehren, und er wird ihr akzeptierter Anführer werden. Deganawida sagte, daß sie sich im Hügelland unter den Ästen einer Ulme versammeln werden, und sie sollten Tabak verbrennen und Deganawida beim Namen rufen, wenn ihre dunkelste Stunde gekommen sei; dann würde er zurückkehren.

Deganawida sagte, während der erwählte Seher zu den Indianern spricht, die zahlreich sind wie Grashalme, während ihn alle zugleich hören, während sie sich sammeln und den Kampf beobachten, währenddessen bemerken sie, wie im Süden aus dem Meer eine schwarze Schlange kommt; sie tropft vor Salzwasser, und sie bleibt einen Augenblick stehen, um zu Atem zu kommen, während sie nach Norden das Land überblickt, wo die weiße Schlange und die rote Schlange kämpfen. Es wird gesagt, daß der Kampf zwischen der weißen und der roten Schlange langsam begann, doch daß er dann so heftig wurde, daß Berge aufrissen und Flüsse brodelten und die Fische mit den Bäuchen nach oben schwammen. Und es würde auf den Bäumen in dieser Gegend keine Blätter mehr geben, kein Gras mehr, und seltsame Käfer und Insekten würden aus dem Boden kriechen und die beiden Schlangen angreifen, und große Hitze würde den Gestank des Todes bringen und beide Schlangen schwächen. Und dann, während der junge Seher den Kampf beobachtet, langt die rote Schlange hinter den Kopf der weißen Schlange und zieht ihr ein Haar aus, das ein großer Wind nach Süden in die wartenden Hände der schwarzen Schlange trägt. Als die schwarze Schlange das Haar gründlich untersucht, verwandelt es sich plötzlich in eine Frau, eine weiße Frau, die der Schlange Dinge erzählt, die wahr sind; doch sie will sie immer wieder hören. Als die weiße Frau alles erzählt hat, nimmt die Schlange sie und setzt sie sanft und mit großer Liebe und Respekt auf einen Fels, und dann wird sie zornig über die Dinge, die sie hörte, und eilt geradewegs nach Norden und wirft sich mit solcher Gewalt und solchem Zorn in den Kampf zwischen der roten und der weißen Schlange, daß sie die beiden Schlangen, die vom Kampf schon ermüdet sind, besiegt.

Als dies vollendet ist, stellt sie sich auf die Brust der weißen Schlange und prahlt und drückt die Brust heraus wie ein Eroberer und sieht sich nach anderen Schlangen um, die sie unterwerfen könnte. Sie blickt zum Hügelland hinüber und sieht den Indianer mit gekreuzten Armen stehen, in einer so edlen Haltung, daß sie weiß, daß dieser Indianer nicht der Feind ist, gegen den sie kämpfen muß. Als nächstes wendet sie sich nach Osten, und dort wird sie einen Augenblick von einem Licht geblendet, das viele Male heller ist als die Sonne. Das Licht strahlt von Osten nach Westen über das Wasser, und als die schwarze Schlange wieder sehen kann, bekommt sie Angst und flieht rasch zum Meer. Sie taucht hinein und schwimmt nach Süden davon, und die Indianer sollen sie nie wiedersehen. Die weiße Schlange kommt wieder zu sich, und auch sie sieht das Licht und macht einen schwachen Versuch, sich aufzuraffen und zum Licht zu gehen. Ein Teil der weißen Schlange will jedoch nicht folgen, sondern wendet sich landeinwärts ins Hügelland, wo sie vom Indianervolk mit großer Liebe aufgenommen wird wie ein verlorener Bruder. Der Rest der weißen Schlange verschwindet im Meer und taucht hinein und bleibt eine Weile verschwunden. Dann plötzlich taucht die weiße Schlange wieder über dem Wasser auf und schwimmt langsam zum Licht. Deganawida sagte, daß die weiße Schlange für die Indianer nie ein Problem wäre. Auch die rote Schlange käme wieder zu sich und würde vor großer Angst schaudern, wenn sie das Licht sieht. Sie würde nach Norden kriechen und eine blutige, zittrige Spur hinterlassen, und sie würde nie wieder von einem Indianer gesehen werden. Deganawida sagte, daß er selbst dieses Licht sein würde, das sich näherte, und er würde auf diese Weise zu seinem Volk zurückkehren. Und nach seiner Rückkehr wäre das Volk der Indianer eine größere Nation, als es sie je gab.

Andere Prophezeiungen

Diese Prophezeiung wurde von einem Medizinmann mitgeteilt, der unter dem Namen »The Sly Ole Fox« schreibt.

Ich war schon immer an indianischen Prophezeiungen interessiert, und ich habe eine von den Manitoba-Indianern gehört, die ich mit euch allen teilen möchte.

Es scheint, daß die Indianer dort oben wußten, daß der weiße Mann in ihr Land kommen würde und daß er kommen würde wie eine Heuschreckenplage. Der weiße Mann würde oft gewarnt werden, gut zu seinem roten Bruder und unserer Mutter Erde zu sein. Er würde gewarnt werden, sich zu verändern, denn wenn er sich nicht änderte, würde der Schöpfer viele Naturkatastrophen verursachen, über die der weiße Mann keine Kontrolle hätte. Gewaltige Winde würden über die Prärie fegen und alles mitreißen. Nichts würde stehenbleiben. Die Indianer würden sich zusammenschließen, um sich gegenseitig zu helfen. In den Bergen würde es gewaltige Erdrutsche geben, und am Meer würden Erdbeben das Land aufreißen. Überall würde Zerstörung sein. Die Erde wird sich verändern. Gewaltige große Tiere werden zurückkehren (in einem der großen Seen wurde bereits eine Seeschlange gesehen). Das Land des Eises und des Schnees wird wärmer, und Grönland wird wieder grün sein. Die Indianer werden wieder die Herren ihres eigenen Landes sein.

Während ich in Kanada war, sprach ich mit einigen nördlichen Cree und Chipewyan. Sie sagten, das Treibeis veränderte sich, und im Packeis geschähe etwas Neues. Sie konnten es nicht erklären, doch es sei eine Veränderung eingetreten.

Das stimmt nachdenklich, was?

Diese Prophezeiung wurde von Sun Bear mitgeteilt

Am Abend sprach ich meine Gebete und bat darum zu sehen, was auf der Mutter Erde geschehen würde. Ich träumte von Gruppen hungriger Menschen, die auf der Suche nach Nahrung herumstreiften. Ich sah sie in ihrer Verzweiflung sogar mit Bewaffneten kämpfen, um sich Nahrung zu beschaffen. Dann steckten sie in ihrem Zorn die Heime und Gebäude der Menschen an.

Ich sah Menschen in Städten, die glaubten, sie wären in Sicherheit, obwohl sie in Betonverliesen gefangen waren, die von großen Wasserfluten zerstört wurden.

Ich sah Weizenfelder, die von Mehltau zerfressen wurden, und ich sah, wie einige Menschen bestimmte deformierte Pflanzen benutzten, die eine Krankheit verbreiteten. Ich sah Menschen, die versuchten, Weizen zu ernten, der so voller Mehltau war, daß die Grannen zusammenklebten wie Bonbons. Krähen und Geier hockten in den verrottenden Früchten.

Diese Prophezeiung stammt aus einer Rede, die Häuptling Seattle 1855 hielt.

Stamm folgt auf Stamm
und Nation folgt auf Nation
Wie die Wellen der See.
So ist die Ordnung der Nationen,

und Bedauern ist sinnlos.
Eure Zeit des Niedergangs mag noch fern sein,
doch ihr Kommen ist gewiß.

Denn selbst der Weiße Mann, dessen Gott
mit ihm ging und mit ihm sprach
von Freund zu Freund,
kann nicht vom allgemeinen Schicksal
ausgenommen sein.
Vielleicht sind wir schließlich doch Brüder.
Wir werden sehen.

Eine Gabe der vier Himmelsrichtungen

Die folgenden Gedichte hat uns Whispering Leaf With Blue Jacket geschenkt, ein Shawnee, der in den siebziger Jahren ein traditionelles Camp in Tennessee hatte.

Wie wir immer wieder die Gesichter zum Morgenstern wenden und unsere Furcht vor der Dunkelheit weicht, so mögen die Lehren und Gebote des Großen Geistes unsere Herzen erleuchten. Dies ist eine Zeit des Erwachens, und wenn wir den Großen Geist um Führung bitten, finden wir viele heilige Zeremonien und Traditionen durch Träume und Visionen wieder. Eine heilige Gabe, die erneuert wiedergekehrt ist, ist die Medizin oder der Friedensschild. Von dieser Gabe will ich nun sprechen:

Der Große Geist,
der viel Verwirrung unter den Kindern
der Mutter Erde sah, denn sie
kämpften Tag um Tag,
bereitete ein ganz besonderes Geschenk.

Der Große Geist nahm einen Regenbogen
und formte ihn zu einer Decke, die er

über die Brust der Mutter Erde breitete.
Dann, mit dem Flüstern des Windes
und dem Brüllen des Donners,
mit der Helligkeit des Morgensterns
und der Wärme der Sommersonne,
mit der Klarheit des herbstlichen Himmels
und der Tiefe des großen Meeres,
mit der Zartheit eines Frühjahrstriebes
und der Stärke der mächtigen Eiche,
mit dem Weitblick des Adlers
und der Standhaftigkeit des Bären,
mit der Weisheit des Alters
und dem gewaltigen Schweigen des Himmels,
mit all diesen Dingen
schuf der Große Geist
vierundvierzig Regenbogenkrieger.
Jedem gab er einen ganz besonderen Schild,
und weil diese Schilde die Dunkelheit
durchdringen und die
Furcht vertreiben konnten,
wurden sie die heiligen Medizinschilde genannt.
Und die vierundvierzig Krieger, die
Friedenshäuptlinge hießen,
wurden instruiert, in die vier Himmelsrichtungen
zu reiten und zu kämpfen gegen Furcht und Unwissen,
gegen Täuschung und Eifersucht,
die vier Krieger der Dunkelheit.

Und obwohl die Friedenshäuptlinge keine Lanzen tragen,
sind sie leicht zu erkennen:
Denn außer den besonderen Schilden
tragen sie das weiße Wildleder der weisen Gerechtigkeit,
sie reiten auf goldenen Ponies der Wahrheit und des Lichtes
und rauchen die heilige Pfeife der Liebe und des Verstehens.

So ist nun wieder an kleinen Lagerfeuern im ganzen Land die Lehre der heiligen Medizinschilde zu hören. Feuer flackert, und im tanzenden Licht scheinen die aufgemalten Symbole des Medizinschildes zum Leben zu erwachen. Es ist eine Zeit der Erneuerung, und die Herzen füllen sich mit neuer Hoffnung und Kraft.

Laßt mich zuerst noch einige Stöcke aufs Feuer legen, dann werde ich euch eine Geschichte darüber erzählen, wie einer dieser Schilde zu den Menschen zurückkam.

Vor gar nicht so vielen Wintern wollte ein junger Krieger die Füße auf die gute rote Straße setzen. Nun war sein Volk klein und verstreut wie Blätter im Wind, und viele hatten die alten Gebote vergessen. Allein mit seinem spirituellen Hunger brach er zu seiner Suche auf. Zuerst reiste er der untergehenden Sonne entgegen, zum Ort des Blicks nach innen. Als die kalten Monde näher kamen, kampierte er in den Bergen, stieg jeden Tag auf einen heiligen Berg und fragte Moneto: »Wer bin ich?« Nachdem er viele Monde lang auf den schneebedeckten Berg geklettert war, um seine Frage zu stellen, sprach Moneto zu ihm. Der Wind trug seine leise Stimme heran.

»Junger Krieger, du bist ein Sohn von Mutter Erde und Vater Himmel, und dein Atem ist vom Großen, Allgegenwärtigen Geheimnis der Schöpfung.«

Mit diesem neuen Verständnis brach der junge Krieger sein Lager ab und nahm seine Reise wieder auf. Diesmal wanderte er nach Norden, zum Ort der Weisheit. Und nachdem er kampiert hatte, begann er zu fasten und zu beten.

»O Mutter Erde
und Vater Himmel!
Ich bete zu Moneto:
Warum bin ich?
Allein stehe ich
auf heiligem Boden
und befinde mich
auf der Visionssuche.

O Geist des Nordens,
höre meine Bitte:
Ich suche deine Weisheit,
daß du mich auf dem rechten Weg führst.«

Und nachdem er sein Gebet viele Male in die vier Himmelsrichtungen gesungen hatte, begann er etwas an den Bäumen zu bemerken, an den geflügelten Wesen und den Insekten. Es schien, als priese die ganze Schöpfung den Herrn des Lebens mit Gesang und Tanz. Er beobachtete, wie sich die Bäume und Gräser wiegten, während sie mit rauschenden Blättern sangen. Die geflügelten Wesen grüßten Sonnenaufgang und Sonnenuntergang mit prächtigen Liedern, während die Insekten Tag und Nacht beständig ihre Lieder sangen. Und er begann sich zu fragen, ob er nicht auch diesen Geist preisen sollte. Und dann sprach seine innere Stimme laut und klar zu seinem Herzen. »Ja, Kind von Mutter Erde und Vater Himmel, du bist lebendig und du sollst den Großen Geist erkennen, der in allen Dingen und jenseits aller Dinge ist; du sollst ihn lieben und ihm dienen.«

Nachdem er diese neue Wahrheit gelernt hatte, nahm er abermals seine Wanderung auf, diesmal der aufgehenden Sonne entgegen, zum Ort der Erleuchtung. Schließlich erreichte er einen sehr hohen Berg, kletterte zum Gipfel hinauf und breitete seine Decke aus und setzte sich. Nun betete er: »O Moneto, ich bin von deinem Atem. Du gabst mir das Leben, damit ich dich ehre. Wie kann ich am besten deinem Willen dienen?«

Die Nacht kam, und der Himmel füllte sich mit Wolken, und ein leichter Regen begann zu fallen. Nach einer Weile erschien Großmutter Mond in ihrer ganzen Pracht. Sie sprach mit leiser Stimme zu dem jungen Krieger. »Du mußt Frieden mit deiner Vergangenheit schließen, denn den Weg, der vor dir liegt, kannst du nur im Geiste des Lebens gehen. Verscheuche alle Schatten aus deinem Herzen.« Dann verbarg Großmutter Mond sich wieder hinter den Wolken, und der Regen fiel wie zuvor. In der Morgendämmerung stieg der Krieger ins Tal hinab, um in seinem Herzen Frieden zu schließen. Und als er es getan hatte, sang eine

Drossel zu ihm. Der geflügelte Bote trug dem neuen Friedenskämpfer auf, einen heiligen Schild zu malen. Dann sollte er den Schild nach Süden tragen, wo er Moneto dienen konnte.

So begann er den letzten und längsten Teil seiner Reise zum Ort der Liebe und des Mitgefühls. Als er in diese Richtung zu wandern begann, versuchten viele verlockende Stimmen, ihn vom Weg abzubringen. In der Nacht kamen die Stimmen der Furcht und des Zweifels, die ihn zur Umkehr drängten. Häufig blieb er stehen und fragte sich, ob er stark genug sei, seine Reise fortzusetzen.

Nun können wir sehen, wie die Gabe des Medizinschildes eine Hilfe sein kann. Jedesmal, wenn wir auf unserer Reise straucheln, erinnert uns ein Blick auf den Schild daran, wer wir sind, warum wir sind und welches unsere Aufgabe in diesem Leben ist. Er löscht die Samen von Zweifel und Verwirrung aus, die in diesen sorgenvollen Zeiten überall sprießen. Der Schild erinnert uns daran, daß wir den ganzen Medizinkreis beschreiben und mit den vier Jahreszeiten des Lebens in Harmonie sein wollen, während wir die Gabe der vier Himmelsrichtungen im Herzen tragen.

Als ich den Schild bekam, war ich verzweifelt. Wer war ich denn, daß ich diese Medizin bekam, die 100 Jahre verloren gewesen war? Da ich diese Frage nicht beantworten konnte, mußte ich mich vom Atem des Großen Geistes führen lassen. Als Flüsterndes Blatt, Whispering Leaf, wurde ich viele Monde hierhin und dorthin geweht, bis ich schließlich auf einem kleinen Strom in den Hügeln von Tennessee zur Ruhe kam. Diesen Strom nennen wir Singing Sweetwater Creek, und dort entstand ein kleines Camp des Medizinschildes. Mit der Kraft des Medizinschildes waren wir fähig, das Lager und seine traditionelle Lebensart aufrechtzuerhalten.

Indem wir nur das Allernotwendigste zum Leben gebrauchten, waren wir fähig, die Hilfe unserer Ahnen zu erbitten, die zu uns durch Wind und Wasser sprechen und uns lehren, wie man Quonset-Wegiwas baut, wie man Mais und Bohnen auf Haufenbeeten pflanzt, wie man Heilkräuter sammelt und trocknet und wie man mit einem Bewußtsein für die ganze Familie denkt und handelt. Mit Familienbewußtsein meine ich, daß wir uns selbst und unsere Energie mit unseren Brüdern und Schwestern teilen, damit wir alle im Geist wachsen können.

Unsere Zeit in diesem neuen Lager war nicht leicht, denn unser Unwissen über die Natur war ein Hindernis für das Wachstum. Wir mußten lernen, im Gleichgewicht mit unserer Mutter zu gehen, bevor sie uns ihre Weisheit und ihren Überfluß schenkte. Während der ganzen Zeit griffen Zweifel und Ängste und Enttäuschungen unser Herz an, doch die Kraft des Schildes unterstützte unsere Bemühungen. Es ist eine ständige Erinnerung daran, daß wir zur Schöpfung gehören, und daß unsere einzige Aufgabe es ist, den Schöpfer zu erkennen, ihn zu lieben und ihm zu dienen. Dieser Dienst für den Großen Geist in einer feindlichen Welt, die sich von den Geboten der Schöpfung abgewendet hat, macht die Reise zu einem Ort der Liebe und des Mitgefühls zur längsten und schwersten Reise. Hier müssen die Krieger des Lichtes mit ihren heiligen Medizinschilden die Furcht, das Unwissen, die Täuschung und die Eifersucht überwinden, die von den Kriegern der Dunkelheit verbreitet werden.

Es ist ein guter Tag, um den Kampf zu beginnen. Ich habe gesprochen.

Die Wiedergeburt des Geistes

(Gedanken von Wabun, einer von Sun Bears Medizinhelferinnen)

Wenn wir uns still setzen und nachdenken, dann erkennen wir die Gefühle, die die Worte in diesem Artikel ausdrücken wollen. In solchen Augenblicken haben wir die Möglichkeit, im Herzen unsere Verbundenheit mit dem großen Kreis des Universums zu spüren. Wir erfahren den Frieden, der aus einem Wissen kommt, das auch die traditionellen Indianer kannten – das Wissen, daß wir ein Teil des ganzen Universums sind und nicht *das* ganze Universum. Wir wissen dann, daß die Welt fließt und sich verändert, wie sie sollte, und daß wir weiterschreiten, wie wir es tun sollten.

Indianische Gesellschaften waren darauf angelegt, jederzeit diese Gefühle zu verstärken. Die Welt wurde als heilig betrachtet – Pflanzen, Tiere, Menschen und ihre Handlungen, alles war heilig. Die Menschen lernten, alle Dinge um ihrer eigenen, natürlichen Schönheit und Heiligkeit willen zu achten. Die Welt wurde als Ozean ausbalancierter Energien gesehen, die alle ihren vorbestimmten Bahnen folgten.

Im Alltagsleben der Gesellschaft jener Menschen, die versuchten, die Religion und die Kultur der indianischen Völker zu zerstören, finden wir leider nur wenig, das geeignet ist, uns an das Gefühl der Einheit mit der Welt um uns zu erinnern. Von der Wiege bis zur Bahre stehen wir im Wettstreit. Schon als Kinder lernen wir in dieser Gesellschaft, daß sogar Liebe einen Preis hat. Wir spüren, daß die Menschen, die in so vielen Dingen über uns bestimmen, nicht unbedingt unser Glück im Auge haben. Sie tun es, damit wir lächeln und lachen und sie ein gutes Gefühl haben und vor den anderen gut dastehen. Bald lernen wir, unsere Mitmenschen so zu manipulieren, daß wir auch gut dastehen. Die lebenslängliche Lotterie um die Preise Zuneigung und Anerkennung – was wir normalerweise Liebe nennen – hat für uns begonnen. Wir sind Teilnehmer beim Großen Amerikanischen Rattenrennen geworden.

Wenn dann die Zeit für die Schule kommt, sind die meisten bereit für den »Sozialisationsprozeß«, der dort stattfindet. Unsere bereits unsicheren jungen Geister akzeptieren begierig Amerikas goldene Regel: »Wer oben ist, ist der Beste.« Wir beginnen zu schieben und drängen, um nach oben zu kommen: der Klassenbeste, der Lieblingsschüler, der beste Turner, Mamas kleiner Engel. Immer und überall – in der Schule, in der Familie, in der Kirche, in der Musik, beim Fernsehen, in der Literatur. Wir verstehen die Botschaft, daß der Gewinner automatisch ein guter Junge oder ein kluges Mädchen ist, und was noch mehr ist, ein Mensch, der weiß, wo er hingehört. Und die ganze Zeit wird diese emotionale Botschaft vom Wirtschaftssystem bestärkt, das den besten Streiter belohnt. Den Lorbeer für den Sieger, und niemand scheint sich darum zu kümmern, wie der Sieg errungen wurde.

Mit der Zeit, wenn wir heranwachsen, beginnen wir uns zu fragen, ob der Zweck des Sieges all die schmutzigen Mittel rechtfertigte, die eingesetzt wurden. Die unter uns, die gewonnen haben, merken vielleicht, daß zwar unser Ansehen vergrößert ist, daß wir aber immer noch nicht wissen, wohin wir gehören und immer noch nicht zufrieden sind. Wenn wir Klassensprecher sind, wollen wir vielleicht Schulsprecher werden. Und wenn wir Schulsprecher sind, beneiden wir vielleicht das Stipendium für Harvard, das der Rivale aus der benachbarten High School bekommen hat. Ratten im Laufrad, die einem ungewissen Ziel entgegenrennen.

In den Sechzigern, als die meisten von uns volle Bäuche hatten, nahmen wir uns Zeit, uns anzusehen, wohin der Weg führte – für den einzelnen und die Gesellschaft. Einige von uns waren so angewidert, daß sie der Führung einiger unzufriedener Radikaler oder Bohemiens oder Utopisten der Vergangenheit folgten, und wir weigerten uns, das Spiel nach den Regeln zu spielen, die man uns gelehrt hatte. Wir bildeten etwas, das »Die Bewegung« genannt wurde, »Die Gegenkultur«. Diese Alternativkultur war nie die einheitliche Gruppe, die die paranoide Regierung in ihr sah. Sie bestand aus Radikalen und Revolutionären, aus Rockern und Friedensengeln, aus der Frauenbewegung, Kommunarden, Kollektivisten und einer Menge Mitläufern; Menschen, die von der Schlacht des Lebens so angeschlagen waren, daß sie unfähig schienen, sich auf etwas wirklich einzulassen. Zunächst war es einfach aufregend, ein Angehöriger der Gegenkultur zu sein. Schwarze, Weiße, Rote, Braune, Gelbe – alle zusammen wollten wir das böse System überwinden, das zur Befriedigung seiner Gier diskriminiert, verstümmelt oder getötet hatte. Wir demonstrierten, machten Sit-ins und Kampagnen und diskutierten. Nach einer Weile schwand die Aufregung, das Geld war ausgegeben, und wir waren entmutigt. Viele unserer Veteranen begannen Drogen zu nehmen, ein viel schlimmerer

Mörder des Geistes als die Ängste, die sie mit den Drogen vergessen wollten. Andere wurden Hedonisten oder wandten sich dem System zu, das sie verachtet hatten.

Wieder andere wuchsen aus der politischen Bewegung heraus und in eine mitmenschliche hinein. Diese Menschen sagten, wenn sie schon nicht das herrschende System verändern konnten, dann wollten sie wenigstens eine lebensfähige, angenehme Alternative schaffen. Sie glaubten, wenn sie nicht die Welt und alle Menschen verändern konnten, dann konnten sie wenigstens versuchen, sich selbst zu ändern. Unglücklicherweise ahmen viele Kommunarden in einer sehr wichtigen Hinsicht das System nach, das sie verdammen. Genau wie in der Bewegung schätzen auch heute noch in den meisten Kommunen unsere Brüder und Schwestern die Freiheit, »nach dem Bockprinzip« zu handeln, über alles. Und dem Bockprinzip zu folgen ist nichts weiter als ein neuer Wettstreit. Statt den eigenen Wert dadurch zu beweisen, daß man der beste Schüler wird oder der aufstrebende junge Angestellte, beweisen wir uns, indem wir der Originellste sind, der beste Handwerker, der geborene Führer, die befreiteste Frau, der spirituell am weitesten Entwickelte. Wir haben zwar aufgehört, um die Belohnungen und die Macht zu wetteifern, die diese Gesellschaft zu geben hat, doch die meisten von uns wollen immer noch den großen Preis in der Lotterie der Zuneigung und Achtung gewinnen. Wir versuchen immer noch, ein Gefühl der Zugehörigkeit darauf zu gründen, daß wir in irgend etwas besser sind. Und damit wir besser sind, muß ein Bruder oder eine Schwester schlechter sein.

Ohne Vergleiche gäbe es keinen Wettbewerb, und ohne beides gäbe es keine Gier, keinen Neid, keinen Krieg. Wenn wir unsere Gemeinschaften dazu bringen könnten, daß sie funktionieren wie die der traditionellen Indianer, dann würden wir uns über das Glück und die Fortschritte unserer Brüder und Schwestern freuen. Wir würden nicht versuchen, sie zu übertrumpfen. Wir wüßten, daß alle Menschen wichtige Teile des Universums sind, mit denen wir nicht um Zugehörigkeit oder Zuneigung wetteifern können. Wir wären frei und könnten aufrichtig lieben und andere aus ihren Käfigen befreien, die sie aus Angst gebaut haben.

Emotionale Gewohnheiten – besonders negative – haben ein zähes Leben. Unsicher oder unglücklich sein, sich beklagen und wetteifern, das ist vertrauter emotionaler Boden. Sicher sein, glücklich und kooperativ, das ist Neuland. Die meisten von uns bleiben lieber beim Vertrauten, auch wenn sie es hassen – einfach nur, weil wir Angst vor dem Unbekannten haben. Damit unsere gerade flüggen neuen Gemeinschaften funktionieren, müssen wir lernen, unsere Negativität dauerhaft abzustreifen. Und um das zu tun, müssen wir darauf achten, wie wir unser Leben leben, wir müssen unsere Handlungen ohne Urteil und Furcht betrachten. Mit der Zeit werden wir bemerken, daß wir unser Selbst zu mögen beginnen. Während diese Zuneigung wächst, wachsen auch unser Selbstvertrauen und unsere Sicherheit. Wenn wir genug wirkliche Liebe für unsern Geist in uns selbst finden, dann können wir beginnen, in wirklichem Gleichgewicht zu leben und die Art von Stammesgesellschaft zu schaffen, die uns alle befreit. Und dann können wir sein, was wir wirklich sind – fröhliche Wesen des Universums.

Was du glaubst, wirst du auch. Glaube an die Schönheit, denn die Mutter Erde ist voller Schönheit. Glaube an die Liebe, denn deine Mutter Erde und dein Vater Himmel lieben dich. Glaube an das Wunderbare, und du befreist deine Seele aus dem Gefängnis, das dein Bewußtsein um sie zu bauen versucht. Und vor allem, hab keine Angst. Der Große Geist gibt dir alles, was du brauchst. Glaube an deine Medizin. Glaube an die Arbeit, die du tust, um ein Instrument des Willens des Großen Geistes zu werden. Glaube, daß du bist, wo du sein solltest. Glaube, daß dein Leben dich zu deiner Bestimmung führt. Glaube an die Schönheit, glaube an die Liebe, glaube an das Wunderbare, und du wirst erkennen, daß du schön bist, liebevoll und wunderbar.

Hey-hey yo hey-he yo HO!

Großväter und Großmütter
Großer Geist
Wir danken dir für diesen Tag
Wir danken dir für dein Licht.

Das Licht, das du in jedem von uns
entzündet hast, brennt heller.
Es strahlt aus uns heraus, greift hinaus
und beleuchtet unseren Weg
und entzündet auch in anderen
ihren Funken Licht.

Die Menschen sind
in diesem Licht gebadet.
Bald werden sie wieder
ganz sein.

Während der Geist wächst,
während sich das Licht ausbreitet,
Werden die Menschen wachsen,
bis alle Unterdrückung endet.

Gier wird weichen und alle ihre dunklen Helfer
mit sich nehmen:
Haß, Neid, Ängste,
Gewalt, Krankheiten, Kriege.
In deinem Licht verschwindet
alle Dunkelheit der Seele.

Bald werden Adler über dem Land schweben
und uns von deinem Licht erzählen.
In ihren Fängen halten sie -
für jedermann zu sehen -
den neu geschlossenen Ring der Nation.

Brüder, Schwestern, Zweibeiner,
Vierbeiner, Volk der Lüfte,
ihr im Wasser, ihr, die ihr im Schoß
der Mutter Erde lebt und
auf ihr wachst –

Alle werden sich versammeln,
um Dein Licht zu feiern.

Alle Unterschiede, Trennungen
und Ängste
werden schwinden.

Alles wird wirklich Eins sein.

Es ist gut.

Ho!

Wabun für den Bear Tribe

II
Die Beziehung zur Mutter Erde

Der ganze folgende Teil ist aus Wabuns Arbeit mit Sun Bear und anderen eingeborenen Medizinmenschen entstanden.

Harmonie erreichen

Wir müssen lernen, unsere Mutter Erde und die anderen Wesen, die mit uns auf ihr leben, mit der gleichen emotionalen Kraft zu lieben, die wir normalerweise der Liebe für unsere liebsten menschlichen Freuden vorbehalten. Wenn du lernst, dies zu tun, wirst du dich transformieren und bei der Transformation der Erde helfen. Einige Menschen sind ganz natürlich fähig, die Erde auf diese Weise zu lieben. Andere müssen erst lernen, sich selbst den Raum zu geben, um es zu tun. Es ist hilfreich, einen Platz zu finden, der sich für dich wirklich gut anfühlt: einer, an dem du dich sicher fühlst, beschützt und geliebt. Besuche diesen Platz, wann immer dein Herz es dir sagt. Danke dem Platz immer dafür, daß er dir so gute Gefühle gibt. Bringe dem Platz Geschenke – Tabak vielleicht oder Maismehl. Bete dort. Singe dort. Tanze dort. Spüre, wie du mit diesem Teil der Mutter Erde verschmilzt. Spüre, wie sie mit dir verschmilzt. Sei geduldig. Wehre dich nicht gegen deine Gefühle. Wenn es so kommen soll, dann wirst du eines Tages fühlen, wie dein Herz mit diesem Platz ausgefüllt ist. Du wirst dich danach sehnen, ihn zu sehen, wie du dich einst danach gesehnt hast, das Gesicht eines geliebten Menschen zu sehen. Du wirst wissen, daß du den ersten Schritt gemacht hast und dabei bist zu lernen, die Mutter Erde wirklich zu lieben. Der Rest wird von selbst kommen.

Gebete

Zu viele von uns haben vergessen, wie man um etwas betet, das nicht direkt mit unseren eigenen Wünschen zu tun hat. Wir haben vergessen, daß auch die Mutter Erde und unsere Brüder, alle Wesen auf ihr, unsere Gebete brauchen. Wir haben vergessen, daß wir als menschliche Wesen dafür verantwortlich sind, für diese anderen zu beten. Wie oft sagst du den Bäumen, daß sie schön sind? Wie oft machst du den Vögeln Komplimente für die Schönheit ihrer Lieder? Wie oft dankst du dem (weiblichen) Geist des Wassers für die vielen Gaben, die sie dir bringt? Wie oft dankst du der Mutter Erde dafür, daß sie dich ernährt?

Gebete brauchen nicht kompliziert zu sein, nicht die beredten, wortgewaltigen Sprüche, mit denen viele von uns aufgewachsen sind. Sie brauchen nur aufrichtig zu sein. Wenn dein Herz mit beredter Zunge spricht, in Ordnung. Wenn dein Herz wie ein Kind spricht, dann ist auch das schön. Bete oft. Bete, wenn dir danach ist. Sei verschwenderisch mit deinem Dank. Erkläre den anderen Naturkräften, was du brauchst, wenn du etwas willst.

Wenn du etwas pflanzt, dann gehe vorher in das entsprechende Gebiet und sage den Wesen des Mineralreichs, was du tun willst. Bitte sie um ihre Unterstützung. Danke ihnen dafür, daß sie da sind. Danke ihnen für alles, was sie zu geben haben. Danke ihnen dafür, daß sie mit dir arbeiten. Sage ihnen, daß du sie brauchst und schätzt.

Wenn du etwas verändern mußt, dann bitte sie um Verständnis. Wenn du einige Felsen beseitigen mußt, erkläre ihnen den Grund. Versichere ihnen, daß auch du eines Tages Nahrung für die Mutter Erde sein wirst.

Dasselbe gilt, wenn du mit den Brüdern und Schwestern des Pflanzen- und Tierreiches zu tun hast. Trete ihnen immer mit Liebe und Achtung gegenüber. Behandle sie immer als gleichgestellte Partner bei der Arbeit, die du tust – ob du einen Garten anpflanzt, ob du erntest, einem Lamm bei der Geburt hilfst oder eine Kuh schlachtest. Wenn deine Haltung wirklich andächtig ist, liebevoll und respektvoll, dann werden dir deine Mitwesen helfen, was immer du vorhast.

Naturgeister

Wenn du den Dingen, die auf der physischen Ebene mit uns arbeiten, mit einer guten Haltung gegenübertrittst, dann werden die Wesen auf anderen Ebenen bemerken, was du tust, und versuchen, dir zu helfen. Die Geister des Planeten sind immer da. Sie sind bereit zu helfen, und sie wollen eine angemessene Beziehung zu menschlichen Wesen wiederaufbauen. Alles, was sie brauchen, ist das Wissen um deine Aufrichtigkeit und deine Achtung.

Hab keine Erwartungen, wie es sein könnte, wenn du mit Naturgeistern Kontakt hast. Erwarte nicht, Elfen und Kobolde auf allen deinen Pflanzen sitzen zu sehen. Verschiedene Geister nehmen verschiedene Formen an. Viele haben überhaupt keine Gestalt. Einige Menschen sind fähig, Geister zu sehen; andere hören sie; wieder andere spüren ihre Gegenwart. Vertraue auf deine eigene Art, den Kontakt herzustellen. Glaube an die Dinge, die deinem Gefühl nach wahr sind. Wenn du in unerforschtem Gebiet segelst – und der Umgang mit Geistern ist gewiß genau das –, dann ist das Herz der verläßlichste Navigator. Bewege dich vorsichtig zwischen den Geistern. Akzeptiere sie, so gut du kannst. Und habe Geduld. Was heute unmöglich scheint, kann in einem Monat oder einem Jahr wie das Natürlichste der Welt erscheinen.

Feiern

Eine der besten Möglichkeiten, unsere Liebe für die Mutter Erde und den Großen Geist zu zeigen, ist es, ihre Einheit und die Einheit der ganzen Schöpfung zu feiern. Unsere Feiern beruhen auf unserem Wissen über die traditionelle Lebensart, doch sie sind keine Kopien der alten Feiern. Wir glauben, daß dies eine neue Zeit ist, und daß unsere Feiern die Zeit, in der wir leben, und die Gefühle, die wir im Herzen tragen, widerspiegeln müssen. Während wir die alte Lebensart respektieren, wissen wir doch, daß die Gefühle wichtiger sind als die Form. Und so war es auch bei der noch älteren Lebensart, an die sich einige wenige im Herzen erinnern.

Der Kreis

Wir bilden mehrmals am Tag einen Kreis. Wenn wir am Morgen und am Abend beten, kommen wir im Kreis zusammen. Vor dem Essen reichen wir uns die Hände und schließen einen Kreis. Vor der Schwitzhütte sammeln wir uns zu einem Kreis. Wenn wir beraten, sitzen wir im Kreis.

Der Kreis erinnert uns daran, daß das Leben unendlich ist, daß es keinen Beginn und kein Ende gibt, daß in vollkommener Harmonie alles ineinander fließt.

Auf unserem Land haben wir auch ein Medizinrad. In diesem Kreis sprechen wir ganz besondere Gebete und danken für unsere Verbundenheit mit dem Universum, und wir tun dies mit der Kraft, die solche besonderen Kreise schenken können.

Oft benutzen wir auch die Pfeife. Wenn wir beraten oder eine

Feier abhalten wollen, wenn wir um Heilung beten, wenn wir zum Dank beten, dann machen wir den Rauch. Wir haben glücklicherweise mehrere Pfeifen, die wir für unsere Medizin benutzen können. Wir haben eine Stammespfeife. Wir haben die Pfeife von Yellow Hand, einem Cheyennehäuptling, der von Buffalo Bill getötet wurde. Sie kam über einen anderen Medizinmann zu uns. Sun Bear hat für besondere Medizin eine eigene Pfeife, und wir haben noch eine Pfeife, die nur für bestimmte Arten von Medizin verwendet wird. Viele unserer Mitglieder haben außerdem eigene Pfeifen.

Die Pfeife repräsentiert das Universum. Der Kopf ist aus Stein, der aus dem Mineralreich stammt. Wenn wir die Pfeife benutzen, erkennen wir damit unsere Verwandtschaft mit diesen Reichen an. Der Tabak ist das rituelle Opfer, das sich selbst verbrennt, damit unsere Gebete zum Großen Geist aufsteigen können. Wenn wir den Tabak in die Pfeife stopfen, dann ist jede Prise ein Opfer für eins dieser Reiche – für die Welt der Geister, für unsere zweibeinigen Brüder, für die Kräfte der vier Himmelsrichtungen und für eine besondere Heilung oder ein Gebet, das uns am Herzen liegt. Nachdem wir die Pfeife entzündet haben, opfern wir den Rauch den vier Himmelsrichtungen, der Mutter Erde und dem Großen Geist.

Die Pfeife hilft uns, uns an unsere Verbindung mit dem ganzen Universum zu erinnern.

Die Schwitzhütte

In der Schwitzhütte wird unser Körper, unser Bewußtsein, unser Herz und unser Geist gereinigt. Diese Reinigung wird bewirkt durch die Verbindung von Erde, Feuer, Wasser und Luft. Wir gehen voller Unwissenheit und Angst hinein, und durch den Atem des Großvaters und der Großmutter kommen wir als neue Wesen wieder heraus und sind besser fähig, die Liebe des Großen Geistes und das Mitgefühl der Mutter Erde zu erkennen.

Die Schwitzhütte wird aus beliebigen jungen Hartholzschößlingen gebaut. Nach den angemessenen Gebeten werden die Bäume geschnitten, kuppelförmig zueinander gebogen und festgebunden. Die Hütte wird mit Segeltuch oder Decken oder Schlafsäcken bedeckt, oder mit Grasmatten oder Schlamm. Die Tür der Hütte weist nach Osten. Draußen wird eine Feuergrube angelegt. Die Steine holt man aus einem Flußbett oder einem vulkanischen Gebiet, denn im Gegensatz zu Granit bersten diese Steine nicht, wenn sie erhitzt werden.

Vor der Zeremonie legt der Feuerhüter die Steine in die Feuergrube und baut über ihnen ein Feuer auf. Wenn sie stark erhitzt sind, kann die Schwitzhüttenzeremonie beginnen. Der Feuerhüter nimmt für jede Himmelsrichtung, für die Mutter Erde und den Großen Geist je einen Stein aus dem Feuer. Er oder sie trägt sie der Sonnenbahn folgend um die Feuergrube und legt sie in eine Grube in der Mitte der Schwitzhütte. Wenn man will, kann man dann weitere Steine hineinlegen. Dann betreten die Menschen, ebenfalls in Laufrichtung der Sonne, die Hütte. Auf die Steine wird Wasser gegossen, und die Schwitzhüttenzeremonie beginnt. Wenn es einen Leiter oder eine Leiterin gibt, spricht er oder sie Gebete für jede Himmelsrichtung. Man kann auch die Plane vor dem Eingang öffnen, um die Geister der Himmelsrichtungen einzuladen. Dann werden Gebete für die Mutter Erde und den Großen Geist gesprochen. Dann kann man singen. Andere können, wenn sie wollen, Gebete sprechen. Im Kreis wird Wasser herumgereicht. Wenn wir glauben, daß der richtige Augenblick gekommen ist, gehen wir in entgegengesetzter Richtung wieder hinaus. Wir danken für die Zeremonie, dafür, daß wir uns gereinigt und gut fühlen, und für die Zeit, die wir zusammen verbracht haben.

Die Schwitzhütte ist eine der mächtigsten Zeremonien der Ureinwohner. Die Zeremonie sollte nur von Menschen geleitet werden, die in ihr und ihrem spirituellen Gehalt gut ausgebildet sind.

Pflanzen und Ernten

Wir feiern die Zeit des Pflanzens, indem wir der Mutter Erde für die Jahreszeit danken, in der sie alles in solchem Überfluß wachsen läßt. Die Schwestern opfern Maismehl und sprechen ihre Gebete, dann umkreisen sie die Felder, die bestellt werden sollen, und bitten darum, daß sich die Kraft der Schöpfung, die ihnen gegeben wurde, mit der Schöpferkraft der Mutter Erde verbinde.

Nach der Ernte danken wir für die Güte, die uns die Mutter Erde und unsere Pflanzenbrüder und -schwestern erwiesen haben. Wir beten darum, daß die Zeit der Ruhe für die Erde und die Geister gut und erfrischend sein möge.

Die Erneuerung der Erde

Die größte Feier in unserem Jahresablauf ist die Zeit der Wintersonnenwende, die Zeit der Erneuerung der Erde. In diesem Augenblick, wenn die Sonne am weitesten von uns entfernt ist, fasten wir vier Tage. Während dieser Tage erinnern wir uns daran, daß das Leben nicht weitergehen könnte, wenn Vater Sonne nicht zurückkehrt, um die Mutter Erde zu erwärmen und ihr Wachstum zu fördern. Wir fasten und beten, daß Vater Sonne zurückkehren und daß der Kreis des Lebens sich weiterdrehen möge. Am Tag, an dem die Sonne ihren Rückweg beginnt, machen wir eine Schwitzhütte, um uns von allem Alten zu reinigen, damit wir das neue Jahr als neue Menschen begrüßen können. An diesem Tag versammeln sich die Schwestern, um auf die alte Art das heilige Maismehl für das kommende Jahr zu mahlen; sie benutzen dazu einen Mahlstein und einen Mörser. Dieses Maismehl wird während des Jahres benutzt, wenn wir ein Opfer für Fruchtbarkeit und Überfluß machen wollen. Am Tag der Erderneuerung opfern wir etwas Maismehl und bitten darum, daß das kommende Jahr ein gutes Jahr für die Mutter Erde und alle Menschen sein möge. Dann feiern wir einen Tag, fasten und freuen uns, und laden unsere Freunde ein.

Es ist wichtig, nicht die lebensspendenden Kräfte der Schöpfung und die Tatsache zu vergessen, daß wir selbst keine Schöpfer sind. Der traditionelle Ureinwohner hielt die Rückkehr der Sonne nicht für selbstverständlich, sondern war jedesmal dankbar und froh, wenn es geschah. In unserer Erziehung haben wir gelernt, den Beginn des Winters als etwas Gegebenes zu nehmen und nicht als Geschenk. Dies hat unsere Haltung verändert; wir sind nicht mehr dankbar, sondern erwartungsvoll und nehmen die Schätze der Erde ohne Achtung und ohne Ausgleich. Die Zeremonien der Erderneuerung sind eine Art, Dank zu sagen.

Im letzten Jahrzehnt ist das Bewußtsein für Zeremonien immer größer geworden. Immer mehr Workshops, Seminare und Vorträge werden über ihre Bedeutung gehalten. Immer mehr Menschen organisieren Gruppen und treffen sich zu selbst erdachten oder überlieferten Zeremonien und singen und tanzen, um die Erde und ihre Schätze zu ehren.

Wir feiern die Sommersonnenwende und die Tagundnachtgleiche im Frühjahr und Herbst mit Fasten und Schwitzen, mit der Pfeifenzeremonie, mit einer spirituellen Feier, mit Gebeten und indem wir dafür danken, daß sich das Rad des Lebens weiterdreht.

Singen, Trommeln, Tanzen

Das ganze Universum tanzt zum Lied der Schöpfung. Wenn wir singen und tanzen, schließen wir uns dieser Einheit an. Wenn wir trommeln, hören wir, wie unser Herzschlag mit dem der Mutter Erde und der Trommel verschmilzt. Es ist gut, auf diese Weise Dank zu sagen.

Die Kreise des Lebens

In den alten Tagen hatte jeder Lebensabschnitt eines Menschen eine bestimmte Beschaffenheit und einen bestimmten Geschmack, und jede Phase wurde geehrt, geachtet und genossen. Das Leben wurde als fließender Kreis gesehen, von der Geburt zum Tod zur Wiedergeburt. Der Kreis des Lebens floß glatt wie der Kreis der Jahreszeiten, und er war ebenso unterteilt. Nach der Dämmerung der Geburt und Kindheit erleben wir den Frühling unserer Jugend, den Sommer der Reife, den Herbst der mittleren Jahre und den Winter unserer alten Tage.

Früher wurde der Beginn jeder Phase des Lebens wie der Beginn jeder Jahreszeit von den Menschen gefeiert. Die Feier jedes neuen Lebensabschnitts kennzeichnete den Übergang in dieses Stadium deutlicher und angenehmer. Mit der Feier kam das Wissen, daß ein Lebensabschnitt mit seinen Freuden und Verpflichtungen zu Ende ging und ein neuer begonnen hatte. Vielleicht gab es Bedauern über den Verlust einiger geliebter Beschäftigungen, doch es gab auch die Vorfreude auf neue Aufgaben, neue Lektionen und Pflichten.

Bei der Geburt feierten die Eltern, die Ältesten und die Verwandten das Geschenk des Lebens, das der Familie und dem Stamm gegeben wurde. Sie zeigten das Kind dem Schöpfer, dem Vater Sonne und der Mutter Erde und gaben dem neuen Geist, der nun unter ihnen war, einen Namen. Indem sie es taten, erkannten sie an, daß das Kind ein Geschenk des Lebens war, das der Mutter Erde vom Großen Geist gegeben wurde, und daß das Kind eine Aufgabe zu erfüllen hatte, ein Gebet zu beten und ein Lied zu singen, das ganz ihm gehörte.

Wenn ein Kind heranwuchs und Verantwortung für das physische und spirituelle Überleben des Stammes übernehmen konnte, war der Augenblick für eine weitere Feier gekommen. Manchmal bekam der Jugendliche einen neuen Namen, der seine wahre Natur besser widerspiegelte.

Wenn ein junger Mann zum erstenmal erfolgreich gejagt hatte, wurde zu Ehren dieser neuen Lebensphase gefeiert. Für eine junge Frau war die Feier ihres Mondes der Übergang zur Frau. Junge Männer wurden erst als erwachsen betrachtet, wenn sie erfolgreich ihre Vision gesucht hatten. Die Feier dieses Erlebnisses war oft still und klein, und an ihr nahmen nur der betreffende Mann und die Medizinleute teil, die ihm geholfen hatten. Männer mußten eine Vision suchen, um vollständig zu sein, und in den meisten Stämmen konnten Frauen, wenn sie es wollten, ebenfalls auf Visionssuche gehen.

Wenn die Menschen erwachsen wurden, gab es eine Feier, mit der der Beginn dieser neuen Lebensphase gewürdigt wurde. Es gab Feiern für das Zusammenlaufen zweier Lebenswege – sei es durch Heirat, Adoption oder das Entstehen verwandtschaftlicher Beziehungen. Es gab Feiern für Geburten und für Zeiten, in denen sich die Welt veränderte. Es gab Feiern, wenn jemand ein geehrter Stammesältester wurde.

Diese Feiern trugen dazu bei, jedem Kreis des Lebens seine besondere Beschaffenheit und seinen Geschmack zu geben. Darüber hinaus erinnerten diese Feiern die Menschen ständig an ihre intime, lebenslange Verbundenheit mit der spirituellen Seite des Lebens. Eine andere Funktion persönlicher Feiern in der alten Lebensart war die, den Menschen eine Möglichkeit zu geben, die Veränderungen in ihrem Leben anzunehmen und sie so für die nächsten Lektionen vorzubereiten, die das Leben für sie bereithielt. Sie halfen den Menschen zu erkennen, daß Veränderung Wachstum bedeutete und nicht Verlust.

Zugegebenermaßen ist diese Lektion in einer Gesellschaft, die eng mit der Natur verbunden ist, leichter zu lernen. In einer solchen Gesellschaft braucht man nur die Pflanzen zu betrachten um zu erkennen, daß die Samen, die zu lange von einer Pflanze festgehalten werden, verrotten und nicht wachsen. Dasselbe gilt für die Zyklen des menschlichen Lebens. Wenn wir uns zu lange an ein Stadium unseres Lebens klammern, kristallisieren wir und wachsen nicht mehr.

Die Feiern für das sich wandelnde Muster unseres Lebens helfen uns zu wachsen.

Sie sind heute ebenso notwendig wie in den alten Tagen.

Die Befreiung der Schwester in uns

(Wabuns persönlicher Bericht über den Beginn der Befreiung der Schwester in ihr)

Bis ich dreißig war, wünschte ich mir immer heimlich, ein Mann zu sein. Ich erinnere mich, daß ich als Kind immer die kleinen Jungen beneidet habe. Sie schienen soviel freier zu sein. Als ich älter wurde, lernte ich, die Männer, die ich um mich sah, genau zu imitieren. Ich ließ mich auf den Wettkampf ein und versuchte, bei allem, was ich tat, zu glänzen. Ich war physisch nicht sehr stark, also entwickelte ich mein Bewußtsein. Ich war eine ausgezeichnete Schülerin. Ich lernte zu manipulieren und wurde eine Studentenführerin. Ich ging in die Politik und wußte, wie ich in jedes Amt, das ich bekleiden wollte, gewählt werden konnte; das ging bis zu dem Punkt, an dem ich die Männer, mit denen ich arbeitete, zu sehr bedrohte. Dann lehnten sie mich ab. Nach einem solchen Erlebnis verließ ich die Politik. Ich begann zu schreiben, was ich immer sehr gut konnte. Ich ging zur besten Journalistenschule der Staaten und machte einen guten Abschluß. Als ich mich um Jobs bewarb, nachdem ich mehr als 20000 Dollar in meine Ausbildung gesteckt hatte, stellte ich fest, daß ich als Frau immer nur als Assistentin eines Mannes in Frage kam. Das war vor der Frauenbewegung; die Jobs wurden nicht paritätisch besetzt. Ich fand einen Mann, mit dem ich gern arbeitete, und half bei der Entstehung einiger neuer Zeitschriften. Schließlich wurde ich Herausgeberin. Doch immer noch wurden alle meine Entscheidungen von den Männern, die die Zeitschrift unterstützten, bewertet. Ich fühlte mich ohnmächtig.

Ich versuchte mich als freie Mitarbeiterin und schrieb über die Dinge, die mich interessierten; vor allem über radikale Politik und die neue menschliche Bewegung. Ich schrieb ein Buch, das von einem großen New Yorker Verlag veröffentlicht wurde. Inzwischen hatte ich erkannt, daß meine Befriedigung von innen kommen mußte und nicht von außen. Ich begann nach einem spirituellen Lehrer zu suchen; nach jemandem, der mir sagen konnte, wie ich mich befreien konnte. Während ich noch in einer

Sufigruppe in New York arbeitete, lernte ich Sun Bear kennen und beschloß, über ihn und den Bear Tribe zu schreiben. Wegen der Liebe, die ich für ihn und seine Arbeit empfand, verließ ich New York und lebte beim Stamm. Ich wurde Sun Bears Medizinhelferin.

Es ist eine Erfahrung, bei der ich viel gelernt habe und noch viel lernen werde. In solcher Nähe zu einem starken Mann mußte ich kämpfen, um meine Identität zu wahren, meinen eigenen Wert. Wir mußten beide lernen, miteinander zu arbeiten, ohne unser eigenes Gleichgewicht zu verlieren. Ich glaubte, daß der Kampf sich lohnte, weil er ein Mann war, der vor meiner Energie und meiner Kraft keine Angst hatte. Er ermutigte mich, alle Fähigkeiten und Kräfte, die ich besaß, zu entwickeln. Dennoch fühlte es sich nicht ganz richtig an. Etwas fehlte.

In den letzten Jahren habe ich herausgefunden, was es ist. Es ist meine Weiblichkeit – die wahre Essenz meiner Weiblichkeit. Obwohl ich schon immer sehr viel Intuition hatte, kannte ich bis vor kurzem noch nicht die Worte, um diesen Gedanken auszudrücken. Ich wußte nur, daß ich manchmal anders dachte als die Menschen um mich, und daß mir das manchmal Schwierigkeiten einbrachte. Ich wußte Dinge, die andere Menschen nicht sehen konnten, und ich hatte sie aus einer Quelle des Wissens erfahren, die ich nicht erklären konnte. Ich erinnere mich, wie ein Freund mir einmal zuhörte, als ich erklärte, wie ich mich bei gewissen Dingen fühlte; und er sagte: »Du bist unmöglich. Dein Verständnis fußt nicht auf der westlichen Zivilisation.« Er hatte recht, und ich danke dem Großen Geist dafür, daß er es mir erspart hat.

In den letzten Jahren haben viele Menschen erkannt, daß die weibliche Energie Raum haben muß, um sich zu entwickeln und stark zu werden. Bei der Suche nach meinem Wesen haben mir andere geholfen, die ebenfalls auf der Suche sind. Viele wundervolle Schwestern halfen mir, indem sie die Schönheit und Kraft zum Weitermachen fanden, und indem sie meine eigene Schönheit und Stärke spiegelten. Die Mutter Erde hat mir geholfen, als ich endlich fähig war, mich ihr zu öffnen. Auch Geister, die das

Ungleichgewicht zwischen männlichen und weiblichen Energien ausgleichen wollen, haben geholfen.

Ein Medizinmann, mit dem wir befreundet sind, hat ebenfalls sehr geholfen. Er ist ein junger Mann von großer Sanftheit und großem Mitgefühl, er ist schön und klar. Er spürt die weibliche Energie stark in sich selbst, in seinen Schwestern und der Mutter Erde. Wegen seiner tiefen Gefühle kann er Dinge ausdrücken, die viele von uns kennen, für die wir jedoch kaum Worte finden. Er hat vielen Schwestern geholfen, ihre eigene Kraft zu fühlen und auszudrücken.

Hier einige Auszüge aus Vorträgen, die er über Frauen hielt.

»Frauen müssen sich an ihre frühe Kindheit erinnern. Sie müssen sich erinnern, daß alles, was man sie in dieser Gesellschaft lehrte, ihnen das Gefühl geben soll, daß sie Dienerinnen des Mannes sind, daß es ihre Rolle ist, den Mann glücklich zu machen. Dies steckt so unglaublich tief in allen Frauen, daß sie, selbst wenn sie es erkennen, völlig aufrichtig und mit absoluter Gewißheit glauben, daß dies der Sinn ihres Lebens ist. Dies ist, was für sie wahr ist. Viele Frauen sind darin gefangen.

Erstaunlich ist dabei die Aufrichtigkeit, mit der eine Frau denken kann, daß dies der Sinn ihres Lebens ist. Manche Frauen finden mühelos völlige Befriedigung darin, einen Mann zu versorgen und ihm alles zu geben, was er braucht. Es ist die nachhaltigste Gehirnwäsche, die je Menschen angetan wurde. Und es ist völlig falsch. Es ist absolut falsch. Und es hindert Frauen daran, ihre Kräfte zu sammeln. Ich bin sicher, daß ihr alle hier es spürt, wenn ihr tief nach innen schaut.

Jemand das zu geben, was er braucht, um er selbst zu werden, ist etwas völlig anderes als jemandem so zu dienen, wie es uns die Gesellschaft gelehrt hat. Es ist ein wirklicher, wahrer Dienst, aber es hat nichts mit Unterordnung zu tun. In einer Beziehung ist es völlig irrelevant, ob der Mann der ist, der gibt, oder ob es die Frau ist. Der Sinn einer Beziehung ist es, dem Menschen, mit dem man lebt, die Erfahrungen zu geben, die ihm helfen, er selbst zu werden, was auch immer das bedeutet. Ihn fortzuschikken, weil er sich in uns verliert, ob es bedeutet, für ihn zu kochen oder seine Taschentücher zu waschen, das spielt keine Rolle. Es sollte nur dem Zweck dienen, ihm die Erfahrungen zu vermitteln, die ihm helfen, er selbst zu werden. Das bedeutet nicht, daß man es ihm schön machen muß, denn oft ist es außerordentlich schmerzhaft herauszufinden, wer man ist. Wir können nicht verleugnen, daß es im Leben eines Paars nötig sein kann, den Partner unglücklich zu machen, damit er mit den Dingen in Berührung kommt, mit denen er in Berührung kommen muß.

Doch es fällt uns schwer, das zu tun, weil wir diese Gehirnwäsche hinter uns haben, vor allem Frauen; wir denken, wir müßten den anderen glücklich machen. So geben Frauen immer, und oft wird es nicht angemessen aufgenommen, und sie spüren eine Diskrepanz zwischen ihrem Geben und der Aufnahme.

Frauen haben so viel zu geben. Um dies zu verstehen, müßt ihr erkennen, daß ihr die Gefühle der Mütterlichkeit in euch tragt. Ihr müßt sehen, daß ihr irgendwann Mütter sein könnt. Ob es geschieht oder nicht, ob ihr daran denkt oder nicht – die Gefühle, welche es euch erlauben, eine Mutter zu sein, sind dennoch in euch.

Ihr braucht ungeheuer viel Einfühlungsvermögen, um ein Kind der Vision folgen zu lassen, die es bekommen hat. Ihr braucht ungeheuer viel Geduld, wenn ihr seht, wie lange es dazu braucht, wie lange es braucht, um zu wachsen. Ihr braucht ungeheuer viel Verständnis, um ihm die Dinge der Welt und die Dinge in seinem Leben zu erklären. Ihr braucht ungeheuer viel Aufmerksamkeit, um zu wissen, wie die Dinge in seinem Leben geschehen, und um dem Kind diese Dinge zu erklären. Klingt das sinnvoll? Um Kinder zu erziehen, braucht ihr Einfühlungsvermögen, Verständnis, Geduld und Aufmerksamkeit. An einem bestimmten Punkt im Leben wurde entschieden, daß die Frauen Kinder gebären sollen. Aus diesem Grund wurden ihnen diese Qualitäten gegeben. Ihnen wurde Geduld gegeben, ihnen wurde Aufmerksamkeit gegeben, ihnen wurde Verständnis gegeben, ihnen wurde Einfühlungsvermögen gegeben. Doch in der ganzen Geschichte wurden diese Fähigkeiten, aus welchem

Grund auch immer, als Schwächen verurteilt. Jemand, der Einfühlungsvermögen zeigt, ist ein Feigling. Jemand, der geduldig ist, ist nicht aggressiv genug. Jemand, der aufmerksam ist, war früher eine Hexe. Jemand der verständnisvoll ist, ist schwach. Ihr müßt euch dieser Dinge sehr bewußt sein. Es ist uns mit sehr viel Nachdruck eingeprägt. Es ist etwas, das absolut lebenswichtig ist, damit das Leben in der natürlichen Ordnung verlaufen kann. Es ist sehr mächtig in jeder Frau. Jeder, der nur fünf Gramm gesunden Menschenverstand und gesunde Augen hat, kann es deutlich sehen, auch wenn die Frau selbst es vergißt.

Die meisten Männer glauben, sie wären oben. Sie laufen herum und versuchen mehr oder weniger, die Welt zu kontrollieren oder zu erklären. Die meisten Frauen glauben aus der Gewohnheit unserer Kulturgeschichte heraus, daß die Männer wüßten, was los ist. Doch genau das Gegenteil ist richtig. Denn wenn ein Mann es verstehen will, muß er genau diese Qualitäten haben. Die meisten Männer sind zu ängstlich, um sie zu entwickeln. Was die Männer also irgendwann in ihrem Leben tun müssen – ich mache hier eine weite Verallgemeinerung –, spielt keine große Rolle. Aber sie müssen wirklich zuhören, wirklich aufpassen und akzeptieren, daß sie etwas von den Frauen lernen müssen, wenn das Leben weitergehen soll. Klingt das sinnvoll? Es ist sehr wichtig. Es fällt Männern sehr schwer, das zu tun, weil es völlig der Kultur widerspricht, in der die Männer aufgewachsen sind.

Die Kraft von Männern und Frauen ist völlig unterschiedlich. Die Kraft des Mannes ist die Macht der Kontrolle über die Elemente. Die Kraft der Frau ist die Macht der Schöpfung dieser Elemente und die Durchdringung dieser Elemente. Es ist, als würde einer auf der Erde stehen und Blumen pflücken und einen Strauß binden, während der andere im Innern der Erde ist und die Blumen wachsen läßt. Doch wenn die Menschen mit dem Großen Geist verschmelzen, sind sie alles: die Blume, die Erde und alles, was etwas geschehen lassen kann. Und dann ist die Kraft von Männern und Frauen dieselbe. Sie werden eins, und in diesem Augenblick gibt es absolut keinen Unterschied mehr zwischen der Medizin. Es ist alles dieselbe Kraft.

Frauen haben – wie seltsam das auch klingen mag – ungeheuer viel Vertrauen. Ich sage, daß es seltsam klingen könnte, weil viele von euch noch nicht mit diesem Vertrauen in Berührung sind. Männer müssen viel Zeit damit verbringen, sich die Realität ihrer Existenz zu beweisen, die Kraft ihrer Existenz; doch eine Frau braucht nichts in dieser Art zu beweisen. Die Tatsache, daß sie gebären kann und alles, was ihr dazu gegeben würde, ist ein beständiger Beweis ihrer Kraft, der jede Sekunde ihres Lebens vorhanden ist und nicht verleugnet werden kann. Und so kann sie sich befreien und hat die Möglichkeit, andere Dinge zu tun, andere Dinge zu erforschen und in andere Bereiche des Lebens einzudringen.

Jemand hat mich nach der Zukunft gefragt. Ich sage, daß es keinen Frieden auf der Erde gibt, solange nicht die Frauen herrschen. Es wird keinen Frieden auf dem Antlitz der Erde geben, solange die Männer nicht akzeptiert haben, daß sie von den Frauen lernen müssen, um zu sich selbst zu finden. Das ist für viele von uns schwer zu schlucken.

Beziehungen zwischen Männern und Frauen sind wirklich kompliziert, weil beide genau das Gegenteil von dem sind, was sie sein sollten; der Mann sollte lauschen und die Frau sollte sprechen. Meistens jedenfalls.

Eins weiß ich jedoch: Die Männer werden den Frieden in sich nur mit Hilfe der Frauen finden.«

Was Gabriel weiß, ist genau das, was viele Schwestern jetzt zu spüren beginnen. Dieses Gefühl erlaubt es uns, die Kraft zu sammeln, die wir in uns haben. Es erlaubt uns, unsere Sanftheit zu sehen, unsere Liebe und unsere Geduld. Es hilft uns zu erkennen, daß wir uns nicht schämen dürfen, weil wir sind, was wir sind, und die Dinge auf unsere Art tun. Dieses Gefühl hilft uns, uns mit der Mutter Erde auf reale und ehrliche Weise zu verbinden. Es hilft beim Heilen. Es hilft, Gleichgewicht zu erzeugen.

Du kannst nicht sagen, daß du die Erde liebst und gleichzeitig respektlos mit Frauen oder der weiblichen Energie in dir umgehen. Wenn du die menschliche Form der Energie auf der Erde nicht liebst, dann liebst du die Erde nicht. Wenn ich jetzt die Phase der Reinigung der Erde betrachte, dann weiß ich, daß ein Teil des Grundes für diese Reinigung die Dinge sind, die wir draußen taten – wir haben das Wasser verseucht, die Luft und die Erde vergiftet. Ein anderer Teil entspringt jedoch der Tatsache, daß wir uns innerlich selbst vergiftet haben, indem wir uns vor der weiblichen Energie in uns fürchteten. Ich kann diese Bereiche nicht trennen und sagen, daß alles gut werden wird, wenn wir uns um die Ökologie der Erde kümmern, denn ich weiß tief in mir, daß dies nicht wahr ist.

Wir können nicht die Erde reinigen, ohne die weibliche Energie in uns allen zu reinigen. Wir können nicht zur Liebe und Achtung und Verantwortung für die Erde zurückfinden, solange wir nicht Liebe und Achtung für die weibliche Energie in uns allen gefunden haben. Dies erfordert viel Arbeit für die von uns, die in weiblichen Körpern stecken, und sogar noch mehr für die Brüder, weil sie anders konditioniert sind.

Wir müssen beginnen, unserer eigenen Wahrnehmung und Intuition zu folgen und die Weisheit zu nutzen, die sie uns im Alltagsleben schenken. Die Ureinwohner waren sich der Notwendigkeit, ihre Intuition zu benutzen, so bewußt, daß die Männer des Stammes auf Visionssuche geschickt wurden. Die unter uns, die auf Visionssuche ausgezogen sind, wissen, daß die Vision den Wahrnehmungen entspringt, der Aufnahmebereitschaft, dem weiblichen Anteil des Menschen. Eine Vision zu suchen, hieß für den Mann, sich für seine weibliche Energie zu öffnen, und dies half ihm, vollständig zu werden.

Das Leben der Ureinwohner mit seinen physischen Härten und der Notwendigkeit, stark zu sein, zwang die Frauen dazu, ihren physischen Körper so zu benutzen, daß sie ihre männliche Energie kennenlernten. Sie lernten, Unterschiede zu erkennen und stark und standhaft zu sein. Und sie lernten, vollständig zu werden, indem sie sich beiden Energien in ihnen öffneten.

Wir alle kennen die Angst vor der rohen, emotionalen Energie, die wir manchmal spüren. Vielleicht fühlst du sie stärker bei Vollmond, oder, wenn du eine Schwester bist, während deiner eigenen Mondzeit*. Wir fürchten diese Energie, weil sie den rationalen Verstand verwirrt, und weil sie so stark ist. Wir haben Angst, sie herauszulassen, und deshalb stoßen wir sie tief hinab; doch sie wird immer beängstigender, je tiefer wir sie stoßen.

Wir leben heute in einer Zeit, in der wir lernen müssen, diese Energie zu kanalisieren. Zuerst müssen wir mit ihr vertraut werden. Um das zu tun, müssen wir Menschen finden, denen wir so weit vertrauen können, daß wir einige Aspekte von uns selbst zulassesn können, die wir immer versteckt gehalten haben. Wir müssen bei diesem Prozeß geduldig und sanft mit uns umgehen. Menschen, die zu viele dieser verborgenen Aspekte auf einmal herauskommen lassen, bekommen oft Angst und ziehen sich nur noch weiter in ihre Schalen zurück. Wir müssen beginnen, unsere weibliche Energie und ihr Verhältnis zur Erde, zum Mond und zum Wasser zu verstehen.

Es ist ein sehr empfindliches Gleichgewicht, das wir alle jetzt lernen müssen. Wir müssen lernen, für die Erde verantwortlich zu sein und zugleich einen Weg finden, uns der wirklichen weiblichen und männlichen Energie in uns zu öffnen. Wir müssen diese Energien mit allen anderen Arbeiten in Einklang bringen, die heute auf der Erde getan werden müssen. Empfindsame Menschen haben dabei vielleicht das Gefühl, auf einem sehr dünnen Seil zu balancieren. Doch wir alle, die auf dem Seil stehen, haben entschieden, in diesem Augenblick hier zu sein, weil die Chancen für persönliche Entwicklungen und eine Entwicklung der ganzen Erde so groß sind.

Ich weiß, daß jene unter uns, die sich jetzt öffnen können, es tun müssen, dmait wir da sein können, um anderen bei der Herausforderung, die Schwester in ihnen zu befreien, zu helfen. Ich spüre einen Funken der Freude, die mit der Zeit aus der Befreiung entstehen wird.

* Gemeint ist der weibliche Zyklus, der dem Rhythmus des Mondes folgt.

III

Gemeinschaften

Dieser Teil ist aus Sun Bears, Niminoshas und Wabuns Erfahrungen beim Bear Tribe, bei anderen Gemeinschaften und Medizingesellschaften entstanden.

Die Wiedergeburt der Medizingesellschaften

Heute suchen viele Menschen nach Wegen, spirituelle Werte und eine traditionelle Lebensweise wiederzubeleben. Sie wissen, daß Amerikas Ureinwohner Menschen mit großer Verehrung und tiefem Glauben für den Großen Geist waren.

Wenn sie sich in unserer Welt umsehen und den schleichenden Verfall dieses Systems erkennen, suchen sie nach beständigeren Werten. Sie sehen, daß die Feiertagsreligion des weißen Mannes so funktioniert, daß am Sonntag alle in die Kirche gehen und sich an den übrigen Tagen der Woche gegenseitig bestehlen und betrügen. Sie sehen eine Nation, die christlich zu sein behauptet, während sie Eingeborene auf der ganzen Welt ausplündert und vielen Menschen die Gerechtigkeit vorenthält.

Prophezeiungen der Eingeborenen sagten diese Zeit schon vor Jahrtausenden voraus. Die Zeit wird kommen, sagen die alten Lehren, da die Söhne und Töchter unserer Unterdrücker zu uns zurückkehren und sagen werden: »Lehrt uns, damit wir überleben können; denn wir haben beinahe die Erde ruiniert.« Viele moderne Menschen untersuchen jetzt die Werte der Alten – Werte, die lebensbejahend waren. Diese Menschen suchen nach der alten Lebensart und fragen sich: »Welches waren die Ideale der Alten, die die Eingeborenen stark und wahrhaftig im Herzen erhielten?«

Eine Antwort ist, daß die Medizinleute und Medizingesellschaften das Zentrum jedes Stammes waren. Bevor gepflanzt wurde, sprach man die richtigen Gebete und machte Medizin für einen guten Ertrag; man hielt Zeremonien ab und feierte Erntedankfeste. Bei jeder größeren Unternehmung des Stammes wurde zuerst die Medizin gefragt. Die Frage war immer, ob die betreffende Handlung in Harmonie mit der Schöpfung sei? Ob sie in Harmonie mit dem Leben sei? Ob sie in Harmonie mit der heiligen Reise sei, auf der wir uns befinden?

Um zu den alten Werten zurückzufinden, müssen die Menschen lernen, in starken Stammesgruppen, die voneinander abhängig sind, zusammenzuleben. Es geht nicht einfach darum, die äußeren Formen zu kopieren, die es vor Jahrhunderten gab. Es geht nicht einfach darum, technische Entwicklungen oder soziale Strukturen abzulehnen. Um wieder vernünftige Werte einzusetzen, müssen die Menschen lernen, harmonisch und liebevoll miteinander und mit der Erde umzugehen. Sie müssen auf ihre eigene Medizin hören, auf ihre innere Stimme – auf die Stimme, die mit dem Leben in Harmonie ist. Sie müssen alles lernen, was sie lernen können, und dann alles loslassen, um NEUE Arten zu lernen, mit der Mutter Erde umzugehen, neue Arten, miteinander umzugehen, neue Arten, auf die sich wandelnden Bedürfnisse der Erde einzugehen. Sie müssen lernen, daß sie sich nicht an die Vergangenheit klammern dürfen, sondern der Mutter Erde und der Rasse, die Menschheit genannt wird, erlauben, den Weg zu ihrer Bestimmung weiterzugehen. Sie müssen sich von der Vorstellung lösen, daß alles wieder sein wird, wie es einmal war. Das Leben bewegt sich nach vorn. Unter diesen Bedingungen werden Medizingesellschaften wieder zum Leben erweckt werden, und sie werden den friedlichen, sanften Kräften erlauben, am Aufbau einer wahren Harmonie auf unserer Mutter Erde zu arbeiten.

Die Geschichte des Bear Tribe

Die Menschen, die sich zu Medizingesellschaften und Gemeinschaften hingezogen fühlen, folgen oft dem Wunsch, ein Teil von etwas zu sein, das größer ist als sie selbst. Wenn sie auf eine solche Alternative stoßen, bemerken sie, daß sie einen Weg gewählt haben, der manchmal schmerzlich ist, manchmal eine Herausforderung, manchmal heiter und immer ein Auslöser für Wachstum. Sie können sich nicht mehr vor ihren alten Gewohnheiten, Verletzungen, Beschränkungen und Ängsten verstecken. Sie können nicht mehr von »persönlicher Freiheit« sprechen, als existierte niemand außer ihnen. In der Gemeinschaft müssen sie lernen, was es heißt, für sich selbst verantwortlich zu sein und für den Geist, für die Erde und für die anderen, mit denen sie zusammenleben. Der folgende Teil ist Wabuns Bericht über ihre Erfahrungen während ihrer ersten vier Jahre beim Stamm, gefolgt von einigen Ergänzungen über die heutige Struktur des Stammes.

Der Bear Tribe ist das Hilfmittel für mich, um Arbeit und Glauben zu lernen. Der Bear Tribe ist eine moderne Medizingesellschaft, die sich aus Indianern und Nicht-Indianern zusammensetzt. Wir wurden von der Medizin und Sun Bears Vision – Sun Bear ist ein Medizinmann der Chippwa-Tradition – und unseren eigenen Visionen zusammengeführt. Sun Bear hat in seinen Visionen und Träumen den Glauben daran gefunden, daß die Menschen von neuem lernen müssen, in Harmonie miteinander und der Mutter Erde zu leben.

Der Bear Tribe besteht aus den Menschen, die auf dem Vision Mountain oder in unserem Circle Center in Spokane zusammenleben und arbeiten, und aus den Schülern, die in ihren Heimatländern auf der ganzen Welt mit uns zusammenarbeiten. Die Mitglieder sind verschieden lange beim Bear Tribe. Mit den Jahren sind viele Menschen zum Stamm gekommen und wieder gegangen; entweder auf unsere Bitte hin oder weil sie glaubten, daß wir zuviel von ihnen verlangten, oder weil ihr Weg in eine andere Richtung führte. Wir haben nur wenige Gesetze, auf die die Menschen sich verpflichten müssen, wenn sie den Stammeseid schwören. Wir geben das Versprechen ab, zu versuchen, eine Beziehung aufzubauen, die sich auf wahrer Liebe und auf Verantwortung für unsere Brüder und Schwestern gründet, und keine Drogen zu nehmen. Wir verpflichten uns, das Ziel der Besitzlosigkeit und Sanftheit anzustreben. Wir geben dem Stamm einen Teil unseres Besitzes, und der Stamm befriedigt zum Ausgleich viele unserer Bedürfnisse: physische, geistige, emotionale und spirituelle.

Es ist unser Ziel, mit uns selbst, miteinander, mit der Mutter Erde und dem Willen des Großen Geistes in Harmonie zu kommen.

Um unsere Ziele zu erreichen, müssen wir zunächst lernen, in Harmonie mit uns selbst und miteinander zu kommen. Um dies zu tun, leben und arbeiten wir zusammen. Mit einer Gruppe von Menschen zu leben und zu arbeiten ist nicht so leicht, wie es klingen mag. Wir alle, die zum Stamm kamen, waren von der herrschenden Gesellschaft beschädigt, die Wettstreit und Besitzverhalten lehrt. Sie lehrt uns, daß wir die Nummer eins sein müssen, egal, wieviel das unsere Nächsten, die Menschen, die wir zu lieben vorgeben, kostet. Sie lehrt uns, daß unsere »persönliche Freiheit« das Wichtigste überhaupt ist. Sie lehrt uns, daß Liebe, Vertrauen und Verantwortungsgefühl Annehmlichkeiten sind, die an den Meistbietenden versteigert werden. Sie lehrt uns, unsicher zu sein, ängstlich und zynisch. Sie lehrt uns, daß das Gesetz dazu da ist, Menschen zu unterdrücken, die innerlich schlecht sind.

Um in Harmonie mit uns selbst und einer Gruppe von Menschen zu leben, müssen wir beständig daran arbeiten, all die Dinge, die uns die herrschende Gesellschaft gelehrt hat, wieder zu verlernen. Wir müssen daran arbeiten zu lernen, zusammenzuarbeiten und nicht zu kämpfen, zu teilen, statt zu besitzen. Wir müssen lernen, daß wir ein einzigartiger und wichtiger Teil des Ganzen sind, aber nicht der einzige Teil. Wir lernen, die »persönliche Freiheit« – das Bockprinzip – aufzugeben, wenn unser Bock für die Gemeinschaft destruktiv wird. Wir müssen lernen, daß Liebe, Vertrauen und Verantwortlichkeit wirkliche Gefühle sind, die mit der Zeit, mit der gemeinsam verrichteten Arbeit und der erworbenen Achtung wachsen. Wir arbeiten daran zu lernen, innerlich sicher zu sein, denn wir wissen, daß wir alle ein Teil der Mutter Erde sind und Teil einer Medizin, die wir alle hegen und pflegen. Wir lernen, unserer Medizin zu vertrauen, so daß wir keine Angst mehr haben müssen. Wir lernen, stets mit neuen, offenen Augen die Wunder der Mutter Erde und der anderen Menschen zu betrachten, so daß kein Raum für Zynismus bleibt.

Wir lernen, unsere Gesetze als etwas zu sehen, dem wir aus unserem eigenen Herzen folgen können und nicht als Regeln, die uns unterdrücken. Wir bemühen uns zu sehen, daß wir eine echte Medizingesellschaft aufbauen wollen, und daß unsere Worte und Taten immer daran gemessen werden, wie sie die Mutter Erde, den Willen des Großen Geistes, die Gesellschaft und unsere Brüder und Schwestern beeinflussen. Wir lernen, den Rat unserer Brüder und Schwestern und die Übereinstimmung unseres Ratskreises anzunehmen. Wir lernen, darauf zu vertrauen, daß unser Kreis und die anderen in ihm manchmal Wahrheiten über uns selbst sehen können, die wir nicht sehen wollen.

Um all dies in die Praxis unseres gemeinsamen Alltagslebens umzusetzen, müssen wir lernen, glücklich zu sein, egal, was wir tun. Wir müssen lernen zu sehen, daß alle arbeiten – sie suchen Medizin, waschen ab, graben Sickergruben, bauen Häuser, schreiben Artikel, beantworten Briefe, zeichnen Bilder, arbeiten als Handwerker, erziehen Kinder, bestellen Gärten – es ist eine

Art, unser Selbst und unsere Kraft als Kreis zu entwickeln. Wir müssen lernen, daß verschiedene Menschen verschiedene Begabungen haben, verschiedene Energiepotentiale, und daß wir nicht »ausgebeutet« werden, wenn wir manchmal mehr außerhalb arbeiten als die anderen im Kreis. Wir müssen lernen, unsere Gaben zu teilen, statt sie zu horten, und glücklich zu sein, wenn jemand anders uns bei etwas übertrifft, bei dem wir vorher der »Beste« waren. Wir müssen lernen, Verantwortung zu übernehmen und sie wieder abzugeben, wenn jemand bereit ist, sie zu übernehmen. Wir müssen lernen, stolz auf unsere Leistungen zu sein und dennoch demütig im Bewußtsein, daß alles, was wir erringen, ein Geschenk des Großen Geistes ist.

Um in Harmonie zu leben, müssen wir uralte Tugenden üben: Nachsicht, Demut, Liebe, Geduld und Mitgefühl für andere und uns selbst. Das ist ein großer Auftrag, wenn man die Umgebung bedenkt, aus der die meisten von uns kommen. Die Notwendigkeit des Überlebens im zwanzigsten Jahrhundert und der »Erfolg« tragen wenig dazu bei, eine Tugend wie Mitgefühl zu entwickeln oder etwas aufzugeben, ohne vorher einen Ersatz zu verlangen.

Ein Schlüssel zum Loslassen ist Vertrauen – meist das Vertrauen darauf, daß die Entscheidung zum Loslassen ein höheres Gut bringt. Wir müssen hier vorsichtig sein und dürfen nicht »höheres Gut« mit persönlichen Wünschen verwechseln oder mit vorgefaßten Meinungen über den Ausgang einer Angelegenheit. Wenn diese Verwechslung geschieht, kann das »Loslassen« zu einer Manipulation werden – genau das Gegenteil vom Loslassen. Die meisten von uns fürchten immer noch den Verlust, den wir erwarten, wenn wir etwas oder jemand loslassen. Wie wird die in uns gebliebene Leere wieder gefüllt werden? Werden wir unwichtig und unerfüllt sein? Die Dinge, die wir loslassen müssen, wiegen schwer – Angst; das Verbergen in unserer »Privatsphäre«; der Wunsch, ein ganz besonderer Mensch zu sein; alte Gewohnheiten und Haltungen; und unsere Erwartung, daß wir diese Veränderung rasch und vollständig durchmachen könnten, einfach, indem wir es wollen. Dieser

Prozeß erfordert Mit-Leiden, eine Fähigkeit, die wir für uns selbst wie für die anderen erlernen müssen.

Während wir uns bemühen, miteinander in Harmonie zu sein, müssen wir zugleich lernen, mit unser aller Mutter Erde und allen ihren anderen Kindern in Harmonie zu sein. Auch dies erfordert Arbeit, Übung und Geduld. Die Gesellschaft, aus der wir kommen, lehrt, daß die Natur eine schreckliche Sache ist, etwas, das vom Menschen gezähmt und kontrolliert werden muß. Sie lehrt uns auch, daß die Menschheit überlegen ist und mit Recht über die Vierbeiner, das Volk der Lüfte und das Volk des Wassers herrscht.

Deshalb haben viele von uns Angst vor der Mutter Erde und ihren Geschöpfen. Es braucht Zeit, mit den Geräuschen des Landes ebenso vertraut zu werden, wie wir es mit jenen der Stadt sind. Es braucht Arbeit zu erkennen, daß die klimatischen Veränderungen der Erde für ihre Entwicklung wichtig und nichts sind, das man verfluchen kann, wenn es unsere Pläne durchkreuzt. Wir müssen lernen, die Geräusche der vielen Winde zu genießen, das Brüllen der Donnerwesen, das Knallen der Blitze. Wir müssen lernen, einen Schneesturm als etwas Schönes zu sehen, nicht als etwas Ungelegenes. Wir müssen lernen, auf Eis auszugleiten, in Schlamm zu rutschen und der Mutter Erde zu vertrauen, daß sie uns auffängt.

Besonders in dieser Zeit, in der sich die Erde verändert, müssen wir darauf vertrauen, daß die plötzlichen Überschwemmungen, die unerwarteten Tornados, die Trockenzeiten, die Erdbeben, daß all dies notwendige Ereignisse sind, die die Mutter Erde in einen Zustand zurückführen, in dem sie von neuem aufblühen kann – gereinigt von den Giften, mit denen der Mensch sie verseucht hat.

Wir bemühen uns, Liebe und Achtung für unsere kleinen Brüder und Schwestern zu lernen, die in der Luft fliegen oder im Wasser schwimmen, die auf vier Beinen laufen und auf der Erde wachsen. Durch Beobachtung lernen wir, daß auch sie einen Platz auf unserer Mutter einnehmen und Aufgaben haben, die sie für die Mutter Erde erfüllen müssen. Wir lernen, daß kein

Geschöpf eine Plage ist, obwohl es einigen bestimmt ist, den Zweibeinern, die unsere Mutter nicht respektieren, Krankheiten zu bringen. Wir lernen von diesen kleinen Wesen, denn oft wissen sie Dinge oder haben Instinkte, die uns fehlen. Wir können lernen, welche Beeren gut zu essen sind und welche giftig sind, indem wir beobachten, was unsere kleinen Brüder essen. Wir können rechtzeitig vor Überflutungen, Stürmen und sogar Erdbeben gewarnt werden, wenn wir es gelernt haben, in Harmonie mit den kleinen Brüdern und Schwestern zu leben.

Wir lernen, daß Töten aus irgendeinem anderen Grund als der puren Notwendigkeit falsch ist. Wir beten und opfern den Rauch, bevor wir das Leben unserer kleinen Brüder nehmen. In unserem Gebet sagen wir unserem Bruder, daß wir sein Fleisch brauchen, um unser eigenes zu nähren, und daß wir wissen, daß auch unser Fleisch eines Tages Nahrung für die Mutter und ihre Geschöpfe sein wird. Wir beten, daß sein Geist rasch zu unserem Vater gehen möge. Wir versuchen immer, jeden Teil des Tiers zu benutzen, das wir getötet haben.

Wir lernen, diese Achtung auf das Reich der Pflanzen auszudehnen. Wir pflücken nie Wildpflanzen, ohne Kinnikinnik* als Opfer zurückzulassen und ihnen zu sagen, warum wir sie brauchen; wir sagen ihnen, warum wir sie brauchen und wie sie uns helfen werden. Wir pflücken nie alle Pflanzen, die in einem Gebiet wachsen, denn wir wissen, daß sie weiter gedeihen und die Aufgaben erfüllen müssen, für die sie geschaffen sind.

Wir lernen zu beten und manchmal Zeremonien abzuhalten, bevor wir einen Teil der Mutter benutzen, um die Pflanzen anzubauen, die wir zum Leben brauchen. Wir opfern der Mutter Erde die Samen und bitten sie um ihren Segen, damit sie fruchtbar sind. Wir richten Gebete an die Samen und bitten sie zu wachsen und sagen ihnen, daß wir sie brauchen. Wenn wir einen unserer Brüder des Pflanzenreiches ernten, sprechen wir ein Dankgebet an ihn und an die Mutter Erde, die ihn wachsen ließ.

* Gemisch aus den Blättern von vier Pflanzen, das bei Zeremonien geraucht wird

Indem wir Achtung und Harmonie für und mit uns von der Mutter Erde lernen, bereiten wir uns darauf vor, Instrumente des Willens des Großen Geistes zu werden; wir werden Medizinleute unserer Zeit. Sun Bear hat uns viele Male erklärt, daß viele Menschen, wenn sie Medizinleute werden wollen, den Fehler machen, direkt zum Gipfel aufsteigen zu wollen, bevor sie gelernt haben, im Gleichgewicht auf der Mutter Erde zu gehen.

»Was nützt dem Großen Geist ein Haufen Dummköpfe, die einen Riesenklamauk machen, aber nicht einmal zusammenleben können, ohne sich gegenseitig die Köpfe einzuschlagen und überall auf der Mutter Erde Bierdosen herumzustreuen?« fragt er.

In den Jahren, seit unsere Gruppe zusammen ist, haben wir durch Arbeit, Leiden und Mühen gelernt, besser mit uns selbst und miteinander in Harmonie zu sein. Wir freuen uns jetzt oft darüber, im Beratungskreis zusammenzusitzen. Wir lernen ständig zu lieben und einander zu achten und zu vertrauen. Selbst bei den schwierigsten Problemen brauchen wir nicht mehr wie früher miteinander zu kämpfen. Die Medizin fließt sanft.

Wir sind alle viel näher daran, in Harmonie mit der Mutter Erde zu leben, wenn wir auch in dieser Hinsicht noch viel Arbeit vor uns haben. Solange wir von Mücken gestochen werden und uns kratzen müssen, sind wir nicht in vollkommener Harmonie. Aber auch dies mag mit der Zeit kommen.

Wir bereiten uns jeden Tag darauf vor, Instrumente des Willens des Großen Geistes zu sein. Wir beten viel, einzeln und in Gruppen, und unsere Gebete sind meist Dankgebete. Es gibt so viel, für das wir dankbar sein können. Häufig singen wir zusammen, und einige tanzen alte Tänze, die uns gegeben wurden. Jeden Tag spüren wir, wie die Medizin im Kreis und in allen, die den Kreis bilden, stärker wird. Jeden Tag werden wir empfänglicher für den Willen des Großen Geistes und die Stimmen seiner Helfer in der Geisterwelt.

Bevor wir fähig waren, unser Maß an Harmonie zu erreichen, mußten wir als Individuen und der Stamm im ganzen schwere

Zeiten durchmachen. Der Stamm begann 1970 in Kalifornien, als Sun Bear die Botschaft seiner Vision zu mehreren Universitäten und Colleges in der Gegend von Sacramento brachte. Die Reaktionen waren so stark, daß bald darauf 200 Menschen in 17 Lagern lebten, die der Stamm benutzen durfte. Im Sommer 1971 wurde Sun Bear von seiner Medizin angeleitet, seine Botschaft über das Land zu tragen. Er tat es mit gutem Erfolg.

Bei seiner Rückkehr nach Kalifornien stellte er fest, daß in einigen Lagern psychedelische Drogen benutzt wurden. Da die Menschen, die sich dem Stamm angeschlossen hatten, geschworen hatten, keine Drogen zu nehmen, war er traurig. Er ging auf einen Berggipfel, um eine Antwort zu finden.

In DER PFAD DER KRAFT* erzählt Sun Bear: »Ich sah einen goldenen Adler. Er kreiste um mich, während ich dort auf dem Berggipfel lag. Ich sprach meine Gebete, und ich bat um ein Zeichen, um Führung. Der Adler kam und ging, und er blickte mir in die Seele; ich war den Tränen nah. Das Zeichen des Großen Geistes erfüllte mich mit großer Freude, aber ich wußte nicht, was es zu bedeuten hatte.

Ich verweilte auf dem Berg; meine Gebete wurden immer eindringlicher. Plötzlich zog eine gewaltige weiße Wolke über mir auf; es war die einzige Wolke an einem vollkommen blauen Himmel. Und während ich betete, kam die Wolke immer näher, dann löste sich ein kleines Flöckchen daraus. Ein Wirbelwind kam und riß das kleine Wolkenflöckchen mit sich fort. Ein Teil davon löste sich auf, aber ein Stückchen vereinigte sich wieder mit der Hauptwolke. In diesem Augenblick wußte ich, was mit dem Bären-Stamm geschehen würde und war zuversichtlich.

Der Große Geist hatte mir ein Zeichen gegeben; die Menschen, die sich mir angeschlossen hatten, waren noch nicht bereit, meine Vision zu leben. Einige würden in die Städte zurückkehren. Manche würden wachsen und schließlich ihr Gleichgewicht finden. Und einige, das verkündete mir meine Vision, würden sich nur eine Zeitlang vom Bären-Stamm tren-

* Sun Bear, Der Pfad der Kraft, München 1987 (Goldmann 11801)

nen; das war das kleine Wolkenflöckchen, und sie würden zurückkommen. Dann würde die große Wolke, der Bären-Stamm selbst, wieder aufblühen. Das fühlte ich in meinem Herzen.«

Dann erklärte Sun Bear den Leuten, daß er fortgehen würde, denn er konnte seine Medizin nicht verraten. Er lud alle, die seiner Medizin folgen wollten, ein, mit ihm zu kommen. Einige folgten ihm. Andere blieben zurück, verhöhnten seine Ideale und hofften, daß er sich ändern würde. Nach einer Weile lösten sich die Lager auf.

Während der nächsten Jahre arbeiteten Sun Bear, Nimimosha und ich daran, eine stabile Grundlage für den Stamm zu schaffen. Wir zogen aufs Land zurück, diesmal nach Oregon. 1975 folgten wir der Richtung, die uns die Medizin wies, und zogen nach Washington.

Heute besitzt der Stamm außerhalb von Spokane 60 Morgen Land. Wir haben ein großes Haus, eine Hütte, einen Erdkeller für Feldfrüchte, Tipis, Lagerschuppen und Tiere.

Und wir haben das Circle Center in der Stadt, wo die Außenaktivitäten des Stammes ablaufen. Dort wird ein großer Teil unserer Geschäfte abgewickelt, und dort ist auch unser Buchladen, dort werden die Medizinrad-Treffen geplant (diese Treffen, zu denen jedesmal bis zu 1000 Menschen kommen, finden drei- oder viermal im Jahr statt), dort laufen unsere Kurse, dort entsteht unsere Zeitschrift »Wildfire«, dort ist unser Verlag, und dort werden Mittel beschafft und Selbsthilfegruppen organisiert.

Sun Bear hat auf der ganzen Welt Schüler, die aktiv bei uns mitarbeiten. Einige leben selbst auf dem Land, andere wollen aufs Land ziehen. Diese Schüler bilden den Kern unseres Medizinrad-Netzwerkes. Sie arbeiten bei sich zu Hause und zeigen den Menschen, wie sie sich selbst und die Erde heilen können.

Einige Dinge, die wir gelernt haben

Im folgenden Teil faßt Nimimosha, eine andere Medizinhelferin Sun Bears, ihre mehr als zwanzigjährige Erfahrung im Leben in Gemeinschaften zu hilfreichen Vorschlägen für die zusammen, die davon träumen, eine Gemeinschaft zu gründen oder sich einer anzuschließen.

Eine Gemeinschaft ist eine spirituelle Einheit. Es ist ein Wesen, das geboren wird, lebt und stirbt, das Vernunft und Gefühle kennt und wahrnehmen kann, und das die Fähigkeit besitzt, zu wachsen und sich fortzupflanzen. Sie existiert, weil die spirituelle Energie der Menschen in sie fließt und sich mit der Energie der Geister, die sie führen, vermischt. Aus dieser Verbindung entsteht ihre Lebenskraft.

Liebe ist die Macht, die alles zusammenhält. Unter Menschen läßt die Liebe Familien, Gemeinschaften und Nationen entstehen. Ohne Liebe wird die harmonische Energie der gegenseitigen Bereicherung durch die pervertierte, chaotische Energie des Getrenntseins ersetzt. Diesen Prozeß können wir überall um uns sehen.

Vielleicht ist es nötig zu erklären, was »Liebe« bedeutet, denn wir haben dieses Verständnis anscheinend verloren. Es ist nicht Sex, obwohl eine physische Berührung dazugehören kann. Es ist nicht Romantik oder sentimentales Festhalten. Es ist die Kraft der Natur, durch die alle Dinge in harmonischem Überfluß zusammenleben können. Es ist die Kraft der Schöpfung, die uns das Leben schenkte. Es ist die Energie des positiven, gegenseitigen Interesses, die daraus entspringt, daß wir ein gemeinsames Ziel haben.

Wenn eine Gemeinschaft überleben soll, ist es wichtig, unter ihren Mitgliedern ein liebevolles Verhältnis aufrechtzuerhalten. Wir dürfen nicht vergessen, daß wir zu unserem gegenseitigen Wohl hier sind. Wenn wir Besitzansprüche oder Negativität in unsere Beziehungen oder in unsere Arbeit bringen, schaffen wir ein Energiefeld, das uns schwächt. Doch wir sollten unsere negativen Gefühle nicht verleugnen, denn dann kommen sie durch die Hintertür wieder herein. Durch Zusammenarbeit und positives Denken schaffen wir eine gesunde Atmosphäre, in der wir diese trennenden Elemente ans Licht bringen und ablegen können. Das ist die Aufgabe einer gesunden Gemeinschaft.

Da wir in unserer Gemeinschaft, in unserer Medizingesellschaft, eng zusammenleben, mußten wir gesunde Möglichkeiten finden, Konflikte zu vermeiden und Konflikte zu lösen, wenn sie auftreten. Wir stimmen darin überein, daß wir nicht jeden Tag mit den Menschen, die wir lieben, Konflikte haben wollen, und deshalb verlangen wir viel von uns selbst und den anderen. Wir bitten jeden, sein oder ihr Sicherheitsdenken beiseite zu lassen und den Konflikt aufrichtig und mitfühlend so bald wie möglich zu lösen. Wir wollen nicht, daß unsere persönlichen Energien in Frustration, Ablehnung, Verwirrung oder anderen negativen Gefühlen gebunden werden. Wenn wir diese Gefühle auflösen, wird unsere Energie frei und kann für die lebensbejahenden Zwecke eingesetzt werden, die uns zusammenführten.

Tagsüber machen wir mehrmals Medizin, um unsere Liebe als Gemeinschaft zu stärken. Vor jeder Mahlzeit nehmen wir uns bei den Händen und danken für unser Essen und für das Zusammensein als Brüder und Schwestern. Am Abend bilden wir manchmal einen Kreis, um Gebete zu sprechen und unser Zusammengehörigkeitsgefühl zu stärken. Wir rauchen gemeinsam die Pfeife und machen einmal in der Woche eine Schwitzhüttenzeremonie; wir kommen zusammen, um den Vollmond, die Tagundnachtgleiche und die Sonnenwenden zu feiern.

Außerdem ist es wichtig, eine liebevolle Beziehung zur Natur und den anderen Geschöpfen aufzubauen. Die Bäume, Felsen und Tiere, der Himmel, die Erde und andere Wesen wollen ihre Liebe mit uns teilen, und wir wollen sie lieben. Wenn wir uns weigern, sind sie traurig. Der ausbalancierte Energiefluß ist gestört. Trennung tritt an die Stelle der Harmonie, und die Mutter Erde wird krank. Ein Beispiel für dieses Getrenntsein finden wir in den Vorstellungen von Eigentum und Grenzziehung. Viele Eigentümer unterstellen, daß der Besitz auch das »Recht« einschließt, »ihr« Land zu mißbrauchen und andere Menschen draußen zu halten. Diese Art von Besitzdenken ist nicht in Harmonie mit den Menschen oder der Natur; es zeugt nicht von einer liebevollen Beziehung, und das Ergebnis ist häufig eine Schändung der Erde und eine Entmutigung für andere Wesen. Wenn wir unsere Verbindung mit der Erde unterbrechen, können das Land und alle Wesen auf ihm krank werden. Wenn die einigende Energie der Liebe jedoch Bestand hat, können wir alle den Reichtum der Natur teilen.

Den Geist zu lieben ist notwendig, um unsere gegenseitig wohltätige Beziehung mit den spirituellen Wesen, die uns helfen, aufrechtzuerhalten. Bei unseren Zeremonien rufen wir die Geister der vier Winde, der Reiche der Pflanzen, der Tiere und der Minerale zusammen und bitten um ihre Führung und ihre Hilfe. Wir tun es in einer liebevollen Atmosphäre und voller Achtung. Indem sie diese ehrfürchtige Haltung den spirituellen Wesen oder dem Geist selbst gegenüber verloren, haben heute viele Menschen diese wohltätige Beziehung zerstört. Sie sind äußerlich und innerlich geteilt. Wenn du dich vom Geist entfernst, wenn du dich von deinem Herzen trennst, werden dein Bewußtsein und dein Körper um die Kontrolle kämpfen. Die Liebe des Geistes gibt uns die innere Kraft, sie führt uns auf der Suche nach höherer spiritueller Bewußtheit.

Gemeinsame Vision

Die Mitglieder müssen über den Sinn einer Gemeinschaft, ihre Ziele, die Methoden und Prioritäten übereinstimmen. Diese gemeinsame Vision ist nötig, damit sich unsere Energie nicht in widerstreitende Richtungen verstreut, sondern in Richtung auf ein bestimmtes Ziel kanalisiert wird. In diesem Punkt versagt das demokratische System. Manchmal sind neunundvierzig Prozent der Menschen nicht mit der Politik einverstanden und unterminieren so die Effektivität der ganzen Gruppe. Es sollte ein Forum geben, in dem jeder die Chance hat, seine oder ihre Gefühle und Ideen auszudrücken.

Dieses Forum ist für uns der Beratungskreis. Es ist unsere Art, uns zu regieren und die Dinge abzuhandeln und die Entscheidungen zu treffen, die anstehen. Wenn wir eine Sache klären oder eine Entscheidung treffen müssen, die uns alle betrifft, wenn wir irgend etwas zu besprechen haben, wird ein Rat einberufen. Normalerweise treffen wir uns einmal in der Woche, doch wenn sich unsere Bedürfnisse verändern, können wir auch öfter oder seltener zusammenkommen. Bei diesen Ratssitzungen folgen wir der stillen Übereinkunft, gut zuzuhören, wenn jemand spricht, und auf keinen Fall zu unterbrechen. Früher haben wir oft einen Redestab benutzt, den der Sprecher in der Hand hielt als Erinnerung, beim Thema zu bleiben, die Wahrheit zu sagen oder sich kurz zu fassen; für die anderen war es die Ermahnung, daß sie zuhören sollten. Wir brauchen den Redestab nicht mehr. Wir haben die Fähigkeit entwickelt, auch ohne Stab zuzuhören.

Beim Rat bekommt jeder die Gelegenheit zu sprechen, wenn wir uns auch bemühen, keine leeren Phrasen zu dreschen. Jeder trägt seinen Teil zum Entscheidungsprozeß bei. Das muß kein langwieriger Prozeß sein. Wir wissen, daß wir von der Medizin geführt werden und nicht von unseren individuellen Gedanken oder Wünschen.

Die Fähigkeit, die Führung der Medizin zu empfangen, erfordert sehr viel Vertrauen, besonders, wenn wir es noch lernen. Vertrauen ist die erste Eigenschaft, die wir erwerben müssen, wenn wir das Leben des Geistes wollen; der erste Trittstein auf dem Weg des Friedens. Wir müssen erkennen, daß wir immer bekommen, was wir brauchen. Wenn wir nicht freudig einen Erfolg genießen, wurde uns eine Lektion erteilt. Das geschieht, um die natürlichen Kräfte auszubalancieren. Die Energie, die wir aussenden, steht im Gleichgewicht mit dem, was wir empfangen. Niemand kann aus dem Spiel aussteigen. Niemand bekommt etwas geschenkt. Sobald wir das verstanden haben, können wir zu begreifen beginnen, wie die Lektionen aussehen, und die Führung akzeptieren.

Manchmal fällt es uns schwer, an unserem Vertrauen festzuhalten. Wenn uns etwas schmerzt, verzweifeln wir und geben allen Dingen und Menschen, die gerade in der Nähe sind, die Schuld. Wenn wir etwas ändern wollen, ist das erste, das wir lernen und akzeptieren müssen, daß das Vertrauen immer da ist.

Viele Menschen glauben heute noch an die Medizin der modernen Welt, doch viele beginnen auch, den Glauben zu verlieren. Diese Welt erfüllt nicht mehr die Bedürfnisse ihrer Bewohner, sie führt sie nicht mehr auf eine positive Weise. Es ist wichtig zu erkennen, daß wir nicht grundsätzlich die Fähigkeit zu vertrauen verloren haben, wenn wir das Vertrauen in unsere Gesellschaft verlieren. Die wirkliche Medizin ist bereit, uns zu helfen, wann immer wir sie suchen.

Ordnung halten

Wenn wir die Werke der Natur betrachten, fällt uns schnell auf, daß sie sehr ordentlich ist. Alles hat seinen Platz und seinen Zweck. Es gibt keine Verschwendung, nichts geht verloren. Indem sie diese Ordnung aufrecht erhält, kann die größere Einheit, die Mutter Erde, auf gesunde Weise funktionieren und alle ihre Kinder versorgen. Wenn die Ordnung gestört wird, kippt das Gleichgewicht, und die Bedürfnisse werden nicht mehr erfüllt.

Dieses Prinzip läßt sich sehr praktisch auf eine Gemeinschaft umsetzen. Das Land, die Tiere, die Gebäude, die Maschinen und Werkzeuge und so weiter wurden zu unserem Wohl unserer Obhut übergeben. Feuergefährliche Dinge sollten entfernt werden, Tiere müssen regelmäßig gefüttert und getränkt werden, Gebäude müssen repariert werden, Arbeitsflächen sollten ordentlich und praktisch sein, Werkzeuge sollten aufgeräumt werden.

Die Energie, die wir dafür aufwenden, Ordnung zu halten, ist gut investiert, denn sie macht uns glücklicher und hilft uns, besser und effizienter zu arbeiten. Wenn wir einen Stuhl bauen,

Essen kochen oder einen Artikel schreiben, schaffen wir Ordnung aus Unordnung. Das kann man in einer organisierten Umgebung viel leichter tun, denn es erfordert viel Energie, die Schwingungen einer chaotischen Umgebung zu überwinden. Damit Brüder und Schwestern harmonisch zusammenleben können, müssen wir unser Heim gut in Ordnung halten. Das Ergebnis sind glücklichere Menschen in einer stärkeren Gemeinschaft.

Auch aus Respekt vor dem Geist der Dinge selbst sollten wir sie in Ordnung halten. Die Küche sollte hell und freundlich sein, nicht mit Müll übersät und düster. Kein Hammer, der etwas auf sich hält, will draußen im Regen liegen. Wenn uns wirklich etwas an ihm liegt, dann hängen wir ihn mit einem Wort des Dankes an seinen Haken zurück. Der Geist des Wasserlochs hat nichts dagegen, wenn wir hineinspringen, um uns abzukühlen, solange wir respektvoll sind, doch er will gewiß nicht unsere giftige Seife in seinem Heim haben. Zwischen Hühnern sollten wir vorsichtig gehen und ihnen für ihre Eier und ihre Energie danken.

Wenn man eng zusammenlebt, ist es äußerst wichtig, sich gegenseitig zu respektieren. Wenn jemand hinter sich nicht aufräumt und seinen Teil der Arbeit nicht übernimmt, belastet er damit jemand anderen. Wenn jemand äußerlich und im Verhalten nachlässig ist, mindert er das gute Gefühl der anderen. Zwischen denen, die sich nicht um Ordnung kümmern, und denen, die den größten Teil des Aufräumens übernehmen, muß ein Gleichgewicht herrschen.

Viele Gemeinschaften reagieren auf diese Situation, indem sie Pläne aufstellen und Verantwortung delegieren, doch wir glauben, daß dies nicht zur Wirkungsweise der Medizin paßt. Jeder Mensch muß verstehen lernen, was nötig ist, um die Lasten gleichmäßig zu verteilen. Jeder muß aus eigener Entscheidung mittun. Sun Bear glaubt, daß eine Regierung um so besser ist, je weniger sie tut. Das ist ein Ideal, das wir alle lernen mußten. Dieses Ideal kann man nicht durch Kritik oder Pläne lernen, sondern durch positive Verstärkung und indem wir lernen, das größere Bild unserer Beziehungen untereinander zu sehen. Wir haben zu einem hohen Niveau von Ordnung und handwerklicher Qualität gefunden, und wir halten unsere Aufmerksamkeit stets auf diese Verabredung gerichtet. Mit dieser Verabredung leben zu lernen, ist ein Prozeß, kein einmaliges Ereignis. Mit viel Toleranz, Geduld und positiver Einstellung lernen wir, zu erreichen, was wir wollen.

Wenn wir in eine Gemeinschaft ziehen, werden uns verschiedene ungelöste Probleme aus unseren Leben in der modernen Welt schmerzlich bewußt. Diese Probleme hindern uns daran, harmonisch zu leben und blockieren unsere höheren Bewußtseinsebenen. Es gibt viele verschiedene Theorien darüber, wie man am besten mit diesen Problemen umgeht und besser zusammenlebt, und ebenso viele Doktrinen über die Organisation, die Kommunikation, Zusammenarbeit, Gesundheit und so weiter. Verschiedene Gemeinschaften beruhen auf verschiedenen Theorien, die dazu dienen, die Aufmerksamkeit auf einen bestimmten Bereich zu richten, den wir verbessern wollen. Doch nach einer Weile blockieren zu rigide Gedankensysteme den individuellen Ausdruck und das Wachstum der Gemeinschaft.

Wir haben immer wieder den Widerspruch gesehen, der in so vielen Menschen existiert: während wir ohne Autorität über uns oder eine sichtbare Befehlskette »verloren« sind, rebellieren wir doch gegen jede Art von Hierarchie. Da uns Kultur und Gesellschaft geformt haben, wissen wir selten, wie wir angemessen mit Autorität umgehen können – weder, wenn wir ihr gegenüberstehen, noch wenn wir sie selbst besitzen.

Wir mußten viel Geduld üben, um mit Besuchern umgehen zu können, die sich zuerst über unsere »Desorganisation« beschwerten und sich abermals beschwerten, wenn wir unsere Organisation zeigten. Sie wollten wissen, wie sie hineinpaßten, und zugleich wollten sie nicht, daß man es ihnen sagte. Wären sie fähig gewesen, wirkliche Autorität wahrzunehmen – die Ordnung der Schöpfung –, dann hätten sie vielleicht die Notwendigkeit gesehen, etwas zu putzen, das Geschirr zu spülen und den Boden zu wischen, bevor sie die Erfahrung machten, wie es sich anfühlt, wenn einem jemand zuvorkommt. Wie Sun Bear sagt:

»Wie wollt ihr zum Berg gehen, um dem Schöpfer zu begegnen, wenn ihr nicht mal wißt, wie ihr euer Geschirr abgewaschen bekommt?«

Es ist uns wichtig, mit möglichst wenigen Regeln auszukommen. Wer nicht bereit ist, seinen Anteil an der alltäglichen Arbeit zu übernehmen, darf nicht bei uns bleiben. Alltagsaufgaben wie Geschirrspülen und Aufräumen sollten in etwa gleich verteilt werden, und es liegt in der Verantwortung jedes einzelnen, dafür zu sorgen, daß er oder sie seinen oder ihren Anteil erledigt. Einige von uns haben besondere Fähigkeiten entwickelt, die der Stamm dringend braucht – zum Beispiel schreiben, tippen, Computer programmieren, Verwaltung –, und manchmal ist es nötig, daß sie den größten Teil ihrer Energie in diese Bereiche stecken. Diese Stammesmitglieder müssen aber darauf achten, daß sie an den Alltagsarbeiten teilnehmen, wann immer es möglich ist, damit sie nicht die Grundlagen ihres Heims und ihrer Gemeinschaft aus den Augen verlieren. Sie haben meist sehr großzügig jeden Tag ihre Energien zur Verfügung gestellt.

Wir haben bestimmte Prioritäten gesetzt, und jeder wird ermuntert, das zu tun, was ihm am wichtigsten ist oder was mit ihm am besten in Harmonie ist. Ab und zu müssen wir alle etwas tun, das uns nicht gefällt, weil es erledigt werden muß, doch wir versuchen, jeden die Arbeit tun zu lassen, an der er die größte Freude hat, so daß ein positiver Geist und die Freude an der Arbeit eine positive und fördernde Umgebung schaffen.

Disziplin

Eine Eigenschaft, die wir alle, jeder für sich und als Gemeinschaft, besitzen müssen, ist Disziplin. Das klingt zunächst vielleicht schlimm, weil das Wort »Disziplin« negativ besetzt ist. Disziplin wurde uns oft aufgezwungen, und oft war sie unfair oder irrational. Unsere Reaktion darauf ist, daß wir jede Art von Disziplin meiden.

Disziplin ist die Fähigkeit, gewisse Grenzen zu setzen und

sich an sie zu halten. Sie kann eingesetzt werden, um Kräfte zu überwinden, die uns manchmal von unserem gewählten Weg abbringen wollen. Wenn wir ein Ziel haben, planen wir, wie wir vorgehen müssen, um es zu erreichen. Während wir den Plan ausführen, ergeben sich vielleicht neue Wünsche oder Ideen, die uns auf den Gedanken bringen, daß ein anderes Vorhaben besser wäre. Disziplin befähigt uns, Ablenkungen Widerstand zu leisten und mit unserer Arbeit fortzufahren.

Wenn Mitglieder der Gruppe nicht genug Selbstdisziplin, also nicht genug Verantwortung zeigen, ist es wichtig, daß andere die Führung übernehmen und die Gruppe auf dem richtigen Weg halten. Sie liefern der Gruppe die Disziplin und stellen sicher, daß Projekte beendet werden, Ziele erreicht und Leitlinien befolgt und Lektionen gelernt werden.

Verantwortung

Wir wollen unser Leben nicht planen, wir wollen keine Führer-Jünger-Beziehungen. Um dies zu erreichen, müssen wir lernen, Verantwortung zu übernehmen. Die einzelnen müssen klar genug werden, um zu sehen, welche Dinge erledigt werden müssen, und um positiv darauf zu reagieren. Wir sind jeder selbst verantwortlich für unser Überleben und Wohlbefinden. Wenn ein einzelner nicht mit Verantwortung umgehen kann, ist es nötig, daß er von jemand oder etwas geführt wird. Je mehr wir Führung brauchen, desto weniger hören wir unsere eigene innere Stimme, die uns führen könnte, und um so schwerer fällt es uns, die höheren Ebenen unseres schöpferischen Ausdrucks zu erreichen. Ohne Verantwortung kann niemand die Kraft der Medizin erwerben.

Zugleich müssen wir uns von unseren Wünschen und Erwartungen an andere lösen. Wenn wir versuchen, andere Menschen oder Ereignisse unserem Willen zu unterwerfen, kann die Medizin nicht funktionieren. Andere Menschen können nicht lernen, auf ihre eigene innere Stimme zu hören, und wir können unsere eigenen Lektionen nicht verstehen. Wir sollten fähig sein, unsere volle Aufmerksamkeit auf jede Aufgabe zu richten, ohne uns darum zu kümmern, ob etwas anderes (auf unsere Art) richtig getan wird. Dann können wir die Wertschätzung des Großen Geistes in jeder Handlung fühlen. Das Ergebnis, wenn man Verantwortung übernimmt und Erwartungen fallenläßt, ist Freiheit – wir müssen nicht mehr geführt werden und führen keinen anderen. Wenn wir das erreicht haben, können wir ganz auf uns selbst bauen und harmonisch zusammenleben.

Geduld

Es ist wichtig, nicht zu vergessen, daß jede Veränderung Zeit erfordert. Das gilt besonders für Menschen, die vor einem Wendepunkt in ihrem Leben stehen. Sie müssen sich nicht nur auf neue Arten zu denken, zu handeln und wahrzunehmen, einstellen, sondern auch auf eine andere Geschwindigkeit. Es ist für alle Beteiligten wichtig, dem Prozeß die Zeit zu lassen, die er braucht. Sich selbst oder andere wegen ihrer Mängel niederzumachen, ist einer der stärksten Hemmschuhe für jede Entwicklung. Wir müssen Mitgefühl für uns selbst und andere lernen. Ein guter Heiler vermeidet es, zu einer bestehenden Wunde noch ein Trauma hinzuzufügen. Menschen, von denen eine rasche Veränderung verlangt wird, klammern sich nur noch stärker an ihr altes Leben. In einer solchen Situation schenkt uns Geduld die Zeit zur Heilung und zum Wandel.

Wenn wir in eine gesündere Umgebung kommen, bitten wir um Führung zu unserer Heilung. Wir empfangen Reinigungen und Lektionen, wie wir sie brauchen. Wenn wir versuchen, die Veränderungen zu erzwingen, bevor wir bereit sind, stören wir das Gleichgewicht und schaffen Negativität, die selbst auch wieder überwunden werden muß. Achtet darauf, daß es eine Veränderung zum Positiven ist und bittet um Hilfe, wenn sie gebraucht wird, und laßt dem Prozeß seine Zeit. Laßt euch nicht von Gedankenmodellen führen, sondern vom Geist.

Während ihr darauf wartet, daß ihr selbst oder ein anderer sich verändert, solltet ihr Humor entwickeln. Lachen ist immer eine gute Medizin.
Seid sanft mit euch und anderen. Erinnert euch daran, wie sanft die Mutter Erde mit uns allen ist.

Andere Leute

Dieses Kapitel ist eine Ehrenbezeugung an andere, die dem Großen Geist und unserer Mutter Erde dienen wollen. Wir haben von vielen Menschen gehört, die dies tun, und einigen sind wir persönlich eng verbunden. Wir beten für alle, denen wir noch begegnen werden. Es ist uns sehr wichtig, auf allen Ebenen die Bemühungen anderer zu unterstützen, die auf dem gleichen Weg sind wie wir. Selbst wenn die anderen mit anderen Schritten gehen, unterstützen wir sie, weil sie auf einem guten Weg sind.

Der Rainbow Clan

Zwei Freunde, die uns eine ganz besondere Art zu beten und das Licht zu verbreiten gelehrt haben, sind Joyce Rainbow und Richard Rainbow, der 1985 in die Geisterwelt einging. Sie lebten vom Verkauf des Türkis- und Silberschmucks, der vom Clan hergestellt wurde.

»Der ganze Clan glaubt an die alte, traditionelle Lebensart«, sagte Richard. »Wir sind die Brüder aller Lebenwesen. Alles andere ist genauso wichtig wie wir, und wir sind so wichtig wie alles andere. Wir glauben, daß der Großvater Geist bei der Arbeit unsere Hände führt, so daß wir den richtigen Stein mit dem richtigen Stück Silber verbinden und dem Menschen, der eines unserer Schmuckstücke trägt, soviel Gutes oder heilende Energie bringen wie möglich.«

Die ältesten Mitglieder des Stammes, Richard und sein Bruder Ted Bear Senior, wuchsen auf der Parzelle des Miwuk-Stammes in Tuolumne City, Kalifornien, auf. Heute leben 100 der 1800

Stammesmitglieder auf dieser 300 Morgen großen Parzelle. Ihre Mutter, eine fast vollblütige Indianerin, gehörte im Jahre 1935 dem ersten Stammesrat an. Ihr Vater war Grieche.

»Als wir im Reservat aufwuchsen, hielt man uns für Griechen. Als wir in die Stadt gingen, hielt man uns für Indianer. Es war gut, weil wir in dieser Situation wachsen konnten. Während wir aufwuchsen, unterrichtete uns ein alter Miwuk-Medizinmann über Kräuter und wie man geistig Medizin macht. Mit der Silberarbeit haben wir schon als Kinder angefangen. Wir haben Münzen zu Muscheln oder Ringen verarbeitet und das Zeug verschenkt oder für einen Vierteldollar verkauft.«

Rainbow ging zum Sherman Indian Institute in Riverside, dann kam er zur Navy, und danach arbeitete er beim griechischen Zweig der Familie. Er blieb zehn Jahre dort und lernte viel über das Geschäftsleben und die Welt der Weißen. Er machte selbst Geschäfte, bis er acht Monate lang krank wurde und alles verlor. Er bewarb sich um Wiederaufnahme in den Stamm, bat um Land und bekam 15 Morgen zugeteilt. Als er, Joyce und ihre vier Kinder ins Reservat zogen, brachte ihn Ted Bear Senior zum Handwerk der Silberschmiede zurück. Er führte seine eigene Frau Ramona, ihre Kinder und das Enkelkind in das Handwerk ein. Der Clan betreibt jetzt ein eigenes Geschäft, das Tepee, das an der Tuolumne City Plaza liegt.

Als Rainbow ins Reservat zurückkehrte, begann er gleichzeitig für ein Programm des Office of Economic Opportunity zu arbeiten, das den Alkoholismus bekämpfte.

»Es fiel mir nicht schwer, mich auf die Probleme einzustellen«, sagte Richard. »Ich hatte dreißig Jahre stark getrunken, bis ich endlich aufhörte. Aber nachdem ich sechs Monate lang Beratungen für Alkoholiker gemacht hatte, begann mich dieses strukturierte Programm zu frustrieren. Ich wollte aufhören, weil ich das Gefühl hatte, es half nicht. Ich arbeitete mit hundert Leuten und hatte nur bei einem Erfolg. Ich begann nach dem gemeinsamen Nenner zu suchen, nach dem Grund dafür, daß die Indianer tranken. Was mir auffiel, war, daß den Indianern ein spiritueller Ausdruck fehlte. Wo viele Leute Christen waren, war die Zahl der Alkoholiker niedrig. Ich machte einen Vorschlag für ein Programm, das den Indianern die Ausdrucksmöglichkeiten geben sollte, die sie brauchten, und es wurde gefördert. Ich wandte mich an verschiedene Medizinmänner. Der erste, dem ich begegnete, war Ray Stone, ein Paiute, der Schwitzhütten leitete. Er kam dreimal ins Reservat und baute auf meiner Parzelle eine Schwitzhütte. Dann kam David Villasenor, der uns zeigte, wie er seine Sandzeichnungen machte. Auf dem Acorn Festival von 1973 waren beide da. Sie leiteten vier Tage lang Schwitzhüttenzeremonien, an denen mehr als 300 Leute teilnahmen. David gab Unterricht im Sandmalen, und 600 Leute kamen. Und zum erstenmal gab es keine Betrunkenen auf dem Festival, und es schien mir, als wäre das Programm auf dem richtigen Weg.«

Bei seiner Arbeit für dieses Programm bekam Richard den Namen Rainbow von einem Medizinmann, der ihm sagte, daß seine Medizin vom Regenbogen käme. Er sieht eine Verbindung zwischen seiner Medizinarbeit und den Silberarbeiten des Clans.

»Um echten Silberschmuck herzustellen, brachten wir unsere Medizin mit dem Silberschmiedehandwerk in Verbindung. Wenn wir arbeiten, beten wir, daß unsere Hände so geführt werden, daß sie Schmuck herstellen, der dem Träger das Glück und die Harmonie gibt, die er braucht, und wir bitten darum, daß jedes Stück zu dem Menschen kommt, für den es richtig ist.«

Während Richard und Joyce durch das Land reisten und Ausstellungen machten, sahen sie sich nach Menschen um, von denen ihre Medizin sagte, daß sie bereit waren anzunehmen, was sie zu lehren hatten, und sie zeigten den Menschen, was sie zu lernen fähig waren. Im Grund zeigten sie den Menschen ihre besondere Art zu beten und sich mit dem Universum zu verbinden. Sie benutzten das Bild des Regenbogens und sein Licht in ihren Gebeten. Manchmal luden sie Leute zu sich nach Hause ein, um mit ihnen zu schwitzen. Joyce Rainbow führt die Arbeit weiter, die sie mit Richard begann.

Eine andere Freundin, die großzügig ihre Medizin mit uns geteilt hat, ist Twylah Hurd Nitsch, die Clanmutter der Wolf Clan Lodge. Yeh-weh-node, ihr Seneca-Name, bedeutet »Echo« oder »Die Stimme, die auf dem Wind reitet«.

Twylah ist eine zugleich sehr mächtige und friedliebende Frau. Sie wuchs eingetaucht in die Weisheit der Seneca auf. Moses Shongo, einer der großen Medizinleute der Seneca, war ihr Großvater. Vor ihrer Geburt hatte er sich Sorgen gemacht, wer die Lehren weiterführen würde. Als Twylah geboren wurde, sagte er, daß sie Blut der Indianer und der Weißen in sich trüge und deshalb auf beiden Pfaden gehen und sich zwischen Indianern und Weißen bewegen könne. Als sie zwei war, bekam sie einen schlimmen Keuchhusten. Als sie eines Nachts fast erstickte, rettete Moses Shongo sie mit einer Technik, die wir heute Mund-zu-Mund-Beatmung nennen. Danach sagte er ihrer Mutter Blue Flower: »Nun wird sie meine Arbeit fortsetzen, denn mein Atem ist ihr Atem.«

Und entsprechend der Voraussage ihres Großvaters lebte Twylah in beiden Welten. Die Kindheit verbrachte sie bei den Seneca, wo sie deren Lebensart lernte, und in ihrer Jugend lernte sie auch die Art der Nicht-Eingeborenen kennen. Dann heiratete Twylah Robert Nitsch, einen Mann von deutscher Abstammung. Sie lebten mit ihren vier Kindern in Buffalo, New York, bis in den fünfziger Jahren die Polioepidemie kam. Dann zogen sie auf das Land zu ihrer Familie in die Cattaraugus Reservation, um ihre Familie zu schützen. Seitdem leben sie dort. Robert Nitsch war ein erfolgreicher Geschäftsmann in dieser Gegend, und Twylah arbeitete viele Jahre als Therapeutin.

Twylah vergaß zwar nie die Lehren ihres Großvaters und die Verantwortung, die sie mit ihnen übernommen hatte, doch sie zögerte, mit Gruppen von Menschen darüber zu sprechen. Eines Nachts sah Blue Flower Moses Shongo, ihren Bruder und die Großmutter am Fuß des Bettes stehen. Sie trugen ihr auf, Twylah zu sagen, daß sie lehren und mitteilen mußte, was sie wußte, genau wie sie es sich gedacht hatte. »Sie muß es tun«, sagten sie zu Blue Flower. »Wir haben ihr dieses Wissen geschenkt, und wir werden ihr helfen.«

Kurz nach dieser Erfahrung machte Twylah ein Tabakopfer in einer Gruppe, die sie unterrichtete, und es fühlte sich so richtig an, daß sie sich für alle Lehren öffnete, die darauf warteten, durch sie zu sprechen. Seit dieser Zeit wurden viele Menschen durch den Kontakt mit dieser verständnisvollen und sanften Frau geöffnet und bereichert.

Eines der ersten Dinge, die Twylahs Schüler lernten, sind vier Fragen, die den Seneca halfen, immer in Harmonie und im Gleichgewicht zu sein. Sie lauten:

1. Bist du glücklich mit dem, was du tust?
2. Verstärkt das, was du tust, die Verwirrung?
3. Was trägst du zu Frieden und Zufriedenheit bei?
4. Wir wird man sich an dich erinnern, wenn du fort bist – ob du auf einer Reise bist oder gestorben?

Diese Fragen können jedem helfen, seine Handlungen so zu bewerten, daß er eine größere Harmonie mit der Mutter Erde und den anderen Lebewesen erreicht. Etwas anders formuliert sind sie zugleich ein wundervolles Werkzeug, um Kinder aufzufordern, selbst die Verantwortung für ihre Handlungen und ihr Glück zu übernehmen.

Twylah betont, daß für die Seneca »Selbsterkenntnis ein Bedürfnis war, Selbstverständnis der Wunsch, Selbstdisziplin der Weg und Selbstverwirklichung das Ziel.«

In ihrem Buch ENTERING INTO THE SILENCE THE SENECA WAY beschreibt Twylah, wie die Seneca von sich selbst und der Natur lernten.

»Ganz am Anfang fühlte sich der Seneca der Natur eng verbunden. Legenden berichteten von den Wundern der Natur und ihre Wirkung auf alle Wesen und Pflanzen. Es dauerte nicht lange, bis die Ahnen der Seneca eine mächtige Kraft überall um sie spürten. Jeder sah das Wirken dieser Kraft; einige konnten es fühlen, und wieder andere konnten Eindrücke von ihr aufnehmen. Sie glaubten, daß sie in allem und überall und zu allen Zeiten war, ewig. Sie nannten diese Kraft das Große Geheimnis und schworen, alles über sie zu lernen, was sie lernen konnten.

Die Legenden berichteten, daß der Indianer aus der Tiefe auftauchte und beim Auftauchen sein Bewußtsein schärfte, indem er von der Natur lernte und die Mutter Erde und alle Geschöpfe des Großen Geheimnisses als seine Hüter und Lehrer betrachtete. Aus diesem Grund widmete er sein Leben dem Erlernen der Geheimnisse, die das Reich der Natur regierten. Auf diese Weise begann er seine Rolle im Plan der Natur zu verstehen.

Im Frieden und in der Stille der Natur zu leben, lehrte den Indianer Selbstkontrolle. Er bewegte sich langsam, sprach leise und war gewöhnlich schweigsam. Kontrolliertes Schweigen bedeutete vollkommene Harmonie im Geist, im Bewußtsein, im Körper und Handeln. Es war eine erworbene Tugend, und sie wurde als ehrbarer Charakterzug anerkannt. Um dabei die Meisterschaft zu erlangen, mußte der Indianer die Notwendigkeit erkennen, in seiner Umgebung harmonisch zu leben. Seine Ausbildung begann schon früh und war bei allen indianischen Nationen gleich. Es war nicht nötig, die »Indianische Lebensart« zu hinterfragen – sie war eine akzeptierte Tatsache.

Die alten Lehren der Seneca arbeiteten mit einfachen, doch sehr wirkungsvollen Symbolen. Alle Routinen des Alltagslebens drehten sich um die Zahl Vier, und so wurde die ›4‹ eine symbolische Zahl, auf der sich Traditionen aufbauten, die Familien und Nationen zusammenhielten. Diese Symbolik bezog sich auf die ersten vier Schöpfungen, auf die vier Stadien des Lernens, auf die vier Prinzipien der Entwicklung und die vier Leitlinien auf dem Weg zur Weisheit.

Über sich selbst zu lernen bedeutete zu lernen, wie man kommuniziert. Man kann nicht mit anderen kommunizieren, solange nicht eine Grundlage an Selbsterkenntnis vorhanden ist, glaubten die alten Seneca.

Kommunikation bedeutet Verständnis. Verständnis führt zum

Frieden des Geistes, Frieden des Geistes führt zum Glück, und Glück teilt sich mit.

»Wie gut teilen wir uns mit?« war die Frage. »Wir lernen, Glück an der Tiefe unserer Selbstbewußtheit zu messen und erkennen es am Frieden und der Zufriedenheit, die wir in unserer Umgebung genießen.«

»In das Schweigen eintreten« bedeutete, sich in Geist, Bewußtsein und Körper mit der Natur zu vereinen. Die Atmosphäre der Natur strahlte die spirituelle Essenz der Höchsten Macht aus und zeigte den Pfad, der die frühen Seneca zum »Großen Schweigen« führte.

Die Legende vom Ersten Boten, die von der Begegnung mit der Spirituellen Essenz berichtet, wies den Weg für eine Übung: »Das Eintreten ins Schweigen«.

Zwei Männer und zwei Frauen von hohem Alter, ihrer Weisheit wegen geehrt von ihrem Volk, saßen im Wald auf der warmen Erde bei einem Bach, der unter dem Baldachin der Blätter und Äste rieselte. Sie erinnerten sich an ihre gemeinsamen Erfahrungen, die sie in ihren späten Jahren gemacht hatten, als sich plötzlich der Himmel öffnete:

EIN HERRLICHER LICHTSTRAHL
IN ALL SEINER STRAHLENDEN PRACHT
TRIEB SACHTE ÜBER SIE
UND SANDTE FRIEDEN UND FEIERLICHEN ERNST
AUF ALLES, WAS ER BERÜHRTE.

Sie sahen verwundert zu, gebannt von seiner erhabenen Pracht. Er strömte in ihre Körper und reinigte sie durch und durch von allen Krankheiten. Gleich darauf wurden sie hinaufgetragen zu einem Ort göttlicher Ekstase, wo ihnen das ›Geheimnis der Zeitalter‹ enthüllt wurde und ihnen von kommenden Dingen berichtete. Sie sahen den ›Ersten Boten des Großen Geheimnisses‹, die Spirituelle Hand mit ausgestreckten Fingern und Daumen. Die Botschaft bedeutete: ›Es dringt durch‹. Dies war die erste Erfahrung, wie das ›Eintreten ins Schweigen‹ aussah.

Die Symbolik ist deutlich; wie der Daumen den vier Fingern in Leben, Gleichheit, Einheit und Ewigkeit hilft, so hilft das Große Geheimnis allen Dingen der Schöpfung. Von dieser Zeit an war die ›4‹ ein wichtiger Teil der ›Indianischen Lebensart‹. Nach dieser Offenbarung mehrte sich die Weisheit der vier Alten, und von vielen Nationen kamen Menschen, um ihren spirituellen Rat zu hören. Aus dieser Göttlichen Erfahrung entwickelte sich der Brauch, beim Rat im Kreis zu sitzen. Man wußte nun, daß das Große Geheimnis viele Gesichter hatte. Es konnte jede Manifestation der Natur sein, jedes Wesen und jede Kraft der Erde.«

Twylahs Lebenswerk ist es, andere zu lehren, ins Schweigen einzutreten und sanft den Pfad des Friedens zu beschreiten, genau wie ihr Großvater es vorausgesagt hatte. Twylah hat die Wolf Clan Lodge wiederbelebt und die Seneca Indian Historical Society aufgebaut. Durch ihre Vorträge, ihre Kurse und ihre Veröffentlichungen ist Twylah wirklich die Stimme, die auf dem Wind reitet. Wir sind glücklich, daß sie in vielen Bereichen mit uns zusammengearbeitet hat, unter anderem auch als heilige Lehrerin bei vielen Medizinrat-Treffen.

Shawnee Goat Clan

Whispering Leaf With Blue Jackett, dessen Vision im ersten Teil beschrieben ist, ist ein Bruder, der gelernt hat, auf die allereinfachste Weise auf der Mutter Erde zu leben. Die Menschen, die sein Camp besuchten, fanden ihn und seine beiden Kinder in Wegiwas aus einfachen Materialien, die er am Ort gefunden hatte. Ihre Brüder und Schwestern aus dem Reich der Pflanzen und Tiere lieferten ihnen Nahrung. Die Schönheit der Mutter Erde war ihre Unterhaltung und brachte ihnen Glück. Nach einiger Zeit hatte Whispering Leafs Pfad ihn weitergeführt, doch wegen seiner geschichtlichen Bedeutung für den Clan haben wir dieses Material in unser Buch aufgenommen.

Der Goat Clan soll eine moderne Kriegergesellschaft sein, die auf der alten Lebensart beruhte. Hier folgt seine Verfassung:

Präambel: Die Goat Clan Warrior Society ist ein kleines Lagerfeuer, das im Herzen jener Brüder und Schwestern entfacht und genährt wird, die vor allem anderen den alten Geboten der Schöpfung folgen wollen. Der Clan ist eine kleine Familie, die in der größeren, umfassenden Familie der Menschheit lebt. Er ist eine Kriegergesellschaft, die durch Gebet, Selbstdisziplin und einfaches Leben gesund und glücklich und beispielhaft auf der Mutter Erde leben will. Er wird von der folgenden Verfassung auf seinem Weg geführt. Sie wurde nicht aufgeschrieben, um Handlungen oder Gedanken einzuschränken oder Grundrechte der Menschen zu beschneiden, sondern als Hilfe beim Gehen auf einem gemeinsamen Weg zu Selbstbewußtheit und Entdeckung der intimen, ewigen Verbundenheit zwischen Mensch und dem Großen, Allgegenwärtigen Geheimnis der Schöpfung.

1. Mitgliedschaft: Die Mitgliedschaft in der GCWS steht allen Brüdern und Schwestern offen, die den Geist des Goat Clan und seiner Verfassung in sich spüren. Es werden keine Qualifikationen gefordert, und kein Mitglied wird wegen seines Alters, seiner Rasse oder körperlicher Gebrechen ausgeschlossen. Alle Mitglieder stimmen in den folgenden Punkten überein:

a. Sie enthalten sich des Genusses von Alkohol und/oder der Einnahme von Drogen.
b. Sie versuchen, ein wahrer Zeuge des Lebens zu sein, indem sie im Geiste universeller Bruderschaft und ohne Besitzansprüche teilen und empfangen.
c. Sie arbeiten und leben in harmonischem Einklang mit den Kräften der Schöpfung und verkörpern die höchsten Ideale des Bewußtseins, des Herzens und des Geistes.
d. Sie stellen das Wohl des Clans, des Stammes, über persönlichen Ehrgeiz, über Wünsche oder Gewinn, und arbeiten mit ganzer Kraft an der Erneuerung des Heiligen Kreises und an der Heilung unserer Mutter Erde.
e. Sie bewegen sich auf heilige Weise und im Gleichgewicht,

indem sie die acht Leitlinien für das Alltagsleben befolgen. Sie lauten: 1) richtige Ideale – universelle Gesetze, 2) richtige Motive – Liebe zu Gott, 3) richtige Sprache, 4) richtiges Handeln durch Aufrichtigkeit und Wahrheit, 5) richtige Ernährung, 6) richtiges Bemühen durch Selbstdisziplin, 7) richtiges Erinnern des Selbst, 8) richtiges Erkennen – Einheit mit Gott.

Jeder, der den Geist der GSWS erfaßt, ist für die Aufnahme als Familienmitglied in den Stamm wählbar.

2. Aufnahme: Wer in den Goat Clan aufgenommen werden will, kann einen besonderen Rat durch den Okema-Medizinmenschen einberufen. Bei diesem Rat kann jedes Mitglied für oder gegen die Aufnahme sprechen, doch die Aufnahme soll nur durch einstimmige Entscheidung aller Mitglieder vollzogen werden. Die Aufnahme als Vollmitglied in die GCWS geschieht durch eine heilige, traditionelle Zeremonie, die ›Eintritt in die Verwandtschaft‹ genannt wird. Während dieser Zeremonie wird der Bruder oder die Schwester, wenn er noch keinen Naturgeist-Namen besitzt, einen Namen empfangen und wird danach nur unter diesem Namen bekannt sein. In Übereinstimmung mit dem Großen Gesetz des Friedens soll sich unter den Stammesmitgliedern keine Frage nach seiner Herkunft erheben.

3. Besitz: Da wir eine umfassende Familie sind und alle die Mutter Erde und den Vater Himmel teilen, werden wir uns wie wahre Brüder und Schwestern verhalten und teilen, was uns vom Großen Geist durch ihre Kinder gegeben wurde. Es wird ein Kochfeuer geben, und wir werden gemeinsam an diesem Feuer essen und teilen, was an Nahrung vorhanden ist. Jedes Mitglied bekommt eine Holzschale und einen Löffel, den nur er benutzt. Die Clanmutter ist die Hüterin des gemeinsamen Eigentums und wird alle Gaben, Bettzeug, Kleidung und Decken, so verteilen, daß jeder angemessene Kleidung und ein Lager hat, um bequem und warm die kalten Monde zu überstehen. Die Hütten werden, soweit möglich, geteilt, und die Kleinen sollen eingeladen

werden, alle Hütten zu besuchen, um ihre Verwandtschaft mit der Familie zu erleben. Der Besitz der Hütten liegt in den Händen der Frauen. Pferde, Gewehre, Bögen, Messer, Schilde, Medizinbündel und Kleidung gehören dem einzelnen und nicht dem Stamm. Über die Verwendung materieller Geschenke an den Stamm wird beim allgemeinen Rat entschieden.

4. Die GCWS bietet jedem Zuflucht, und das Feuer brennt Tag und Nacht. Jedes Mitglied, das einen guten Grund hat, kann das Camp zu einem besonderen Rat zusammenrufen. Vor dem Rat wird schweigend die Clanpfeife geraucht. Die Berührung mit ihr erinnert uns, daß wir alle verpflichtet sind, die Wahrheit zu sagen. Dann kann der, der den Rat einberufen hat, als erster sprechen. Beim Rat sind alle Stimmen gleich, und alle Entscheidungen, die die Existenz des Camps betreffen, müssen einstimmig sein. Besucher können eingeladen werden, oder sie können durch den Okema oder die Clanmutter einen Rat einberufen lassen, auf dem über ihre Aufnahme entschieden wird. Der Okema beruft den allgemeinen Rat ein. Außerdem ist die Tür des Okema und der Clanmutter stets offen für Rat, für Beschwerden, Vorschläge oder Gespräche.

5. ARBEIT: Da wir nicht mehr direkt für unsere Nahrung arbeiten, wurden viele alte Gebote vergessen. Durch den Anbau von Feldfrüchten erlernen wir von neuem das ewige Band zwischen Menschen und Sonne, Mond, Regen und Boden. Durch das Sammeln von Nüssen und Beeren, Kräutern und Wurzeln wird uns der Reichtum bewußt, den unsere Mutter Erde für unsere weise Benutzung ausgebreitet hat. Durch den Bau unserer Hütten lernen wir die wahre Bedeutung von Schutz und Respekt vor unserem Heim auf der Erde. Die Notwendigkeit der Nahrung, Kleidung und des Schutzes sind als Lehren gemeint und nicht als Last, und deshalb sollen alle bereitwillig an der Arbeit im Camp teilhaben, um zu lernen, wie sie für sich selbst sorgen und sich ernähren können, und um dieses Wissen mit anderen zu teilen, die lernen wollen. Arbeit soll nicht nach

Alter oder Geschlecht aufgeteilt werden, sondern sie sollte gegenseitig geteilte Energie sein, mit der wir dem Herrn des Lebens danken, der uns alles gibt, was wir brauchen. Laßt uns unser Wissen, unsere Geschicklichkeit und unsere Gaben miteinander teilen, damit unsere Arbeit fröhlich und lebendig wird.

6. Beziehungen mit der herrschenden Gesellschaft: Unsere Mutter Erde ist krank, und ihre Kinder sind verantwortlich. Aus diesem Grund haben wir bei der GCWS uns von den Alltagsfunktionen und den Abhängigkeiten dieser Gesellschaft gelöst. Es ist unsere Absicht, die moralische, spirituelle und physikalische Umgebung wiederaufzubauen, die wir brauchen, um Instrumente des Willens des Großen Geistes zu sein. Aus diesem Grund sehen wir unsere Arbeit als wichtigen Bestandteil eines traditionellen Dorfs. Wir suchen keine bezahlte Arbeit außerhalb, und wir verkaufen kein Wissen, keine Fähigkeit und keine Zeit. Wir besitzen keine Motorfahrzeuge. Wir wollen leben wie die Ureinwohner und wollen nicht von der Hilfe der Regierung – Wohlfahrt, Essensmarken, medizinische Versorgung, Bildung, Landzuweisungen – abhängig sein. Wir wollen nicht, daß unsere Kleinen von der herrschenden Gesellschaft erzogen werden. Es ist unser Ziel, weniger abhängig von Handelsgütern zu sein und uns die Kreisläufe des Ökosystems bewußt zu machen, in dem wir leben.

7. Beziehung zu Mutter Erde: Alle Krieger des Goat Clan müssen Gras und Bäume, das Wasser und den Sand, die Felsen und die heiligen Berge verehren und respektieren. Wir müssen alles Lebendige und alles nicht Lebendige verehren und achten: alle Wesen, die gehen oder kriechen, schwimmen oder fliegen. Wir müssen den heiligen Geist, der in allen Dingen und jenseits aller Dinge lebt, verehren und achten. Mit diesem Verständnis werden wir unsere Häuser und Schutzhütten voller Schönheit und Helligkeit bauen, indem wir die Gräser, das Schilf und das Rohr benutzen, das auf unserem Land wächst. Unsere Hütten sind vorne halbrunde, längliche Wegiwas mit Rahmen aus

Zederntrieben und Rohr. Essen aus Glas- oder Metallbehältern, die nicht wiederverwertet werden können, sollte nur noch vorübergehend benutzt werden. Die Benutzung von Erdölprodukten soll so weit wie möglich zurückgeschraubt werden. Wir dürfen nicht vergessen, daß der Herr des Lebens der wirkliche Besitzer des Landes ist. Wir sind nur die Hüter für die ungeborenen Generationen, die uns folgen werden. Das Land ist ein heiliges Pfand von Moneto, dem Schöpfer, das er seinen Kindern gab. Zum Wohl der ganzen Schöpfung verkaufen, kaufen oder vermieten wir weder unsere Mutter Erde noch die Gaben, die auf ihr wachsen.

Andere Leute, Clans und Camps

In Nevada gibt es zwei traditionelle Camps, von denen wir wissen. Eins wurde von Rolling Thunder, dem bekannten Cherokee-Medizinmann, und seiner verstorbenen Frau Spotted Fawn, einer Shoshone, gegründet. Das andere ist Frank Thunders Camp, in dem es ein einzigartiges Museum gibt. In Kalifornien ist Grandfather Csimu's Red Wind Foundation. Dies sind traditionelle Camps, die dem Camp des Bear Tribe und dem von Whispering Leaf ähneln.

Viele unserer Freunde leben in Städten, doch sie besuchen häufig ihre Heimat, um sich im traditionellen Leben aufzuladen. Diese Leute sind in den Städten, um andere den Weg der Harmonie zu lehren. Lee Piper, die Bird Clan Mother vom Overhill Band of Cherokees, lebt in Seattle und arbeitet dort als College-Beauftragte für Minderheiten. Sie hilft den Ureinwohnern in der Gegend um Seattle und in ihrer Heimat im Süden. Archie Fire, Lame Deers Sohn, lebt außerhalb von Los Angeles und arbeitet mit Menschen, die Hilfe und Medizin brauchen. Ernie Peters hilft dort ebenfalls den Menschen, besonders mit der Schwitzhütte.

Crow Dog ist ein Sioux-Medizinmann, der vielen im American Indian Movement (AIM) geholfen hat, zur Tradition zurückzukehren. Die herrschende Gesellschaft hat ihm wegen seiner Arbeit große Schwierigkeiten gemacht, doch er bleibt standhaft und vertrauensvoll. Der verstorbene Mad Bear war ein Irokesen-Medizinmann, der jetzt in New Mexico lebt. Er hat seinem Volk seit vielen Jahren auf jede erdenkliche Weise gedient.

Gabriel, der in Teil II schon erwähnt wurde, ist ein Medizinmann, der den Menschen hilft, sich selbst und ihre Beziehung zum Universum deutlicher zu sehen. Kwi-tsi-tsa-las ist eine Kwakiutl-Medizinfrau, die das Greenvale Herbal College in Kanada leitet. Oh Shinnah Fastwolf ist eine Apachin, die die Botschaft der Mutter Erde und ihre Reinigung durch ihre Vorträge und ihre Musik vielen Menschen nahebringt.

Adolf und Beverly Hungry Wolf haben die traditionelle Botschaft der Blackfoot durch ihre Buchserie GOOD HEALING mit vielen Menschen geteilt.

Viele Lehrer, Indianer und Nicht-Indianer, haben an unseren Medizinrad-Treffen teilgenommen. Alle haben großzügig mit denen geteilt, die zum Treffen kamen. Die folgende Liste ehrt nur einige der Lehrer, die mit uns gearbeitet haben. Unser Dank gebührt allen Lehrern.

– Grey Antilope ist ein Tewa Pueblo-Medizinmann, ein Heiler, Sänger und Tänzer. Er ist mit seinen Humbios Clan Dancers, einer gemischtrassigen Gruppe, zu den Treffen gekommen. Sie haben die heiligen Tänze des Büffels, des Adlers, des Bogens und des Maises aufgeführt.
– Bear Heart ist ein Muskogee-Indianer, der unter zwei Stammesältesten lernte und nun Medizinhäuptling eines Stammes ist. Er hat mit den nördlichen und südlichen Cheyenne den Sonnentanz getanzt, und er ist ein geachteter Führer der Native American Church.
– Dr. Frans Brakker ist der Direktor der Radiant Life Clinic in Kalifornien. Er ist Spezialist für Verjüngungstechniken und Lehrer für durchgreifende spirituelle Heilungen.
– John Bradshaw aus Houston ist Erzieher, Theologe und Berater.

– Dr. Paul Brenner ist der Autor von LIFE IS A SHARED CREATION und anderen Büchern. Er ist Gesundheitsdirektor des Center for the Healing Arts, er hält Vorträge, ist holistischer Lehrer und Arzt.
– Tom Brown Junior ist der Autor von THE TRACKER, THE SEARCH und THE FIELD GUIDE TO WILDERNESS SURVIVAL. Er ist einer der klügsten Lehrer und Jäger der Welt.
– Page Bryant, Sun Bears erste Schülerin, arbeitet beim Rundfunk. Sie ist Lehrerin und hält Vorträge über die Integration des psychischen und intuitiven Selbst. Sie ist Autorin mehrerer Bücher, unter anderem THE EARTH CHANGES SURVIVAL HANDBOOK.
– Red Cloud ist ein Cree-Lehrer, der bei seiner Großmutter und Nauskeechask, einem bekannten Schamanen, indianische Medizin gelernt hat. Er ist der frühere Präsident der Metis Association of Alberta, Kanada.
– Norma Cordell (Eagle Morning Star) ist die Direktorin des Eugene Center of the Healing Arts in Oregon. Sie ist Heilerin und wurde spirituell von einem Nez Perce-Schamanen ausgebildet. Sie ist Autorin von EARTH DANCE.
– Prem Das ist Direktor des Mishakai Center for the Study of Shamanism in Nordkalifornien. Er hat beim Huichol-Schamanen Don Jose Matsuwa gelernt und ist der Autor von THE SINGING EARTH.
– Brooke Medicine Eagle ist die Urgroßnichte von Chief Joseph, dem Heiligen Mann und Anführer der Nez Perce. Sie ist sowohl in der Tradition ihres Volkes unterwiesen als auch in westlicher Psychologie und Körperarbeit. Sie hält auf der ganzen Welt Vorträge.
– Evelyn Eaton (Mahad 'yuni), die 1983 starb, war eine Pfeifenfrau, die Heilerin und Lehrerin. Sie war Stammesgroßmutter des Bear Tribe und Autorin von ICH SENDE EINE STIMME, SNOWY EARTH COMES GLIDING, THE SHAMAN AND THE MEDICINE WHEEL und zwanzig anderen Büchern.
– Wallace Black Elk ist ein Heiliger Mann der Lakota, der seit seiner Kindheit im traditionellen, heiligen Wissen des Erdvolkes

unterwiesen wurde. Black Elk wurde vom Geist auserwählt, allen Menschen ein spiritueller Führer zu sein. Er ist der Großenkel des berühmten Lakota-Heiligen Black Elk, dessen Vision in ICH RUFE MEIN VOLK der Welt mitgeteilt wurde.
– Oh Shinnah Fastwolf ist eine umfassend gebildete Frau, deren Ahnen Schotten, Apachen und Mohawk waren. Oh Shinnah widmet ihre Arbeit der Heilung der Mutter Erde.
– Steven Foster und Meredith Little sind Gründer und ehemalige Direktoren von Rites of Passage, eine Lehrorganisation, die Menschen auf dem Pfad der Medizin führt. Sie leiten jetzt die School of Lost Borders im Owens Valley in Kalifornien. Sie haben das Buch THE BOOK OF THE VISION QUEST – PERSONAL TRANSFORMATION IN THE WILDERNESS mitgeschrieben.
– Adele Getty ist Führerin der Wildnis und rituelle Beraterin, die daran arbeitet, Menschen durch selbsterschaffene Rituale wieder mit der Erde zu verbinden.
– Rosemary Gladstar ist die Gründerin und Direktorin der California School of Herbal Studies. Sie ist Pflanzenkundlerin, Lehrerin und Organisatorin der Ojai Foundation in Ojai, Kalifornien. Sie ist Autorin von DIE ANDERE WIRKLICHKEIT DER SCHAMANEN, ZAUBERER, MEDIZINMÄNNER, HEILER.
– Hawk Little John ist Lehrer und Heiler und stammt von den Cherokee ab. Er hält Vorträge über die traditionelle Art der Heilung und ist Farmer.
– Dr. Elisabeth Kübler-Ross ist Direktorin von Shanti Nilaya und eine weltbekannte Lehrerin. Sie ist Gründungsmitglied der American Holistic Medical Association. Sie ist Autorin von sieben Büchern, unter ihnen ON DEATH AND DYING und LIVING WITH DEAD AND DYING.
– Winona LaDuke, Sun Bears Tochter, ist eine international bekannte Atomkraftgegnerin und ehemalige Direktorin der Circle of Life Survival School im White Earth-Reservat in Minnesota.
– Barry McWaters, Ph.D., ist Direktor am Institute for the Study of Conscious Evolution und Herausgeber von »Humanistic Perspectives«. Außerdem ist er Verfasser mehrerer Bücher,

unter ihnen Conscious Evolution – Personal and Planetary Transformation und The Couples Journey (mit Susan Campbell).
– Manitonquat (Medicine Story) ist Hüter des Wissens der Wampanoag, Direktor von »Another Place« in New Hampshire, Gründer der Mettanokit Community und Autor von Return to Creation.
– Norma Myers ist eine bekannte Pflanzenkundlerin und Heilerin, die von den Mohawk abstammt. Sie ist Direktorin des Tsonqua Herbal Center in Britisch Columbia, Kanada.
– Lee Piper ist die Bird Clan Mother der Eastern Cherokee Overhill Band. Sie ist Autorin von traditionellen Kindergeschichten, Lehrerin und Beraterin.
– Joan Price arbeitet in den Medien und führt eine Diashow vor, die sie über heilige Stätten der amerikanischen Ureinwohner und über die Hopi zusammengestellt hat.
– Starhawk ist Kundige von Ritualen, Beraterin, Schriftstellerin und politische Aktivistin. Sie ist Autorin von Dreaming the Dark: Magic, Sex and Politics und The Spiral Dance.
– Brant Secunda hat seine Lehrzeit bei Don Jose Matsuwa abgeschlossen. Er ist der Leiter und Direktor der Dance of the Deer Foundation: Center for Shamanic Studies.
– Grandfather Sky Eagle ist ein Ältester und Lehrer der Chumash.
– Grace Spotted Eagle ist Wallace Black Elks Frau. Sie lehrt über Frauen und die traditionelle Lebensart.
– Brad Steiger ist ein international bekannter Autor und Lehrer. Er schrieb Medicine Power, Medicine Talk, Star People, The Chindi und viele andere Bücher. Er lehrt die Menschen, ihr vieldimensionales Selbst zu finden.
– Harley Swiftdeer ist Medizinmann der Cherokee und Metis, Gründer des Deer Tribe und Lehrer des Sonnentanzes und der Weißen Kristallmedizin.
– Jim Swan ist der ehemalige Direktor der Life Systems Educational Foundation in Seattle. Er ist Umweltpsychologe und hat sich auf heilige Orte spezialisiert.

– Slow Turtle (John Peters) ist Medizinmann der Wampanoag Nation und Director of Indian Affairs des Staates Massachussetts.
– John White ist ein bekannter Lehrer und Autor. Er hat viele Bücher geschrieben und viele Anthologien herausgegeben. Er ist Autor von POLE SHIFT.
– Dhyani Ywahoo ist Direktorin der Sunray Meditation Society in Vermont. Sie führt die Medizintraditionen der Anigadoah-Catawaba fort und ist planetarische Lehrerin und Führerin.
– Yewehnode (Sie, deren Stimme auf dem Wind reitet) oder Twylah Nitsch spricht mit der Stimme ihrer Ahnen über Weisheit, Prophezeiungen und Philosophie der Seneca.
– Jack Zimmermann/Jaquelyn McCandless sind Focalizer der Heartlight Community and School in der Nähe von Los Angeles. Sie lehren über Beziehungen im New Age.

Diese Brüder und Schwestern helfen anderen, das Licht und die Liebe des Großen Geistes zu sehen. Sie sind Teil des Netzwerks aus Licht, das sich über unsere ganze Mutter Erde zieht, und sie helfen sie heilen und erinnern uns an unsere Verbindung mit dem Großen Geist. Wir sind froh, sie und ihre Arbeit hier zu ehren.

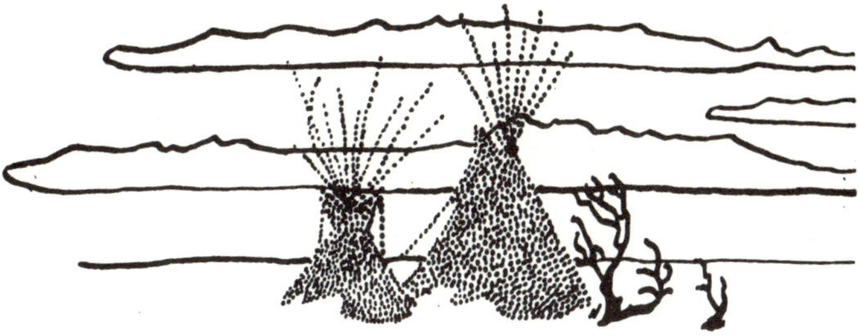

IV

Praktische Fähigkeiten

In diesem Teil geben Nimimosha, Sun Bear und Wabun mit der Hilfe der Erfahrung anderer Mitglieder des Bear Tribe wichtige Hinweise für das Leben auf dem Land.

Die Gemeinschaft zentrieren

In den 60er Jahren war es üblich, in der Illusion zu baden, daß Idealismus ausreichte, um sicherzustellen, daß eine utopische neue Alternative entstehen würde, wenn die Menschen mit dieser Absicht zusammenzogen. Einige wenige realistische Menschen wagten es, von diesem Standpunkt abzuweichen. Der Konflikt zwischen Idealismus und Realismus wird immer noch leidenschaftlich diskutiert, doch während wir reifer wurden, sahen wir, wie unproduktiv er ist. Wir hatten Glück, nicht in diese Fallgrube der 60er zu tappen, und besonderes Glück im Licht der Tatsache, daß wir zu jener Zeit begannen.

Das Schlüsselwort für das Zentrieren einer Gemeinschaft ist

Verantwortung. Beim Versuch, die Fallgruben der Hierarchie und Bürokratie zu vermeiden, sind viele Menschen mit den besten Absichten in andere Fallgruben getappt, besonders in die der Vermeidung. Vielleicht brauchte es einen oder zwei Versuche, ehe einige Gemeinschaften funktionieren konnten. Vielleicht hat es die Erfahrung einigen Leuten erlaubt, mit offenen Augen noch einmal zu beginnen. Unsere Augen öffneten sich, nachdem wir bereits dieser Vision einer alternativen Lebensweise verpflichtet waren.

Die Vision ist eine überwältigende Kraft. Wie jede andere Erfahrung ist auch die Vision etwas, das man gesehen hat und das es einem nicht erlaubt, zur früheren Sicht der Welt zurückzukehren. Wir handeln nach dem, was wir wissen, nach den Dingen, die uns das Leben gelehrt hat. Die Vision macht es möglich, einen Pfad einzuschlagen, der nicht romantisch ist, nicht ruhmreich, nicht leicht, und sie bringt keine der Belohnungen, die anzustreben wir gelernt haben. Die Belohnungen in der Gemeinschaft sind persönliches Wachstum, Visionen, größerer Mut, Kreativität und Lebensfreude. Freude daran, das Leben zu fördern. Freude, am Leben teilzuhaben. Freude an allen Aspekten des Lebens. Wenige von uns haben die Reife gelernt, die nötig ist, um diese Dinge angemessen zu würdigen.

Eine Gemeinschaft zu zentrieren kann man sich als »undankbare Aufgabe« vorstellen, obwohl es nicht so ist, wenn wir erst einmal das Alte abwägen – Freiheit gegen Verpflichtung, Arbeit gegen Glück, Risiko gegen Sicherheit, Verantwortung gegen Spaß – aufgeben. Manchmal mußt du länger arbeiten, als du glaubst, daß ein Mensch es schaffen kann. Du mußt Arbeiten erledigen, die von Leuten nicht gemacht wurden, auf die du glaubtest, dich verlassen zu können. Du gehst Risiken ein, nicht nur für dich selbst, sondern für die ganze Gemeinschaft, und trägst die Belastung, den Ausgang nicht zu kennen. Du triffst unpopuläre Entscheidungen und spürst die Ablehnung der Menschen, für deren Wohl du arbeitest. Andere erwarten, daß du die Veränderungen manifestierst, die sie wollen und daß du das Geld für die Dinge beschaffst, die sie für wichtig halten. Du wirst aufgerufen, Pflichten zu übernehmen, die für alle anderen zu schwer oder zu kompliziert sind. Du wirst nicht immer begeisterte Antworten bekommen, wenn du um Hilfe bittest.

Du machst dich unbeliebt, wenn du die Leute mit unangenehmen Tatsachen konfrontierst. Manchmal traust du deiner eigenen Wahrnehmung nicht mehr, besonders wenn die Dinge nicht gut laufen, obwohl du dich rückhaltlos verpflichtet hast, das Beste zu tun. Du glaubst versagt zu haben, wenn der Rubel nicht rollt. Du fühlst dich einsam, wenn du merkst, daß andere nicht motiviert sind, dir die Entlastung zu geben, die du brauchst. Und dann fragst du dich, warum du eigentlich überhaupt noch weitermachst und immer noch betest, immer noch nach innen siehst und immer noch die Aufgabe liest, die du dir vorgenommen hast.

Die Antwort muß sein, daß deine Arbeit wichtig ist und daß dies dein Weg ist.

Haben, was nötig ist

Eine gemeinsame Absicht ist der einzige Grund, eine Gemeinschaft aufzubauen. Eine gemeinsame Absicht ist wichtiger als alles andere. Die Absicht ist wichtiger als ein gemeinsames Heim oder Land oder Wissen und Erfahrung oder Geld. Diese Absicht muß stark sein und einer tiefen Gemeinsamkeit entspringen. Diese Absicht muß fähig sein, auch schwere Zeiten zu überleben, Zeiten des Zweifels, Zeiten umsichtiger Selbstbetrachtung. Eine gemeinsame Absicht ist so wichtig, daß wir nicht anders können, als sie so klar wie möglich anderen mitzuteilen und um ihre Zustimmung zu wissen und sie nicht nur zu unterstellen.

Der Stamm hat diese Absicht niedergeschrieben. Diese Niederschrift verändert sich, wenn sich unsere Absicht auf weitere Bereiche erstreckt und unsere Vision wächst. Unsere Absicht ist lebendig, nicht rigide und unveränderlich. Diese Realität reflektiert unser Wachstum auf allen Ebenen. Wir alle haben bei der Niederschrift dieser Absicht mitgewirkt.

Eins der wichtigsten Dinge, die uns eine solche Niederschrift gibt, besonders am Beginn einer Gemeinschaft, ist eine Leitlinie, nach der Entscheidungen getroffen werden können. Sie ermöglicht es, Fragen zu beantworten: Welche Entscheidung ist mit unserer Vision und unserer Absicht in Harmonie? Handeln wir entsprechend unserer Absicht? Später hilft sie neuen Leuten bei der Entscheidung, ob sie in die Gemeinschaft gehören oder nicht. Sie wird eine Leitlinie, die uns unterscheiden hilft, was wichtig ist und was uns spaltet. Letzten Endes, wenn die Welt an die Tür klopft und hereinruft, daß es Zeit wird, den amerikanischen Traum aufzugeben, besitzt man eine Möglichkeit, sich zu erklären, und du und deine Gemeinschaft werdet fähig sein, ein Beispiel für Übereinstimmung, Einheit und gemeinsam gesetzte Prioritäten zu geben.

Positive Haltung

Drei Haltungen sind sehr hilfreich, wenn eine Gemeinschaft positiv und konstruktiv funktionieren soll: Der Wille, die Arbeit zu tun, die nötig ist, um die Gemeinschaft aufzubauen (nicht nur der Wunsch, daß irgend jemand sie tut), der Glaube, daß diese Arbeit lebensbejahend und gut ist, und das Wissen, daß du sie tun kannst. Es ist unermeßlich wertvoll und wichtig, das größere Bild der Beziehung zur ganzen Welt zu sehen. Diese trägt viel dazu bei, Einsamkeit zu vertreiben und die Illusion, von anderen Menschen und der Welt getrennt zu sein.

Egal, wie dein »offizieller Status« aussieht, deine Handlungen und dein Lebensstil haben einen gewissen Einfluß auf die ganze Welt. Die Menschen in deiner Gemeinschaft sind direkt betroffen, und sie berühren wiederum andere mit ihren Energien. Die Energie deiner Gemeinschaft wird einen Einfluß auf die unmittelbare Umgebung und die engere Nachbarschaft haben. Einfache Dinge wie Recycling, der Schutz von wilden Tieren und Pflanzen, die Pflege eines Gartens – all dies hat genau wie schädliche Handlungen weitreichende Wirkungen. Du bist ein

Teil der Schöpfung, und es ist eine Illusion, wenn du vorgibst, daß du irgendwie über ihr stehst oder von ihr getrennt bist.

Zuhören

Zuhören ist eine fast vergessene Kunst. Sie war jedoch Teil der jüngsten Vergangenheit, und wir können sie wiederbeleben. Unter den amerikanischen Ureinwohnern hörte man den Ältesten auf eine Weise zu, die schwer zu erklären ist. Im modernen Amerika lernen wir, oberflächlich hinzuhören, gerade genug, um uns an Tatsachen zu erinnern oder um Punkte zu entdecken, die wir widerlegen wollen; oder so weit, daß jemand sich so geachtet fühlt, wie es der Takt erfordert. Wir hören oft nur die Worte, doch nicht die Botschaft. Wir hören die Töne, doch nicht die Musik, wir sehen die Zeilen, doch nicht den Text. Es ist wirklich ein Verlust, daß wir nicht durch die Augen eines anderen die Dinge in einem neuen Licht sehen können.

Es gibt zwei Arten des Zuhörens, die in einer Gemeinschaft wichtig sind: das Hören auf die Stimme des Geistes und das Hören auf die Stimme individueller und gemeinsamer Bedürfnisse in der Gemeinschaft. Wenn die Mitglieder lernen zuzuhören, werden sie selbst und die Gemeinschaft wie durch Zauberei wachsen.

Keine Gemeinschaft kann jedem alles anbieten. Es ist wichtig zu lernen, was man tun kann und was nicht, und es ist schwer. Viele Menschen, die in die Gemeinschaft kommen, wollen ihr Leben von heute auf morgen ändern. Das funktioniert nicht. Wenn eine Gemeinschaft überleben und gedeihen will, muß sie sich selbst beschränken und sich ihrer Grenzen bewußt sein. Die Mitglieder müssen lernen, zu neuen Zielen oder Projekten, die sie überwältigen könnten, ein vernünftiges »Nein« zu sagen und ebenso zu ungefragtem Rat oder potentiellen Mitgliedern, die nicht in Harmonie mit der Absicht der Gemeinschaft sind.

Land

Es gibt viele Möglichkeiten, Land zu erwerben. In sogenannten »strukturschwachen Gebieten«* zum Beispiel kann man relativ preiswert aufgegebene Höfe kaufen. Die Landwirtschaftskammern und Bauernverbände der betreffenden Gegenden können darüber Auskunft geben. Auf jeden Fall sollte man sich in der Gegend, in die man ziehen will, gründlich umsehen und herumfragen. Manchmal haben Leute auch Land gekauft, um damit zu spekulieren oder als Geldanlage und sind bereit, es für eine bestimmte Zeit zu verpachten. Vergewissert euch, welche Steuern beim Kauf fällig werden. Laßt nichts unberücksichtigt.

Wenn ihr euch nach Land umseht, solltet ihr daran denken, daß die Wasserversorgung wichtig ist. Vergewissert euch, daß ihr gutes Trinkwasser und genug Reserven für Tiere und Bewässerung habt. Es kann ziemlich teuer werden, wenn ihr erst einen Brunnen bohren müßt. Erkundigt euch nach den örtlichen Bestimmungen; zum Beispiel, ob ihr für euer Abwasser einen Tank braucht oder ob eine Sickergrube reicht.

Wir haben in den letzten Jahren mehrere Möglichkeiten, Land zu erwerben, ausprobiert.

Land ist für uns etwas, das wir benutzen, aber nicht besitzen können. Wir glauben, daß nur der Große Geist Eigentumsrechte über die Mutter Erde hat. Während der letzten Jahre haben wir Land benutzt, doch wir haben es nicht besessen. Mit dieser Einstellung waren wir erfolgreich, wenn wir mit Menschen verhandelten, deren Herzen und Geister offen waren. Leute mit gespaltenen Zungen machten es uns manchmal unmöglich, Land zu benutzen, das wir nicht besaßen.

Einige Male haben wir viel Energie und Geld in das Land von jemand anders gesteckt und Gebäude darauf errichtet und stellten dann fest, daß die Besitzer gespaltene Zungen und harte Herzen hatten. Wir mußten weiterziehen, wenn sie es wollten.

* Dieser Teil des Buches soll praktische Hinweise geben. Deshalb wurden die Vorschläge und Tips so weit wie möglich »eingedeutscht«.

Im Herbst 1975 beschlossen wir, daß wir selbst Land kaufen mußten, wenn wir in diesen wechselhaften Zeiten eine stabile Basis haben wollten. Wir glaubten, daß es notwendig war, entsprechend der Gebräuche dieser Gesellschaft die »rechtmäßigen Eigentümer« des Landes zu sein, das wir benutzen wollten. Wir glaubten damals, daß es die einzige Möglichkeit war, etwas Land und unser Leben in die Balance zu bringen, die wir brauchten.

Also begannen wir Land zu suchen. Wir wußten, daß es in den Vorbergen der Rocky Mountains sein sollte. Wir wollten Land mit einer natürlichen Wasserversorgung und mit Platz für einen Garten, Hühner, eine Weide für Ziegen oder eine Kuh. Wir wollten ein entlegenes Stück, das trotzdem über Straßen gut zugänglich war.

Wir stellten fest, daß Makler in ihren Zeitungsanzeigen eine seltsame Sprache benutzen. »Vernünftig« kann praktisch jeden Preis pro Morgen bedeuten. »Leicht abschüssig« schien zu heißen, daß das Land nur im Sommer mit einem Geländewagen zugänglich ist. »Gutes Wasser« hieß häufig, daß man gutes Wasser finden konnte, wenn man einen fünfzig Meter tiefen Brunnen bohrte.

Wenn ihr euch nach Land umseht, müßt ihr alle diese Dinge und viele weitere beachten. Bei uns kostet das Brunnenbohren pro Meter mindestens 100 Dollar. Der Stromanschluß kann ebenfalls einiges kosten, und möglicherweise muß man sich verpflichten, über mehrere Jahre eine Mindestmenge abzunehmen. Ihr solltet euch über Wegerecht informieren, also darüber, auf welchem Weg ihr euer Land erreicht, über die Bedingungen der Versorgungsbetriebe, über Flächennutzungspläne, Bauvorschriften und den Preis für ein Haus. Es ist traurig, aber wahr, daß es so läuft, und solange das System existiert, halten wir es für besser, den Gesetzen zu folgen, statt uns mit Prozessen herumzuärgern, weil das Fundament unseres Hauses nicht richtig gebaut ist.

Die Medizin war gut zu uns, und wir fanden ein wundervolles Stück Land, das unseren Preisvorstellungen entsprach. Es hat eine natürliche Quelle, zwei Teiche, eine Weide, Bäume und Wildnis direkt vor der Tür. Überall gibt es wilde Früchte und Kräuter, in der Nähe sind Bäche, in denen wir angeln können, und wir haben Spuren von Hirschen, Coyoten und Elchen gesehen. Die Quelle war uns besonders wichtig, denn wenn man nur einen Brunnen hat, ist man von Elektrizität abhängig, um das Wasser heraufzupumpen.

Wir wissen, daß das Land eines Tages für jeden, der in Harmonie mit dem Großen Geist leben will, frei sein wird. Bis dahin ist es manchmal gut, dem Beispiel unserer Brüder – dem Fuchs und dem Coyoten – zu folgen, uns weit von den Städten zu entfernen und uns ins Unterholz und ins schweigende Land zurückzuziehen.

Behausung

Die Art von Behausung, die man baut, hängt vom Klima ab, von der Wasserversorgung, vom verfügbaren Material und davon, wie lange man an diesem Ort bleiben will. Und von den Bauvorschriften. Wir haben eine Liste mit verschiedenen Behausungen und unseren Vorschlägen aufgestellt.

Buschhütte

Sie besteht aus einem Grundgerüst aus Pfählen oder geschälten Ästen, die mit Zweigen, Gras oder Schilf bedeckt werden. Sie gibt Schatten und schützt etwas vor Wind. Ein Stück Leinen oder Plastik hält Regen und Schnee ab.

Tipi oder Zelt

Das Tipi wurde hauptsächlich von den Plainsindianern benutzt. Ihre Tipis bestanden aus schweren Büffelhäuten, die von innen gefüttert waren. Die modernen Segeltuchtipis sind für ein warmes Klima geeignet, doch zum Überwintern in kalten Gegenden würden wir sie nicht empfehlen. Wenn ihr ein Tipi kaufen oder bauen wollt, müßt ihr darauf achten, daß es wasserdicht ist, oder ihr dichtet es selbst ab. Wir empfehlen das Leben im Zelt, weil es den Menschen hilft, den heiligen Kreis des Lebens zu erfahren. Wir möchten nur einen Nachteil des Tipi zu bedenken geben: Es ist sehr auffällig. Im Land ist es kilometerweit zu sehen, und das ist nicht sehr günstig, wenn ihr unauffällig bleiben wollt.

Wigwam

Beim Bau eines Wigwams wird zunächst ein Rahmen aus Pfählen im Boden verankert. Die Pfähle werden umgebogen und zu einer kleinen Kuppel zusammengebunden. Bis hierher sieht die Konstruktion aus wie eine unverkleidete Schwitzhütte. Man kann horizontal weitere Pfähle einfügen. Viele Stämme des östlichen Waldlandes flochten Birkenrinde darauf, doch man kann jede Rinde oder andere Materialen verwenden. Eine Plastik- oder Segeltuchschicht unter der Bedeckung sorgt dafür, daß der Innenraum sauber bleibt.

Erdhütte

Dieser Behausungstyp ist für Orte geeignet, die nicht zu felsig sind und an denen es nicht zuviel regnet. Bei einem Typ wird die Erde einen oder anderthalb Meter tief ausgehoben, und siebzig Zentimeter bis ein Meter der Wand ragen aus dem Boden hervor. Dann wird das Dach aufgesetzt. Diese Hütten verschmelzen wundervoll mit einer natürlichen Umgebung. Man kann auch aus Grassoden bauen, wie es früher die Siedler in der Prärie aus Mangel an Material und Geld taten. Die Soden wurden wie Ziegelsteine aufgeschichtet, und es entsteht ein Haus, das im Winter warm und im Sommer kühl ist. Aus gepreßter Erde kann man ebenfalls Blöcke zum Hausbau erzeugen, doch man sollte vorsichtig sein und prüfen, ob der Bau einem Sturm standhält.

Das gleiche gilt für Adobe-Ziegel. Sie müssen mindestens zwei Wochen trocknen und härten, und man verwendet sie am besten in trockenen Gebieten.

Blockhütte

Stabile Hütten kann man ohne allzugroße Mühe in Gebieten bauen, in denen entsprechende Materialien zur Verfügung stehen. Wenn die Hütten die gleiche Größe haben, hat man mit dem Einpassen der Stämme weniger Arbeit. Es ist wichtig, die Stämme zu nuten, denn die Nute ersetzen Nägel. Sie müssen gut ineinander passen. Für ein dauerhaftes Gebäude kommen nur getrocknete Balken in Frage. Grüne können brechen, Harz absondern, sich verwerfen und alle möglichen Sachen anstellen. Risse zwischen den Balken können mit verschiedenen Materialien – Grassoden oder sogar Beton – verstopft werden.

Dächer sind ein schwieriges Kapitel, weil sie gestützt werden müssen. Die Haupttragbalken sollten immer aus einem Stück sein und gut mit den Wänden verbunden werden. Die Bedekkung des Daches hängt davon ab, welchem Klima es standhalten muß. Ein gutes Gitterwerk ist wichtig als Stütze des Daches. Es ist klug, die Gebäude anderer Häuser zu untersuchen, bevor ihr euch für eine Bauart entscheidet. Es gibt eine ganze Reihe von Materialien, mit denen ihr die Balken bedecken könnt, zum Beispiel Schalbretter, Buchenrinde oder Stroh. Denkt vorher über Probleme wie Wasserundurchlässigkeit und Isolation nach. Manchmal ist es leichter, sie gleich beim Bau zu berücksichtigen, als sich später darum zu kümmern.

Blockhütten sind wegen ihrer langen Standdauer interessant, doch sie sind ziemlich arbeitsintensiv. Es dauert lange, bis man die richtigen Bäume ausgesucht und gefällt und die Rinde geschält hat, und das Warten, bis die Stämme getrocknet sind, ist eine beachtliche Geduldsprobe. Doch es ist sehr befriedigend, wenn die fertige Behausung mit der Umgebung verschmilzt, stabil ist und nicht gestrichen oder verkleidet werden muß.

Steinhäuser

Für den, der genug Zeit hat, sind Steinhäuser gut geeignet. Sie sind dauerhaft und schön. Sie sind feuerbeständig und brauchen nicht gestrichen zu werden. Manche Leute kombinieren auch Stein mit anderen Materialien. Man muß etwas Geld in Zement und ein gutes Fundament investieren.

Kuppeln

sind gute, billige Behausungen. Wir wenden nur ein, daß sie ohne gute Pflege schnell eine Beleidigung fürs Auge werden. Man kann Bausätze für Kuppeln kaufen, oder man besorgt sich einen Plan und konstruiert sie aus Holz.

Häuser

Der Bear Tribe lebt in einem großen Haus(3 × 8 Meter mit einem zweistöckigen Anbau), das wir selbst gebaut haben. Es besteht hauptsächlich aus Materialien, die als minderwertige Qualität betrachtet wurden, so daß wir sie umsonst oder sehr billig bekamen. Wenn ihr Dinge aus den Trümmern von Abbruchhäusern bergen könnt, Sachen wiederverwertet, leiht, handelt oder improvisiert, dann braucht ihr vielleicht nur wenig Geld, um zu bekommen, was ihr wollt. Das bedeutet, daß ihr Materialien benutzen müßt, an die ihr vorher nicht dachtet. Wir waren immer bereit, normales Material mit anderem zu kombinieren, das gerade da war. Was wir finden, zerfällt in zwei Hauptgruppen: natürliches Material wie Stein (auch sehr arbeitsintensiv und nicht sehr warm) und Holz (für Schrankgriffe, Handtuchhalter und Vorhangstangen, Tischbeine und so weiter) und minderwertige Baumaterialien wie Reste von Hausverkleidungen, Isolationsmaterial, Installationen, Türen, Fenster, Treppen und weggeworfenes Material, das vielleicht verzogen oder gesplittert war oder in der Größe nicht paßte.

Ihr müßt viele Faktoren berücksichtigen, wenn ihr die Materialien auswählt. Wenn ihr ein Haus wollt, das sauber aussieht, wenn ihr geputzt habt, und das leicht zu unterhalten ist, dann müßt ihr besonders gründlich über Wand- und Bodenbelag nachdenken. Nacktes Naturholz ist sehr schön, solange es neu ist, doch wenn es eine Weile steht, nimmt es Staub an, der euch später auf den Tisch rieselt. Die Aufmerksamkeit, die man auf Details verwendet (wie zum Beispiel ein Kleidungsstück, das man gemacht hat, ganz zu Ende zu nähen), wird später im Gefühl, das ihr in eurer Behausung habt, einen großen Unterschied ausmachen. Das gleiche gilt für Nebengebäude wie Holz- und Werkzeugschuppen. Wenn ihr euch Zeit nehmt, die Türen lotrecht aufzuhängen, werden sie sich immer öffnen und schließen lassen.

Als wir das Langhaus auf dem Vision Mountain bauten, hatten wir kaum Geld, ein neugeborenes Kind, Tiere und Gärten, die ständig gepflegt werden mußten, geschäftliche Verpflichtungen, viel zu wenig Arbeitskraft und nur 24 Stunden am Tag. Die Umstände zwangen uns, schnell und billig ein Haus zu bauen. Wir sparten beim Bau an allen Ecken und Enden. Einige unserer Entscheidungen bereuten wir später. Jetzt wünschten wir, wir hätten ein Haus mit abwaschbaren Wänden gebaut, mit Isolation unter dem Fußboden, mit mehr Fenstern. Doch wir mußten uns nicht verschulden. Es gehört uns, und wir konnten inzwischen einen Flügel anbauen und einen Teil des Dachs anheben. Wir konnten das tun, weil wir (inzwischen) verstanden, wie Baumaterialien zusammenwirken, und wie unser Haus gebaut war.

Wir haben festgestellt, daß es kaum möglich ist, das Platzbedürfnis zu überschätzen. Es stimmt zwar, daß ein kleineres Haus leichter und viel billiger zu beheizen ist, doch wir haben festgestellt, daß wir manchmal nicht genügend Arbeitsfläche haben – Brot backen, Perlenstickerei, Früchte einkochen, Nähen, Büroarbeit, Schnitzen, Musik machen, Vorträge halten und viele andere Dinge brauchen Platz. Einerseits haben wir den späteren Platzbedarf unterschätzt. Doch andererseits haben wir nicht zu groß gebaut und uns verschuldet.

Die Grundrißzeichnungen müssen die Bedürfnisse der Gruppe und die Bedürfnisse der einzelnen nach Zurückgezogenheit berücksichtigen. Wenn Kinder da sind, muß es einen Platz für sie geben. Bequemlichkeit und Sauberkeit sind so wichtig, daß wir empfehlen, vorher etwas Erfahrung im Hausbau zu sammeln oder sich zumindest gut zu informieren. Isoliert gut. Sorgt dafür, daß frische Luft herein kann. Baut realistisch. Schreibt zwei Budgets auf; einen, den ihr einzuhalten hofft, und einen zweiten, der die Kosten ausweist, die entstehen, wenn ihr auf die traditionelle Weise baut. Bereitet euch darauf vor, im Notfall auch die höhere Summe zu bezahlen. Das gibt euch Luft, euch zum Beispiel bei der Bodenbedeckung anders zu entscheiden. Wenn ihr nicht in der Lage seid, die Rechnungen zu bezahlen, wird euer Projekt auf halbem Wege unterbrochen werden. Jedes unbewohnte Haus altert schnell, verglichen mit einem bewohnten. Es ist wichtig, das Haus schnell bewohnbar zu machen.

Sicherheit ist ein anderer wichtiger Aspekt des Hausbaus – sowohl bei der Arbeit selbst, wenn ihr Elektrogeräte benutzt oder tief fallen könntet, als auch wenn das Haus fertig ist. Ihr solltet euch zum Beispiel vor dem Bau nach Holzöfen erkundigen. Ihr braucht selbst für die sicherste Bauweise eine ausreichende Kopffreiheit, und ihr müßt euch unbedingt nach Versicherungen und Brandschutzbestimmungen erkundigen. Dann baut ihr entsprechend eurer Bedürfnisse und braucht nicht später alles zu ändern.

Erkundigt euch nach örtlichen Bauvorschriften und den Sicherheitsbestimmungen, bevor ihr mit dem Bau beginnt. Legt zuerst ein gutes Fundament – ganz wörtlich –, indem ihr euch die nötigen Informationen beschafft. Wenn ihr euch an alle (auch steuerliche) Vorschriften haltet, sollte es glattgehen. Unser Langhaus läuft zum Beispiel als »geringwertiges Wohngebäude«, und deshalb sind unsere Steuern niedrig.

Es ist praktischer, gleich von Anfang an alles ins Haus einzubauen, das ihr braucht – vorausgesetzt natürlich, ihr könnt es euch leisten. Außerdem solltet ihr euch in der Umgebung umsehen. Möglicherweise müßt ihr euer Haus schützen. Braucht ihr einen Abfluß für den Regen? Müßt ihr vielleicht einen kleinen Damm bauen, damit euch das Wasser nicht in die Küche läuft?

Auch die Vorschriften der Versorgungsbetriebe müssen beachtet werden, und zwar aus gutem Grund. Schlecht verlegte Kabel lösen viele schlimme Brände aus. Wenn ihr die Vorschriften nicht umsetzen könnt, fragt einen Freund, von dem ihr wißt, daß er es kann. Das Elektrizitätswerk liefert keinen Strom, wenn die Bestimmungen nicht erfüllt sind. Und Versicherungsgesellschaften haben einen Blick für Dinge, die nicht »richtig« aussehen. In dieser Hinsicht ist Qualität lebenswichtig.

Wir halten es nicht für klug, mit Strom zu heizen; wir nehmen Holz. Ein zentraler Herd kann fast das ganze Haus beheizen. Wir haben das Haus so gebaut, daß um die Treppen Platz bleibt, damit die Wärme von unten den ersten Stock mit beheizt. Auch hier ist das wichtigste Wort wieder SICHERHEIT. Wir können es gar nicht groß genug schreiben. Kauft Feuerlöscher. Haltet entflammbare Dinge vom Feuer fern.

Andere Hinweise

In Büchereien bekommt man eine ganze Menge sehr guter Bücher, die Einzelheiten über den Bau von Häusern beschreiben. Es ist sicher die Zeit wert, 10 oder 12 Bücher über den Hausbau zu lesen – schließlich wollt ihr viel Zeit und Geld investieren (wenn man zum Beispiel die Fahrten, das Material und die Zeit mitrechnet, in der ihr nicht woanders arbeiten könnt), und ihr könnt euch nicht viele Fehler leisten. Wenn ihr Fehler macht, nehmt euch Zeit, sie zu korrigieren, statt sie zu übertünchen oder zu hoffen, daß sie nicht wichtig sind. Ihr wollt ein Haus haben, das euer Dach tragen kann, dazu Schnee und einen Sonnenkollektor, oder was ihr sonst aufs Dach bauen wollt.

Wenn ihr einen Standort für euer Haus aussucht, dann denkt

an die Wasserquelle, an die Zugänglichkeit (für Stromversorgung, Telefon, falls ihr das wollt, Vorräte, Holz, Lebensmittel). Denkt an Feuergefahr, an das Klima und an Überflutungen. Es ist hilfreich, einen Gesamtplan für das Haus oder die Gemeinschaft anzulegen, in den schon die geplanten Standorte für Außentoilette, Schuppen, Scheune, Lagerkeller, Gärten und Brunnen eingezeichnet werden. Damit könnt ihr bei der Alltagsarbeit viele Schritte sparen und Fehler vermeiden – wie die Außentoilette zu nahe an die Wasserquelle zu bauen.

Inneneinrichtung

In einem dauerhaften Haus sind Schönheit und Bequemlichkeit genauso wichtig wie seine Funktion, und sie hängen zusammen. Ein organisierter Bereich wird automatisch attraktiver sein und größer aussehen als ein ungeplanter. Doch ihr müßt auch Dinge wie Beleuchtung und Wärme, Sauberkeit und Farbe bedenken. All dies kann viel zu eurem Wohlbefinden und eurer Energie für andere Dinge beitragen. Hier sind einige Ideen, die wir sehr hilfreich fanden:

Plant die Küche. Die Küche oder der Herd ist das Zentrum des Heims. Sie spiegelt den Zustand der Familie wider, und ihr Zustand spiegelt sich in der Familie. Hier wird das Essen zubereitet, das uns ernährt.

Sauberkeit ist äußerst wichtig. Überlegt genau, wo ihr euren Wasservorrat aufbewahren wollt. Besorgt gute Behälter dafür. Wohin mit dem Abwasser? Wo wird das schmutzige Geschirr gestapelt? Wo das saubere aufbewahrt? Nehmt euch jeden Tag etwas Zeit, um das Haus sauberzuhalten. Leute, die in Schweineställen leben, benehmen sich oft auch wie Schweine.

Organisiert die Versorgung mit Feuerholz. Es sollte nahe an der Tür stehen und nahe (aber nicht zu nahe) am Herd. Es sollte Platz vorhanden sein, damit das Holz, wenn nötig trocknen kann.

Der Kochherd steht an heißen wie an kalten Tagen mitten in

der Küche, also überlegt euch einen guten Platz für ihn. Dort wird das Essen eingemacht und gekocht, dort wird Wasser erhitzt (es sei denn, ihr verwendet dazu Strom, Gas oder Sonnenkollektoren), und dort halten sich Leute auf, die auftauen wollen.

Wenn es noch an anderen Stellen im Haus Herde gibt, dann legt Stellen fest, an denen das Feuerholz aufbewahrt wird. Baut Kästen dafür. Sorgt dafür, daß sie einfach zu benutzen sind. Plant so, daß die Hausarbeit leicht und das Haus selbst schön wird. Vorhänge, Pflanzen, Blumen, schöne Möbel – gekauft oder selbstgemacht – geben dem Haus ein ganz anderes Gesicht und euch ein anderes Gefühl. Teppiche oder Linoleum machen das Haus heller und isolieren.

Gutes Licht ist wichtig, ganz besonders im Winter. Plant genug Fenster ein und elektrische oder andere Lichtquellen. Wir raten dringend von Leuchtstoffröhren ab, weil sie nervös machen können.

Möbel und Schränke sind eher eine Notwendigkeit als ein Luxus; das lernt man besonders schnell, wenn viel zu tun ist. Es ist klug, vorauszuplanen und so zu bauen, daß alles beweglich ist. Wenn ihr provisorische Küchenregale braucht, dann baut sie so niedrig, daß sie später als Bücherregale oder Wäschelager dienen können. Arbeit zu verschwenden ist genauso schlimm wie Material zu verschwenden. Ihr könnt Schränke billig bauen und braucht sie nicht zu kaufen, und sie sind schöner. Das Innere eines Schrankes ist einfach ein Regalbrett, das auch anders verwendet werden kann. Wenn die Schränke schön werden sollen, könnt ihr Furnier darauflegen, das zu den Türen paßt und eine gleichmäßige Oberfläche hat. Besorgt euch gute Scharniere und Riegel.

Seht euch die Zeichnung eines Küchenschrankes an, wie wir ihn im Langhaus benutzen. Bedenkt, daß Schränke nötig sind, wenn ihr Kleinkinder in der Familie habt.

Sorgt für genug Lagerraum und Stauraum. Wir haben herausgefunden, daß ein etwa zwei Meter hohes Hochbett viel Platz spart, denn darunter passen Schränke und Regale.

Wasser

Es ist ein Segen, daß wir eine eigene Wasserquelle haben. Es ist uns wichtig, jeden Tag zu den Geistern zu beten, die sie hüten.

Bevor ihr Land mit einem Brunnen oder einer Quelle kauft, solltet ihr das Wasser testen, ob es durch Gifte verseucht ist. Entweder führt ihr den Test selbst durch, oder ihr fragt z. B. die Wasserwerke oder beauftragt ein Labor. Das ist auf jeden Fall vernünftiger, als durch verseuchtes Wasser krank zu werden. Bei einem fließenden Gewässer könnt ihr untersuchen, was stromaufwärts liegt und was ins Wasser kommen könnte. Wenn ihr einen Brunnen oder eine Quelle habt, muß sie unterhalten werden. Wir entleeren ein- oder zweimal im Jahr das hölzerne Auffangbecken an unserer Quelle und reinigen es mit einem Bleichmittel, das als einzigen Wirkstoff Natriumhypochlorit hat. Im Sommer legen wir eine Plane darüber, die besser als ein Holzdeckel geeignet ist, Insekten herauszuhalten. Bevor wir etwas verändern, bitten wir immer den Geist der Quelle um Erlaubnis.

Für jedes Wasserreservoir ist eine Verseuchung die schlimmste Bedrohung. Bedenkt, daß ALLES, was ins Wasser kommt, seine Qualität beeinträchtigt. Das gilt auch für das Material, aus dem der Behälter oder Speicher besteht. Tut alles Nötige, um euren Wasservorrat zu schützen. Es ist unmöglich, ohne ausreichenden Wasservorrat zu leben.

Manchmal werden Menge und Qualität des Wassers durch Wetter und Jahreszeit verändert. Macht euch mit der Beschaffenheit des Umlandes und seiner Beziehung zur Wasserversorgung vertraut.

Wir versuchen, sparsam mit Wasser zu sein, und wir benutzen es, wo es geht, mehrmals. Überlegt euch, wozu ihr Wasser braucht – zum Trinken, Kochen, Baden, für das Vieh, für den Garten, zum Putzen, Einkochen, Abwaschen, Blumengießen und so weiter. Wir haben uns angewöhnt, für jeden Zweck so wenig wie möglich zu verwenden.

Duschen, eine Sauna oder eine Schwitzhütte verbraucht weniger Wasser als Baden. Gärten können mit Abwasser aus anderen Bereichen gewässert werden, wenn keine Verunreinigungen im Wasser sind. Wäsche sollte nur gewaschen werden, wenn es unbedingt nötig ist. Benutzt weniger Seife und weniger Spülwasser. Wascht im Waschwasser mehrere Ladungen Wäsche.

Wenn ihr Glück habt und genug Wasser für ein Leitungsnetz habt, dann überlegt, wie eure Bedürfnisse in einem geplanten Zeitraum aussehen.

Kann das Leitungsnetz durch die Schwerkraft arbeiten? Das ist die beste Möglichkeit. Wenn nicht, ist die Stromversorgung zuverlässig? Wollt ihr eine Pumpe in den Brunnen einsetzen? Wenn ja, dann baut sie so, daß ihr zur Not auch Wasser schöpfen könnt.

Sorgt in den warmen Monaten dafür, daß euer Wasser nicht gefrieren kann, wenn es kalt wird. Das bedeutet, daß alle Schläuche oder Rohre unter der Frostgrenze vergraben werden und mit Stroh oder Isoliermaterial geschützt werden müssen. Benutzt die besten Rohre, die ihr bekommen könnt. Billige Leitungen lecken nach etwa fünf Jahren.

Wenn ihr Leitungen einbauen wollt, sollte so viel Wasser vorhanden sein, daß es auch sinnvoll ist. Die Leitungen dürfen nicht einfrieren, sonst wird euer Netz zerstört, und ihr verliert viel Wasser durch geplatzte Rohre. Behaltet im Auge, wieviel Waser ihr braucht. Leitungen zu legen, führt normalerweise dazu, daß die Leute mehr Wasser benutzen, weil es leichter zu erreichen ist.

Ein Teil unserer Ökonomie beschäftigt sich mit den Dingen, für die wir Wasser brauchen. Auf dem Vision Mountain haben wir das beste Wasser, das man sich nur denken kann. Da die Quelle an einem Ort liegt, der so heilig aussah, wußten wir sofort, welches Geschenk es ist. Wir wollten es nicht entehren, indem wir es dumm verwendeten. Als wir noch jeden Tropfen tragen mußten, benutzten wir das Wasser zuerst für das Geschirr, dann für sehr schmutzige Kleidung und dann für den Fußboden. Wir lernten, uns mit sechs Litern Wasser zuerst die Haare und dann den ganzen Körper zu waschen. Wir haben inzwischen ein

Schwerkraftsystem, doch wir nehmen diese Gabe immer noch nicht für selbstverständlich. Wir benutzen es großzügiger. Wir nehmen ab und zu ein therapeutisches Bad in der Wanne, und wir kippen Spülwasser weg, wenn es verbraucht ist. Aber wir spülen die Toilette immer nur dann, wenn es wirklich nötig ist. Wir nehmen kein sauberes Trinkwasser, um den Boden zu wischen.

Eine gute Wringmaschine verbraucht wenig Wasser. Wir benutzen jetzt eine automatische Waschmaschine, doch wir haben darauf geachtet, daß sie eine Sparschaltung hat. Sie verschwendet immer noch Wasser, aber nicht soviel wie andere Maschinen. Wo möglich, trocknen wir die Wäsche auf der Leine und nicht im Trockner.

Etwas Schwerarbeit gibt einem eine neue Meinung über Wasser. Als unser jüngstes Kind noch klein war, zählten wir den Preis für Windeln, Seife, das Kleingeld für den Waschsalon, Sicherheitsnadeln, Eimer und Hosen zusammen und fanden heraus, daß wir immer noch 700 Dollar pro Kind sparten, wenn wir Stoffwindeln statt der Einwegwindeln verwendeten. Das bedeutete, daß wir sie waschen mußten. Zuerst spalteten wir Feuerholz, dann holten wir mit einem Eimer Wasser. Wir hatten eine handbetriebene Wringmaschine. Wir konnten unsere Temperatur einstellen, je nachdem wieviel Holz wir spalten wollten, wir drehten 100mal am Griff, ließen die Windeln durchlaufen und steckten sie in den Topf mit Spülwasser. Das Spülwasser nahmen wir dann für die nächste Ladung Windeln. Es war ein Haufen Arbeit, aber es hat sich aus zwei Gründen gelohnt: Einmal war Wasser knapp und wurde überall auf der Farm gebraucht, und zweitens erkannten wir, wie wir in den guten alten Tagen, als es noch reichlich Wasser gab, damit umgegangen waren. Wir verstanden die Menschen in der Dritten Welt, die ihr Wasser zum Trinken und Kochen kilometerweit schleppen müssen.

Hier einige Ratschläge zum Wassersparen:

1. Stellt einen Krug Wasser im Kühlschrank kalt, damit die Leute nicht den Hahn lange laufen lassen, um kaltes Wasser zu bekommen.
2. Duschen verbraucht weniger Wasser als Baden.
3. Stellt die Dusche ab, wenn ihr naß seid, seift euch ein und spült euch ab, um noch weniger zu verbrauchen. Wassersparer im Duschkopf und Ausschaltknöpfe an der Dusche helfen, noch mehr zu sparen.
4. Spült die Toilette nur wenn nötig. Sorgt dafür, daß die Installationen in Ordnung sind und nicht lecken.
5. Wenn ihr eine Kastenspülung habt, legt eine Literflasche oder einen Ziegelstein in den Tank, damit ihr jedesmal beim Abziehen weniger verbraucht. Für diese Kästen gibt es auch Sparschaltungen.
6. Wascht nur Kleidung, die wirklich schmutzig ist. Automatische Waschmaschinen sind Verschwender. Wascht einige Sachen mit der Hand.
7. Benutzt keine harten, chemischen Waschmittel – Seife ist sanfter und besser für die Erde als Waschmittel.
8. Benutzt Wasser mehrmals. Benutzt das Spülwasser für etwas anderes, zum Beispiel für den Fußboden oder ein Kleidungsstück.
9. Laßt nicht das Wasser laufen, während ihr euch rasiert oder die Zähne putzt.
10. Sucht eine Möglichkeit, Regenwasser aufzufangen (zum Beispiel Fässer unter den Dachrinnen). Ihr könnt es zum Waschen und Bewässern nehmen.
11. Haltet die Leitungen in Ordnung.
12. Verzichtet auf die Wiese und baut Gemüse an.
13. Wässert den Garten mit der Hand. Geht nicht weg und laßt das Wasser laufen. Sprengt keine Zufahrten.

Abfall

Ihr braucht eine Möglichkeit, Fäkalien und Küchenabfälle loszuwerden, ohne den Teil der Mutter Erde zu verschandeln, der eurer Obhut übergeben wurde. Für die Fäkalien könnt ihr eine Außentoilette benutzen, eine Kompostierungstoilette, eine, die Methan produziert, eine Verbrennungstoilette oder eine Toilette, die mit einem Desinfizierungssystem verbunden ist. Löcher zu graben ist für eine Menschengruppe, die ständig auf dem Land lebt, nicht realistisch. Wir haben uns für eine Außentoilette und ein Desinfizierungssystem entschieden.

Wir achten darauf, daß die Toilette weit von Wasser oder Garten entfernt ist. Wir benutzen Asche aus den Öfen und im Sommer Lauge, um die Toilette sauber zu halten. Wir bewegen sie alle vier bis sechs Monate ein Stück weiter, je nachdem, wie viele Menschen hier leben. Für ein Desinfizierungssystem braucht man Genehmigungen und eine Grabmaschine oder viel Zeit. Außerdem braucht man einen Tank und Kies und Stroh für die Laugenrohre. Wenn man Material und Arbeit addiert, kostet die Installierung etwa 1500 Dollar.

Wenn man nicht ganz sicher ist, daß reichlich Wasser vorhanden ist, ist ein Desinfizierungssystem keine gute Investition. Ohne genug Wasser, um das System in Gang zu halten, verwandelt sich der Desinfektionstank in einen Methanreaktor, der ein unangenehmer Nachbar ist.

Obwohl ein Desinfizierungssystem die verantwortlichste Art ist, Abwasser aus der Küche zu entsorgen (es sollte nicht für Pflanzen verwendet werden, weil es oft Schmutz oder Fette oder Reinigungsmittel enthält), kann man schmutziges Wasser einfach auf einen trockenen Bereich wie eine Zufahrt gießen und das Wasser, das man wiederverwenden kann, für Pflanzen oder Bäume nehmen. Benutzt biologisch abbaubare Reinigungsmittel und seid vorsichtig, weil auch sie manchmal Bäume und Pflanzen schädigen.

Recycling

Ein weiterer wichtiger Aspekt der Abfallbeseitigung ist das Recycling. Recycling bedeutet mehr als Dosen, Papier und Glas zu den entsprechenden Containern zu bringen. Es ist eine Einstellung, die bedeutet, die Konsumabhängigkeit, die die meisten Menschen haben, zu boykottieren. Es bedeutet, auch die Gedanken neu zu ordnen: Ich brauche keinen neuen Mantel und kein neues Gerät, nur weil es gerade im Sonderangebot ist. Echtes Recycling ist eine realistische Ökonomie.

Es hat seinen Stellenwert, wenn sich Gruppen um Recycling bemühen und Wochenendprojekte durchführen, doch Recycling sollte zum Alltag gehören. Jeder, der die Depression der dreißiger Jahre erlebt hat, kann uns etwas darüber sagen.

Meist sind es noch einzelne, die sich um das Recycling kümmern: Sie nähen Lumpen zu Steppdecken zusammen, verwandeln Dosen in Blumentöpfe oder Müll in Kompost. Ironischerweise sind diese gewissenhaften Leute in manchen Kreisen oft das Ziel der Kritik von anderen, die sie für nachlässig halten, weil sie ab und zu einmal Windeln benutzen oder ihren Holzofen mit einer elektrischen Heizung unterstützen. Doch diese Menschen tun mehr für das Recycling, als es die ganze Industrie bisher versucht hat.

Wir raten jedem, ein Recyclingprogramm für den Alltag aufzustellen, das dem Lebensstil entspricht – ein Muster, das immer weiter verbessert werden kann –, statt ein Riesenprojekt aufzuziehen, das nie zu Ende geführt wird. Die folgenden Vorschläge sind nur Ideen; sucht die heraus, die für euch nützlich sind.

Einkaufen

Viele Dinge sind heute so teuer, daß wir uns gut überlegen müssen, was wir neu kaufen und was aus zweiter Hand. Wenn wir gebrauchte Dinge kaufen, bezahlen wir nicht für die Werbung, für den Markennamen und den Stil. Gute Angebote aufzuspüren, ist eine Fähigkeit, die zu entwickeln sich lohnt, und oft macht es Spaß, auf diese Weise einzukaufen. *Second Hand-Geschäfte,* Läden, die fabrikneue Geräte mit kleinen Schönheitsfehlern verkaufen und *Verkäufe ab Eisenbahnwaggon* sind oft ein guter Tip. Kinderkleidung, die schnell zu klein wird, kann man häufig billig und in gutem Zustand finden. Neue Koffer sind teuer, und wenn ihr selten verreist, könnt ihr die Koffer auch gebraucht kaufen. Brillengestelle sind lächerlich teuer, doch in einem Second Hand-Laden bekommt man sie oft für wenig Geld.

Räumungsverkäufe oder *Firmenauflösungen* sind ebenfalls gut, wenn man früh da ist; die meisten Schnäppchen sind aber schon in der ersten Stunde weg. Seid früh da, sucht sorgfältig aus und säubert die Dinge, ehe ihr sie benutzt. Probiert Apparate vorher aus und vergewissert euch, daß sie funktionieren und weiter funktionieren werden.

Die Müllkippe ist normalerweise der letzte Ort, an dem man die Dinge sucht, die man braucht. Doch haben wir dort viele gute Wasserschläuche gefunden, mit denen vorher Pferde abgespritzt wurden. Waschmaschinen haben vielleicht noch funktionierende Motoren, die bares Geld wert sind. Achtet nur auf den Dreck, der allem anhaftet, was von der Müllkippe kommt.

Kleinanzeigen bieten alles mögliche an. Die Leute lassen viele Dinge zurück, wenn sie umziehen. Zwangsversteigerungen sind ebenfalls im Anzeigenteil zu finden. Achtet darauf.

Der *Wiederverkauf* von Dingen, die ihr nicht mehr braucht, ist ebenfalls wichtig. Ein unbenutztes Klavier in eine Waschmaschine zu verwandeln ist finanziell und ästhetisch befriedigend.

Ums Haus herum

Wenn wir unseren Müll durchsehen, können wir lernen, was auch »ein einzelner« für unsere Umwelt und unsere Wirtschaft tun kann. Wir haben Aluminium gesammelt, doch überraschenderweise war die Annahmestelle nicht an Folie interessiert. Sie wollten nur Dosen und Platten und so weiter, wenn die Nägel herausgezogen waren.

Wenn man keine Lust hat, Wahnsinnspreise für Lebensmittel-Lagerbehälter zu zahlen, die bald fleckig sind und an den Nähten aufplatzen, kann man Käseschachteln und Joghurtbecher sammeln, um darin andere Lebensmittel aufzubewahren. Wenn man selbst Milchprodukte herstellt, kann man auch Freunde sammeln lassen. Vielleicht kann man sie nur wenige Male verwenden, doch man kann sie benutzen, und die meisten Behälter können ohne zusätzliche Kosten gesammelt werden. Plastik ist ein Produkt der Erdölweiterverabeitung, also nicht biologisch abbaubar. Es läßt sich nicht einschmelzen, um andere Dinge daraus zu formen. Die Dämpfe sind giftig. Deshalb benutzen wir so wenig Plastik wie möglich. Doch selbst wir Plastikhasser sollten uns um das Plastik kümmern, das schon existiert, damit immer weniger hergestellt werden muß, um die Bedürfnisse der Konsumenten zu befriedigen. Natürlich erfordert es etwas Zeit und Energie und auch Platz. Doch es ist viel besser, Dinge wiederzuverwenden als verzweifelt die Hände zu heben und daüber zu jammern, daß die Erde von der Industrie vergewaltigt wird.

Den Müll sortieren ist wichtig, erfordert jedoch Platz. Aus Hausmüll kann Fleisch und Fett als Futter für Hunde und Katzen aussortiert werden; Gemüsereste sind für die Hühner, Schweine und Kaninchen; Plastik kommt auf die Müllkippe. Papier, Glas und Blechdosen können bei Sammelstellen abgegeben werden.

Behälter aufzuheben spart Geld. Wir sammeln auch *Plastiktüten* und benutzen sie für getrocknete Lebensmittel, selbstgebackenes Brot und Brötchen, zum Abdecken von Resten, zum Aufbewahren von Schuhen und für viele andere Dinge. *Papiertüten* kann man natürlich auch wiederverwenden. *Milchtüten* sind gute Pflanztöpfe für Tomaten und für andere Pflanzen, die im Haus angezogen werden müssen. Außerdem kann man in ihnen Fisch und andere Lebensmittel oder Eis in großen Mengen einfrieren. *Große Dosen* lassen sich leicht in Blumentöpfe oder

Kanister verwandeln (Kaffeedosen sind am besten geeignet). *Kakaoschachteln* sind in einer Werkstatt oder beim Nähen nützlich. *Gewürzgläser* eignen sich gut für Knöpfe, Perlen, Haarnadeln und anderen Kleinkram. *Große Gläser* können zum Lagern von Lebensmitteln benutzt werden, wenn Metall nicht geeignet ist, und glattrandige *Dosen* kann man zum Füttern von Hunden und Katzen nehmen. Fast jeder Behälter hat seine Möglichkeiten, und solange wir die Verpackung so teuer bezahlen, sollten wir soviel herausschlagen wie wir können.

Wir konnten jeden Stoffrest, von Nylon über Leinen bis zu Kunstleder, wiederverwenden. Wir haben Steppdecken gemacht, Topflappen, Nadelkissen, Lampenschirme, Spielzeug, Pantoffeln und Taschen, und die kleinen Schnipsel haben wir zum Ausstopfen benutzt. Auch hier gibt es unzählige Möglichkeiten.

Zeitungen sind ein wichtiges Hilfsmittel. Man kann mit ihnen ein Feuer anzünden, den Garten mulchen, Postpakete polstern und hinter Welpen aufwischen, die noch nicht stubenrein sind. Zeitungen saugen verschüttete Getränke auf, man kann mit ihnen isolieren und putzen. Werft sie nicht weg.

Hundefuttertüten sind fast unzerreißbar und isolieren hervorragend. *Eierkartons* kann man als Schall- und Wärmedämmung verwenden. Reste von *Teppichen, Linoleum oder Kacheln* sind gut für Flure geeignet oder für die Bereiche, in denen sich Tiere aufhalten.

Essensreste sollten immer für die nächste Mahlzeit aufgewärmt werden. Reste von Resten sind ein größeres Problem, aber auch damit kann man fertigwerden.

Zerrissene *Bettlaken und Handtücher* können Lebensretter sein, wenn sie sauber sind. Es lohnt sich auf jeden Fall, Lumpen für Schmutzarbeiten oder Notfälle (Armschlingen zum Beispiel) zur Seite zu legen. Man kann sie zur Pflege von Maschinen verwenden und um gelagerte Kleidung abzudecken. Und sie eignen sich für jeden Reinigungszweck, zum Beispiel im Auto, um die Fenster zu putzen, das Öl zu kontrollieren und vergossenes Öl aufzuwischen.

Die meisten Menschen, die das Leben auf dem Land kennen, finden leicht eine Verwendung für *Gemüseabfälle, Eierschalen, Kaffeesatz, Asche und Seifenreste.* Wir glauben, daß es unsere Einkaufsliste beträchtlich kürzt, wenn wir aus allem das Bestmögliche herausholen.

Wiederverwertung vor der Haustür

Auch draußen gibt es eine Menge Möglichkeiten, Müll wiederzuverwerten, der sonst eine Beleidigung fürs Auge oder sogar eine Gefahr wäre. Weggeworfenes *Kleineisen* kann man zusammen mit rostiger Putzwolle oder altem *Zaundraht* zur Stabilisierung von Beton verwenden. Dazu gießt man einfach den Zement über den ganzen Müll in eine Form.

Altes Motoröl kann man für viele Dinge verwenden, zum Beispiel mit einem *alten Pinsel* zum Fetten von Hufen. Man kann mit ihm eine sehr staubige Zufahrt ölen, Rost an Zaunpfählen vorbeugen oder das Unkraut an einem Pumpenhaus bekämpfen – unter der Voraussetzung, daß es keinem Tier und keiner Wasserquelle schadet. Benutzt es *nicht* für Leder.

Dung von Tieren sollte gesammelt und benutzt werden. Er ist viel besser als chemischer Dünger und dazu erheblich billiger. *Blätter und feuchtes Stroh,* mit dem man keinen Stall mehr ausstreuen kann, und *Abfälle vom Rasenschneiden* können kompostiert oder zum Mulchen des Gartens verwendet werden. Das Mulchen hindert das Unkraut am Wachsen, hält Insekten ab und speichert die Feuchtigkeit.

Sägemehl ist gutes Isoliermaterial, wenn man die Temperatur genau kontrollieren will. *Futtersäcke* kann man ebenfalls zur Wärmedämmung nehmen, zum Löschen und für andere Dinge. Asche kann bei Glatteis gestreut werden.

Viele dieser Ideen sind sicher nützlich und für euch geeignet. Aber zweifellos habt ihr selbst noch viele weitere Einfälle.

Holz

Über die Jahre haben wir zum Bau und Beheizen unserer Häuser eine Menge Holz verbraucht. Das erzeugt in uns das Bedürfnis, daß wir zum Ausgleich etwas Verantwortung für die Gesundheit unserer Bäume und Wälder übernehmen müssen. Das Pflanzenvolk hat uns vor den Elementen geschützt, uns gewärmt, unseren zeremoniellen Feuern den Brennstoff gegeben und unser Essen gekocht. Außerdem schenken die Bäume dem Land, in dem wir leben, ihre Schönheit, sie zeigen uns, wo wir Wasser finden können, sie reinigen die Luft, geben uns Schatten und dienen als natürlicher Windschutz. Sie schützen die wilden und gezähmten Tiere. Deshalb glauben wir, daß wir, soweit wir können, dabei helfen müssen, daß es dem Wald gutgeht. Wir beseitigen Feuergefahren, hüten sorgfältig unsere Feuer und sind dankbar für alles, was wir nehmen. Wir halten inne und sagen Danke, sprechen ein Gebet und lassen etwas Tabak zurück, wenn wir die toten Verwandten des Pflanzenvolkes nehmen, um sie zu benutzen.

Auf einer eher weltlichen Ebene ist uns außerdem sehr bewußt geworden, wieviel Feuerholz kostet. Selbst wenn wir Kleinholz sammeln, ist es nicht »umsonst«. Wir müssen die Kosten für den Lastwagen berücksichtigen (und die sind viel höher als nur der Benzinpreis), für den Kauf und den Betrieb einer Kettensäge, für den Bau des Holzschuppens, für die Genehmigungen, soweit sie nötig sind, und für den Aufwand der Menschen in Form von Zeit und Energie.

Vergeßt nicht, daß Holz keine unerschöpfliche Energiequelle ist. Bäume sollten nicht einfach als Brennstoff betrachtet werden. Es sind Lebewesen wie wir, die wir mit Respekt behandeln sollten. Dankt ihnen dafür, daß sie etwas von sich geben, damit ihr es warm habt und leben könnt. Zeigt euren Respekt, indem ihr aufmerksam euer Feuer hütet.

Es ist wichtig dafür zu sorgen, daß sich ein Feuer nicht ausbreiten kann. Haltet neben jedem Herd und jedem Kamin einen Feuerlöscher bereit, selbst wenn es nur ein leicht zu erreichender Zwanzigliteremer mit Wasser ist. Versteckt ihn nicht, weil er vielleicht häßlich aussieht. Lernt ihn zu akzeptieren. Stapelt keine Dinge darauf. Seht öfter nach, ob er greifbar und gefüllt ist, und bei einem normalen Feuerlöscher, ob er funktioniert. Vergewissert euch, daß ihr ihn benutzen könnt. Und zögert nicht, ihn einzusetzen, wenn das Feuer außer Kontrolle gerät.

Wenn ihr mit Holz heizt, dann sucht ein Gebiet aus, wo ihr gute, tote Stämme findet. Schneidet nie grünes Holz, wenn ihr nicht unbedingt müßt und darauf vorbereitet seid, es etwa sechs Monate zu trocknen, denn grün brennt es nicht. Tote Bäume zu sammeln, ist für euch selbst und den Wald gleichzeitig ein Feuerschutz. Eine Bogensäge oder eine Steifsäge ist das Beste für die Holzversorgung eines Camps. Besorgt euch außerdem eine doppel- oder einschneidige Axt oder einen kleinen Vorschlaghammer und einen Keil. Handbeile sind nur für Pfadfinder und Wochenendcamper geeignet. Wenn ihr ständig im Wald leben wollt, braucht ihr einen Holzvorrat für mindestens zwei Wochen. Schneidet erst das tote Holz in der Nähe eures Lagers, dann streift weiter hinaus.

Ihr müßt euer Holz trocken halten. Ordentlich gestapeltes Holz bleibt einigermaßen trocken. Doch es ist besser, einen Schuppen zu bauen – im Notfall reicht ein Dach auf vier Pfosten. Selbst eine Plane oder ein Stück Plastik ist schon eine Hilfe.

Ihr werdet feststellen, daß verschiedene Holzarten verschieden gut brennen. Tagsüber ist jedes Holz zum Verbrennen geeignet. Doch kleine Stücke brennen schneller, und man muß öfter nachlegen. Einige Holzarten brennen schnell und heiß, andere lange und gleichmäßig. Ihr werdet schnell lernen, welche Sorte ihr für welchen Zweck braucht. Manche Leute verbrennen tagsüber Kiefernholz, wenn sie in der Nähe sind und nachladen können, und nachts Lärche, damit das Haus warm bleibt. Ihr müßt herausfinden, welche Baumarten in eurer Umgebung reichlich vorkommen, und wo ihr tote Bäume findet. In einem Haus, das nur mit Holz beheizt wird, geht im Winter eine Menge Holz durch den Schornstein. Stellt euren Bedarf anhand der

Erfahrungen von anderen fest, und indem ihr euren Verbrauch und die Größe eures Hauses genau berechnet. Es ist besser, zu überschätzen als zu unterschätzen.

Haltet brennbare Dinge vom Feuer fern – wie Teppiche, Mäntel, nasse Wäsche, Stühle, Bettzeug, Spielzeug und vor allem entflammbare Flüssigkeiten und Gase. Baut einen Behälter für das Feuerholz und sorgt dafür, daß das Holz nicht von selbst vor den Ofen rutschen kann. Laßt keine Kinder in der Nähe spielen. Denkt immer an die Sicherheit, wenn ihr die Verkehrswege im Haus plant.

Beschafft euch die Geräte zum Reinigen von Öfen und säubert oft die Öfen und Schornsteine. Der Grund für Dachbrände ist häufig verkrusteter Ruß im Kamin. Die Kamine müssen sauber und intakt sein, damit sie gut ziehen, und Herde, in denen sich die Asche auftürmt, funktionieren nicht. Im Winter muß alle zwei oder drei Tage die Asche ausgeräumt werden. Im Sommer wird es weniger häufig nötig sein.

Laßt auf keinen Fall ein Feuer unbewacht. Offene Kamine sind zauberhaft, doch nicht so praktisch wie ein Herd, der vollgeladen werden und relativ sicher lange brennen kann und den man auch für andere Zwecke benutzen kann.

Stellt immer einen Schirm vor Kamine, um die Funken zurückzuhalten. Laßt Kinder nicht das Feuer versorgen. Holzöfen sollten nicht zu nahe an Wänden oder Möbeln stehen. Bedeckt die Wände in diesem Bereich mit Asbest oder Folie.

Wenn ihr campiert, solltet ihr immer einen großen Bereich um das Feuer bis auf die nackte Erde freiräumen. Löscht das Feuer nachts. Verbrennt nie große Mengen Papier in einem offenen Kamin, denn es fliegt brennend durch den Schornstein hinaus.

Zündet nie ein Feuer mit Benzin oder Öl an.

Wenn ihr eine Kettensäge im Wald benutzt oder mit einem Motorrad fahrt, sollten die Maschinen mit Funkenfängern ausgerüstet sein. Paßt auf. Raucht nicht im Wald.

Feuer ist ein wunderbarer Freund, doch ein unkontrolliertes Feuer ist einer der schlimmsten Feinde der Menschen und der Mutter Erde.

Gemüse

Die Einstellung des Gärtners zur Erde, zu seinen Pflanzen und seinem Garten insgesamt und zu sich selbst als Gärtner, all dies hat deutliche Auswirkungen auf das Wachstum und den Ertrag des Gartens.

Achtung für die Mutter Erde selbst ist sehr wichtig. Wenn ihr euren Garten anlegt und das Land zu bestellen beginnt, dann erklärt den Geistern des Gebietes, warum ihr die Erde aufbrecht, das Unkraut tötet und das natürliche Gleichgewicht dieses Gebietes stört.

Die einzelnen Pflanzen des Gartens verdienen ebenfalls Respekt, denn sie arbeiten schwer, um die Früchte für uns wachsen zu lassen. Achtung für die Pflanzen schließt auch Aufmerksamkeit während der Wachstumsperiode ein. Pflanzen müssen auf Parasiten untersucht werden, auf Feuchtigkeit, und ob sie umgesetzt werden müssen. Manche Gärtner setzen die Pflanzen einfach ein, geben ihnen Wasser und lassen sie dann allein, bis die Ernte eingebracht werden kann. Noch etwas, das wir beachten müssen, ist, daß stets die ganze Ernte benutzt werden muß, denn es ist eine Mißachtung gegenüber der einzelnen Pflanze, der Art und dem ganzen Garten, wenn wir einen Teil der erzeugten Ernte verschwenden. Wenn ihr den Überfluß eures Gartens nicht selbst verwenden könnt, verkauft ihn oder schenkt ihn jemand, der ihn gebrauchen kann.

Die Pflanzen brauchen Aufmerksamkeit, und das heißt Ausdünnen und Jäten. Einige Gärtner haben Angst, die Pflanzen auszudünnen, weil sie sie nicht töten wollen. Doch Pflanzen brauchen auch Platz, wenn sie ihr Bestes geben sollen. Ohne Platz zum Wachsen sind sie anfällig für Krankheiten, Parasiten und Schimmel, und sie tragen weniger Früchte oder Früchte von schlechterer Qualität. Viele einjährige Pflanzen schießen ins Kraut, wenn sie zu dicht stehen – zum Beispiel Spinat, Salat, Radieschen und Rüben.

Wir haben uns an die Vorstellung gewöhnt, daß Unkraut im Garten nichts zu suchen hat, doch in neueren Untersuchungen haben wir gelesen, daß Unkräuter Freunde und Helfer sein können. Manche Pflanzenkundler sagen: Unkräuter sind Pflanzen, für die wir noch keine Verwendung gefunden haben. Wir lernen in unserem eigenen Garten viele neue Pflanzen kennen und benutzen; wir schließen sie in unseren biologischen Kreislauf ein, werfen sie auf den Kompost oder essen sie. Im Gegensatz zur landläufigen Meinung ziehen Unkräuter nicht unbedingt Nährstoffe und Wasser aus dem Boden, und sie verdrängen auch nicht immer die anderen Pflanzen. In Wirklichkei bringen viele Unkräuter mit langen Pfahlwurzeln wie Klette und Löwenzahn sogar Nährstoffe und Spurenelemente zur Oberfläche herauf und reichern für die flach verwurzelten Pflanzen den Boden an. Wenn also ein »Unkraut« nicht direkt in Konkurrenz mit einer anderen Pflanze steht oder giftige Stoffe oder Hormone absondert – wie Wermut und Nachtschattengewächse –, dann ziehen wir es nicht aus, sondern begrüßen es in unserem Garten.

Einige Pflanzen, die auf die genannte Art nützlich sind, sind die Klette, der Löwenzahn und die Melde; letzterer ist eines der besten Kräuter, wenn es darum geht, Nährstoffe an die Oberfläche zu holen, und er hilft Kartoffeln, Zwiebeln und Mais. Außerdem ist er gut eßbar; wir kochen oder dünsten ihn ähnlich wie Spinat. Klettenwurzeln sind eßbar, ebenfalls Löwenzahnblätter als Salat. Brennessel als Begleiter oder Beschützer von Tomaten verstärkt den Geschmack, schützt sie vor Insektenplagen und gibt stickstoffverstärkende Hormone in die Erde um die Tomatenpflanze. Außerdem ist sie als Stickstoffträger gut für den Komposthaufen geeignet; das gleiche gilt für den Beinwell. Beide heizen den Komposthaufen beträchtlich auf.

Ich möchte euch auch auffordern, euch zu überlegen, was »Unkraut« eigentlich bedeutet. Ich glaube, Ralph Waldo Emerson sagte einmal: »Was ist Unkraut? Ein Unkraut ist eine Pflanze, deren Tugenden noch nicht entdeckt sind.« James Russell Lowell sagte: »Ein Unkraut ist nichts weiter als eine verkleidete Blume.« Ein Unkraut ist einfach eine ungeliebte Blume; also müssen wir lernen, sie mehr zu lieben. Ohne Hilfe von uns wachsen sie wild. Kein Pflanzen, Düngen oder Jäten ist nötig, und im Frühjahr können sie umgegraben werden und werden wertvoller Mulch. Sie helfen, die Bodentemperatur zu regulieren und erhöhen die Regenwurmpopulation. Unkraut hilft auch, Nährstoffe im Boden zu halten. Ohne die natürliche Bedeckung des Bodens durch Unkraut würden die Nährstoffe ausgewaschen oder vom Wind weggeweht. Mit anderen Worten, Unkraut schützt vor Erosion, wenn man einen Teil des Landes nicht für Gemüse oder Blumen braucht. Unkraut ist oft auch eine wichtige Begleitpflanze für Garten- und Feldpflanzen.

Der Gärtner sollte Achtung vor sich selbst und seinen Fähigkeiten als Gärtner haben, denn ohne diese Selbstachtung kann er keine Achtung für etwas anderes empfinden: für die Mutter Erde, die Pflanzen oder den Boden. Ohne Selbstachtung wird der Gärtner schlecht arbeiten, und schon seine Haltung wird einen schlechten Einfluß auf die Pflanzen haben. Positiv an den Erfolg des Gartens zu denken, hilft bei seiner Entstehung: eure Arbeit wird besser und fröhlicher sein, die Pflanzen werden sich ermutigt fühlten, und eine positive Haltung kann nur gute Geister anlocken.

Menschen, die in einen geweihten Garten kommen, müssen sich bewußt sein, daß sie ihre negative Haltung, ihr Ego, ihre Arroganz und ihre schlechten Schwingungen am Komposthaufen oder am Gartentor abgeben müssen. Der Garten ist ein heiliger Ort, an dem wir unsere Nahrung erzeugen und über unsere Beziehung zur Menschen meditieren. Er ist ein heiliger Ort und sollte als solcher gefeiert werden.

Die Planung des Gartens

Die Arbeit bei der Einrichtung eines Gartens kann man sich durch gute Planung erheblich erleichtern. Die Gesundheit eurer Pflanzen und die des umgebenden Landes wird davon beeinflußt, wie ihr euren Garten plant und anlegt.

Ideal wäre ein leicht geneigter Südhang (Sonne und Drainage) knapp unter einer Wasserquelle mit Lehmboden, der nicht von Bäumen beschattet wird. Doch ideale Stellen sind schwer zu finden, und meist müssen wir Kompromisse machen. Das einzige, das vorhanden sein *muß*, ist Wasser. Alles andere kann verändert werden. Sandboden kann durch Zugabe von organischem Material verbessert werden, Schatten (es sei denn der von Felsen) kann entfernt werden, und dem Gärtner wird ein kleiner Fußweg nicht schaden, wenn der Garten etwas weiter entfernt ist.

In der Nähe des Gartens sollte es einen Komposthaufen geben. Damit wird die Zeit und Energie gespart, die nötig ist, um den fertigen Kompost in den Garten zu schaffen.

Auch das Bewässerungssystem sollte geplant werden, denn es soll gut arbeiten, ohne kostbares Wasser zu verschwenden. Es gibt mehrere Bewässerungssysteme, die ein Gärtner benutzen kann. Es kommt darauf an, was verfügbar ist und in welchem Klima ihr lebt.

Die erste Bewässerungsmethode ist durch Gräben. Damit können große Wassermengen zwischen die Gemüsereihen fließen und einsickern. Es ist eine gute Methode, wenn reichlich Wasser da ist; doch sie erfordert auch viel Arbeit. Gräben schlucken viel Wasser, mehr als jede andere Methode, und der Gärtner muß viel Sorgfalt in die Anlage des Systems stecken und die Gräben so anlegen, daß der Garten gleichmäßig bewässert wird; bei einem solchen System kann es leicht geschehen, daß Teile des Gartens überflutet werden, während andere trocken bleiben. Trotz der Nachteile ist die Bewässerung durch Gräben die gebräuchlichste Methode, weil sie sehr wenig Aufwand erfordert, wenn alles erst einmal installiert ist: Das Wasser wird durch eine Schleuse oder eine Pumpe eingelassen, und ab und zu müssen die Gräben freigeräumt werden. Außerdem muß man darauf achten, daß durch die großen Wassermengen nicht die Umgebung erodiert.

Die zweite Methode ist eine Sprinkleranlage. Es ist ein gutes System, weil dabei gleichzeitig die Pflanzen gewaschen und gekühlt werden. In sehr heißen oder trockenen Gegenden sollte man am Abend oder nachts sprengen – einmal um Wasser zu sparen, und zweitens, damit die Pflanzen nicht verbrennen. Wasser, das in vollem Sonnenlicht auf den Pflanzen bleibt, wirkt wie ein Brennglas und verbrennt die Blätter. Die wichtigsten Nachteile einer Sprinkleranlage sind: 1. Die Kosten für Rohre, Düsen und Pumpe; 2. der Antrieb (für die Pumpe Strom oder ein Sammeltank, aus dem das Wasser durch die Schwerkraft verteilt wird); und 3. die Verschwendung (ein großer Teil des Wassers geht bei heißem, trockenem Wetter verloren – bis zu 20% verdunsten, bevor es die Pflanzen erreicht). Weiterhin muß man bedenken, daß man mit Sprengen anfangen muß, ehe der Boden im Frühjahr zu sehr austrocknet.

Die dritte Methode ist die Tropfbewässerung. Sie ist dem ersten System sehr ähnlich, nur daß hier das Wasser ständig als winziger Strom in den Boden gelassen wird. So kann der Boden nie ganz austrocknen, was die Kapillaren des Bodens zerstören würde; wenn die Kapillaren gebrochen sind, überflutet das Wasser den Garten, ehe es die Pflanzen bewässert. Der größte Vorteil dieses Systems ist, daß sehr wenig Wasser verschwendet wird.

Unterirdische Bewässerung ist der Tropfbewässerung sehr ähnlich; der Unterschied ist, daß hier das Wasser unterirdisch zu den Pflanzen geführt wird. Unter der Erde sind perforierte Rohre ausgelegt, das Wasser wird unter niedrigem Druck eingespeist und durch die Kapillarkraft nach oben zu den Pflanzen gezogen. Auch hier muß man darauf achten, daß der Boden nicht austrocknet.

Egal, für welche Methode ihr euch entscheidet, ihr solltet auf jeden Fall eine dicke Schicht Mulch auflegen, die das Wasser festhält und die Erosion verhindert. Mulch tut noch viele andere Dinge; wir werden später darauf zurückkommen.

Überlegt euch gut, was und wann ihr pflanzen wollt, und sucht die richtigen Standorte aus.

Berücksichtigt zuerst den vorhandenen Platz. Wenn ihr nur einen kleinen Garten habt, dann werdet ihr nichts pflanzen wollen, das bei großem Platzbedarf nur wenig Ertrag bringt wie zum Beispiel Mais, Kartoffeln oder Kohl. Eine Kohlpflanze von fünf Pfund bedeckt fast einen Quadratmeter Fläche. Stangenbohnen an der gleichen Stelle könnten dagegen bis zu 20 Pfund bringen. Macht euch klar, wieviel Platz jede Pflanze braucht. Ein Tip: Wurzeln brauchen weniger Platz für einen guten Ertrag, und viele Wurzelpflanzen geben gleichzeitig Grünzeug.

Es ist wichtig, den Garten nicht überzubesetzen, denn das wäre Verschwendung; Pflanzen und Geister hassen es, wenn sie hart an Früchten arbeiten, die dann verschwendet werden. Paßt auf, wenn ihr sehr ertragreiche Sorten anbaut wie Tomaten, Zucchini oder Gemüse, von dem ihr nur wenig braucht wie Rettich. Eine Tomatenpflanze (mittelgroße Früchte) kann bis zu 30 Pfund tragen, eine Zucchino bis zu 20 Früchte. Sechs Meter Rettich ergeben 10 Pfund, mehr als die meisten Familien essen wollen.

Ihr solltet auch überlegen, welches Gemüse neben welchen Nachbarn steht. Kohlpflanzen (Weißkohl, Grünkohl, Broccoli usw.) sollten zusammen gepflanzt werden, so daß sie alle, wenn ihr im zweiten Jahr rotiert, an einen Platz kommen, an dem 2 Jahre kein Kohl mehr gestanden hat. Manche Pflanzen ziehen bestimmte Nachbarn vor; sie fördern gegenseitig ihren Wuchs und wehren gegenseitig die Parasiten ab. Ein gutes Beispiel dafür sind die drei Schwestern: Mais, Kürbis und Bohnen, die seit vielen Jahrhunderten von den Ureinwohnern zusammen gezogen wurden.

In verschiedenen Klimabereichen und an verschiedenen Orten gibt es verschiedene Pflanzengemeinschaften. Allgemein gilt, daß die Angehörigen der Zwiebelfamilie (Zwiebel, Lauch, Knoblauch) viele, aber nicht alle Parasiten abwehren.

Vorbereitung des Bodens

Der vielleicht wichtigste Teil der Gartenarbeit besteht darin, den Boden vorzubereiten, BEVOR man pflanzt. Die Vorbereitung des Bodens beeinflußt den Garten während seines Wachstums, und sie hat Einfluß darauf, wie gut er Krankheiten und Parasiten Widerstand leisten kann.

Wenn man den Garten gerade erst anlegt, muß man zunächst die Wildpflanzen (Unkraut) loswerden. Viele sind eßbar (zum Beispiel Melde und wilder Senf) oder als Heilpflanzen nützlich (Schafgarbe, Johanniskraut), oder sie neigen dazu, die weniger kräftigen Nutzpflanzen zu verdrängen. Es gibt mehrere Möglichkeiten: 1. Umgraben, dann das Unkraut herausklauben und kompostieren. 2. Zweimal pflügen: Gut in warmem Klima mit langen Sommern, aber unpraktisch in Gegenden mit kurzem Sommer. Im Vorfrühling pflügen, dann etwa einen Monat warten, bis das Unkraut im frischen Boden nachwächst, dann noch einmal das Unkraut unterpflügen. 3. Hacken und verbrennen; so arbeiten viele Gärtner, doch es hat Vor- und Nachteile. Es tötet Unkraut, Samen und viele Insekteneier, doch die Wurzeln der meisten mehrjährigen Unkräuter überleben. Mit Vorsicht und Umgraben kombiniert ist das Brennen jedoch eine gute Möglichkeit, das Unkraut loszuwerden. Wir empfehlen es aber nicht, weil der Qualm die Atmosphäre verunreinigt.

Der nächste Schritt beim Aufbau des Gartens ist das Kompostieren – das heißt, die Gabe von organischer Materie in den Boden. Ihr könnt nicht erwarten, daß der Boden euch ernährt, wenn ihr nicht auch ihn ernährt. Kompostierter, verrotteter Kuh- oder Pferdedung ist ideal für einen neuen Garten. Legt ihn etwa fünfzehn Zentimeter hoch aus und mischt ihn gut mit den obersten dreißig Zentimetern der Krume.

Das muß mindestens einmal im Jahr getan werden, am besten zweimal: vor dem Pflanzen und nach der Ernte. Ich werde später noch etwas zum Kompost sagen.

Der zweite Schritt beim Aufbau des Bodens ist das Mulchen; das ist eine Pflegetechnik, die während der ganzen Wachstumszeit wichtig ist. Mulchen bedeutet, den Boden zwischen den Pflanzen mit einer Schicht Stroh, mit Laub oder anderem organischen Material zu bedecken. Ihr könnt auch Zeitungen oder schwarzes Plastik benutzen, doch es verbessert den Boden nicht. Eine gute Mulchschicht hält die Feuchtigkeit im Boden, verzögert das Wachstum von Unkraut und verhindert, daß der Boden erodiert oder zusammenfällt. Mulcht den Garten im Frühjahr, wenn der Boden aufgewärmt ist und die Pflanzen angegangen sind; am besten, nachdem die erste Ladung Unkraut gejätet wurde. Mulchen verzögert das Wachstum von Unkraut, kann es aber nicht ganz verhindern. Erneuert die Mulchschicht in der Wachstumsperiode und noch einmal, wenn der Herbstkompost untergegraben wird, damit Regen und Schnee im Winter die Erde und die Nährstoffe nicht auswaschen können. Nehmt den Mulch vor dem Pflanzen mit der Harke weg, damit die dunkle Erde Wärme speichern kann.

Das Pflanzen

Wir beginnen mit Frühgemüse oder frostbeständigen Sorten. Man kann sie pflanzen, sobald der Boden im Vorfrühling auftaut; viele sind zugleich Spätfrüchte, die auch im Herbst wachsen.

1. Erbsen: Setzt sie 15 Zentimeter auseinander und 3 Zentimeter tief; gebt ihnen etwas, an dem sie hochklettern können. Erbsen sind *gut* für den Boden; sie binden Stickstoff, der eine wichtige Grundlage für gutes Wachstum ist.

2. Mangold: pflanzt ihn dünn und flach, beginnt ihn auszudünnen und zu essen, sobald er zehn Zentimeter hoch ist; er kann gekocht oder roh als Salat gegessen werden.

Spinat: wie Mangold, wächst aber schneller.

4. Möhren: Etwas dichter säen, denn die zarten Sprosse kommen manchmal nicht. Dünnt sie aus, sobald sie sieben Zentimeter hoch sind, und setzt sie fünfzehn Zentimeter auseinander stehend, wenn die ersten Wurzeln genießbar sind.

5. Rettich: In drei Zentimeter Abstand einen Zentimeter tief setzen, auf fünf Zentimeter Abstand ausdünnen, wenn das vierte Blatt kommt. Das Grün kann verwendet werden.

6. Kohlpflanzen: Weißkohl, Broccoli, Grünkohl, Rosenkohl. Ihr könnt sie als Samen im Frühjahr setzen (die meisten sind frostbeständig) oder als Pflanzen. Setzt sie fünfundzwanzig Zentimeter auseinander; die Reihen sollten mindestens sechzig Zentimeter Abstand haben. Dünnt sie aus, bis sie einen Meter auseinander stehen, wenn sie zehn Zentimeter hoch sind.

7. Wurzeln: Kohlrüben, Steckrüben und Rote Beete sind frostbeständig. Sät sie dünn in Reihen oder Beeten; dünnt sie auf zehn Zentimeter aus, wenn das dritte Blatt kommt. Das Grün ist eßbar.

8. Knollengewächse: Kartoffeln, Süßkartoffeln und Topinambur können in kaltem Wetter gepflanzt werden. Mulcht sie sofort, denn sie wachsen durch den Mulch. Setzt Kartoffeln etwa vierzig Zentimeter auseinander; Topinambur in etwa fünf Zentimeter Abstand.

9. Zwiebeln: Pflanzt die Samen oder Setzlinge, sobald der Boden getaut ist, in fünfzehn Zentimeter Abstand.

Eine letzte Bemerkung zum Pflanzen bei kaltem Wetter: Die Samen kommen oft erst viel später; manchmal dauert es einen ganzen Monat, bis Temperatur und Sonnenlicht richtig sind.

Frühbeete

Manche nicht frostbeständigen Pflanzen müssen im Haus oder im Frühbeet angezogen werden. Sät sie in flachen Holzkisten in Reihen mit knapp zehn Zentimeter Abstand. Dünnt sie aus, sobald das dritte Blatt kommt. Sorgt dafür, daß sie genug Sonne bekommen; im Haus reicht manchmal schon ein Südfenster.

Tomaten, Pfeffer, Salat, Kürbisse und Kohl können auf diese Weise angezogen werden. Zwiebeln, Lauch und Schalotten bekommen wie viele andere auf diese Weise einen guten Start. Sie können nach draußen versetzt werden, sobald die Frostgefahr vorbei ist. Wir beginnen im Februar und setzen mehr als wir brauchen, da es immer vorkommen kann, daß man zwei oder drei Kisten verliert.

Pflanzen im Frühjahr

Viele Pflanzen werden im Spätfrühling, wenn es keinen Frost mehr gibt, gesetzt und normalerweise (außer Grünzeug) im Herbst geerntet.

1. Die drei Schwestern: Mais, Kürbis und Bohnen werden schon seit Jahrhunderten zusammen gepflanzt. Einen Meter auseinanderliegende, dreißig Zentimeter hohe Hügelbeete werden mit den Samen der Schwestern besetzt. Ihr könnt die Samen über Nacht einweichen, damit sie für etwa vier Tage Wasser im voraus haben. Gut gewässert und gepflegt halten diese drei sich gegenseitig gesund und wehren ihre Schädlinge ab.

2. Tomaten und Pfeffer: Tomaten sollten in knapp zehn Zentimeter Abstand gesetzt und auf vierzig Zentimeter Abstand ausgedünnt werden, wenn sie zehn Zentimeter hoch sind. Paprika sollte früh im Haus angezogen werden und in dreißig Zentimeter Abstand nach draußen versetzt werden, wenn er zehn Zentimeter hoch ist.

3. Melonen: auf Hügelbeeten setzen, 3–4 Samen pro Hügel. Legt die Hügel einen Meter auseinander und dünnt auf zwei starke Pflanzen pro Hügel aus, wenn sie zehn Zentimeter hoch sind.

4. Salat und anderes Grünzeug kann dicht in dreißig Zentimeter weiten Reihen oder in Beeten gesetzt werden. Kopfsalat ist ohne Gift schwer zu ziehen; wir nehmen lieber Blattsalat.

5. Kartoffeln, Erdnüsse, Bohnen, Gurken, Zucchini, Kürbisse und viele andere Früchte können im Spätfrühling gepflanzt werden.

Pflanzen im Herbst

Viele Früchte können nach der ersten Ernte gesetzt werden, unter anderem viele der Frühpflanzen: Erbsen, Mangold, Salat (ein heißer Sommer ist für Salat sowieso nicht gut), Spinat usw. Es ist keine gute Zeit für die Wurzeln, denn wenn die Pflanzen nicht stark genug werden, ehe der Boden friert, werden sie im Frühjahr Samen produzieren. Andererseits ist der Herbst eine gute Zeit für Knoblauch- und Zwiebelsetzlinge und Samen, und um einige Knollenpflanzen wie Topinambur zu ersetzen, die man dann im nächsten Herbst ernten kann. Wenn Knoblauch im Frühjahr gesetzt wird, braucht er volle zwei Sommer, bis er reif ist; wenn ihr ihn im Herbst setzt, braucht er nur ein Jahr.

Außerdem ist der Herbst eine gute Zeit, um eine dicke Schicht Pferde- oder Kuhdung oder fertigen Kompost zu legen. Darüber kommt eine Lage Mulch zum Überwintern.

Pflege nach dem Pflanzen

Die richtige Pflege des Bodens und der Pflanzen sorgt für eine bessere Ernte und wehrt Ungeziefer ab.

Wasser ist am wichtigsten. Ohne genügend Wasser verkrüppeln die Pflanzen und sind empfindlicher für Insekten.

Kompostieren

Das Kompostieren ist der wichtigste Teil der Gartenarbeit, denn ohne guten, reichhaltigen Kompost wird der Boden nach einem oder zwei Jahren schwach, und noch vorher wird der Garten an Insekten zugrunde gehen.

Wir haben viele komplizierte Methoden gesehen, mit denen man große Mengen Kompost erzeugen kann, doch wir haben eine einfache Methode gefunden, die gut und schnell funktioniert. Nehmt einen Holzkasten mit den Maßen 120 × 180 cm, der etwa 120 Zentimeter hoch ist. Die Latten des Kompostkastens sollten etwa anderthalb Zentimeter Zwischenraum freilassen, damit dieLuft zirkulieren kann. In die Kiste kommt alles Unkraut, das ihr beim Jäten gesammelt habt. Wenn ihr Brennesseln oder Beinwell in der Nähe habt, könnt ihr sie auch hineingeben, denn sie heizen den Kompost auf und beschleunigen die Kompostierung. Beide sind stickstoffreiche Pflanzen, und Stickstoff macht den Kompost heiß. Kaffeesatz oder Blutmehl, das man in Gärtnereien kaufen kann, beschleunigt ebenfalls die Kompostierung.

Legt das Unkraut und die anderen oben erwähnten Materialien gut dreißig Zentimeter hoch als erste Schicht in die Kiste. Wenn ihr nicht genug Unkraut habt, könnt ihr mit Stroh, Heu oder Tannenzapfen auffüllen. Bedeckt die erste Schicht mit Dung – Hühnerdung, Pferdeäpfel oder Kuhfladen. Darauf kommt eine Schicht Holzasche, dann wieder eine Schicht organisches Material, dann wieder Dung. Bedeckt den ganzen Stapel mit Erde, altem Dung von Pferd oder Kuh oder verrottetem Sägemehl. Benutzt kein frisches Sägemehl, denn das bindet den Stickstoff, den wir ja gerade bekommen wollen. Frisches Sägemehl kann die Kompostierung um ein Jahr oder mehr verzögern. Der ganze Haufen sollte dann etwa einen Meter zwanzig hoch sein.

Bedeckt den Stapel mit einem Stück Plastik, nachdem ihr ihn gründlich gewässert habt. So bleibt das Wasser drin und die Hühner draußen. Irgendwo innendrin, nur nicht direkt obendrauf, können auch die Küchenabfälle sein, Federn von geschlachteten Hühnern und andere organische Stoffe. Laßt den Haufen etwa sechs Wochen kochen (das tut er wirklich: etwa 38–65 Grad), dann dreht ihn um und laßt ihn weitere drei Wochen gehen. Dann ist er bereit für den Garten.

Andere Pflegearbeiten

Unkrautjäten ist auch sehr wichtig. Einige Unkräuter wachsen schnell und nehmen anderen Pflanzen, mit denen sie in direkter Konkurrenz stehen, das Licht. Unkraut zieht auch Insekten an. Einmal wäre fast unsere ganze Kartoffelernte vernichtet worden, als winzige Käferlarven in den Garten kamen. Sie waren die Parasiten eines Nachtschattengewächses, das eng mit der Kartoffel verwandt ist und in unserer Gegend häufig vorkommt.

Insektenbekämpfung ist ebenfalls eine wichtige Aufgabe. Einen großen Teil Arbeit kann man erledigen, indem man die richtigen Pflanzgemeinschaften zusammensetzt, den Boden pflegt und jätet, aber manchmal muß man in den Garten gehen und die Käfer mit der Hand ablesen.

Außer Käfern gibt es noch andere Plagen. Wenn ihr Hühner habt, müßt ihr den Garten einzäunen – oder die Hühner. Hunde auch: einmal hat uns ein Bernhardiner bei einem einzigen Spaziergang durch den Garten eine ganze Ladung Zucchini und Gurken vernichtet.

Manche Schädlinge sind schwierig: Maulwürfe, Mäuse und Erdhörnchen. Rotierende Plastikscheiben, die eine Vibration erzeugen, die den unterirdischen Nagern unangenehm ist, helfen manchmal. Vögel haben uns selten Sorgen gemacht – im Gegenteil sind Vögel im Garten normalerweise hinter den Käfern her. Wenn sie ein Problem werden, empfehlen wir die Anschaffung einer Katze. Sie fängt die Mäuse im Speicher und verscheucht gleichzeitig die Vögel.

Es ist wichtig, die Erde um Kohl, Kartoffeln und Mais anzuhäufeln. Das belüftet den Boden, macht ihn weicher und spart Wasser. Es ist leichter, wenn man während des Jahres zwei oder drei Lagen Mulch auflegt. Das ist bei Kartoffeln besonders wichtig: Wenn die jungen Triebe Licht bekommen, werden sie grün und giftig wie die Blätter.

Mulch ist ein lebensnotwendiger Teil der Gartenpflege. Er hält die Feuchtigkeit, die Pflanzen bleiben gesünder, und die Erosion wird verhindert. Pflanzen wie Broccoli, Mangold und Salat können wachsen, bis der Boden hart gefroren ist, indem man 15–20 Zentimeter Mulch über Erde und Pflanze legt.

Die Ernte

Die Ernte und das Verarbeiten der Früchte ist der letzte Teil des jährlichen Kreislaufes im Garten.

Erntet Pflanzen wie Rote Beete, Rüben und Kohlrüben, solange sie noch jung und zart sind. Steckt sie im Keller oder einem Lagerraum in Kisten mit Erde. Zwiebeln und Knoblauch sollten 2–3 Tage in der Sonne trocknen und aufgehängt oder in Netzen gelagert werden. Kartoffeln kann man in Säcken oder Mieten im Keller aufbewahren. Wir empfehlen euch, alle eure Gartenfrüchte einzufrieren, einzukochen und zu trocknen. Verschwendet nichts: Die Reste sind für die Tiere oder kommen fürs nächste Jahr in den Kompost.

Feiert die Ernte und sprecht Dankgebete für den Reichtum der Mutter Erde, denn wenn sie geachtet wird, nährt sie Geist und Körper

Obst

Es ist sinnvoll, Obstbäume so früh wie möglich zu pflanzen, wenn man aufs Land gezogen ist. Bei den meisten Sorten dauert es drei bis fünf Jahre, bis sie tragen. In der Zwischenzeit müssen die Bäume vor Nagetieren geschützt werden. Manchmal müssen sie gewässert werden.

Auch wilde Baumarten kann man versetzen. Auf diese Weise geht ihr sicher, daß der Baum zu eurer Umgebung paßt; sorgt nur dafür, daß die Bäume an einen Ort kommen, der ihrem alten Standort ähnlich ist. Am besten verpflanzt man sie nicht während der Wintermonate, wenn sie wenig Saft haben, weil der Baum dann durch die verletzten Wurzeln ausbluten kann. Seid vorsichtig, denn eine Versetzung ist immer ein Schock. Die Bäume müssen vorsichtig bewegt werden, und man muß darauf achten, keine Wurzeln zu verletzen oder sie direktem Sonnenlicht auszusetzen. Der Erdballen um die Wurzeln sollte nach Möglichkeit intakt bleiben und darf nicht austrocknen.

Grabt ein Loch, das das Wurzelwerk aufnehmen kann. Werft einen Haufen Erde wieder hinein, ehe ihr den Baum einsetzt; so wird verhindert, daß sich Lufttaschen bilden, die das Wachstum des Baumes stören. Gießt Wasser nach, damit die Wurzeln sofort Feuchtigkeit bekommen. Dann setzt den Baum auf den Haufen und breitet die Wurzeln gleichmäßig aus, so weit es ihre natürlich Anordnung zuläßt. Füllt die Erde in kleinen Portionen nach und paßt auf, daß keine Klumpen oder Steine darin sind, durch die sich ebenfalls Lufttaschen bilden könnten. Wässert noch einmal gründlich. Gießt frühestens nach einer Woche wieder, falls das Wetter nicht extrem trocken und heiß ist.

Ableger von Beerensträuchern können jederzeit eingesetzt werden, wenn die Beeren geerntet und die Blätter noch nicht abgeworfen sind. Sie sind sehr widerstandsfähig und vertragen grobe Behandlung und Verletzungen der Wurzeln besser als die meisten anderen Obstsorten. Solange die Hauptwurzel nicht gebrochen ist und die Pflanzen genug Wasser bekommen, werden die Büsche wachsen. Einige Arten neigen dazu, sich auszubreiten und euer Land zu übernehmen. Erkundigt euch, welche Sorten es tun, damit ihr auswählen könnt. Wenn sie sich einmal festgesetzt haben, wird man sie nur schwer wieder los.

Wenn ihr viele Bäume pflanzen oder einen kleinen Obstgarten anlegen wollt, solltet ihr euch vorher über die Eigenarten der verschiedenen Früchte informieren. Samenhandlungen verschicken oft kostenlos Kataloge, in denen die Sorten beschrieben sind. Wenn ihr immer noch nicht sicher seid oder wenn die Worte euch verwirren (Hybride, F1 usw.), dann laßt euch in einer Gärtnerei beraten und fragt, bis ihr die Unterschiede verstanden habt.

Obstbäume brauchen wie ein Garten Sorgfalt und Liebe. Zuerst müssen sie gewässert werden, und ein Kragen aus Blech oder Pappe ist nötig, um Kaninchen daran zu hindern, die Rinde abzunagen. Wenn die Bäume älter werden, müssen sie beschnitten werden. Manchmal, wenn die Äste mit Früchten überladen sind, müssen sie gestützt werden. Die Bäume brauchen das Gefühl, daß ihr sie und ihre Geister achtet.

Tiere

Wenn ihr die Befriedigung genossen habt, euer Gemüse selbst zu pflanzen und zu ziehen, wollt ihr vielleicht einen Schritt weitergehen und noch mehr Dinge, die ihr zum Überleben braucht, selbst erzeugen. Wenn ihr Fleisch essen wollt, überlegt ihr vielleicht, ob ihr dafür Tiere halten wollt. Wir halten es für unverantwortlich, heute nach Fleisch zu jagen, denn unsere vierbeinigen Brüder sind bereits stark dezimiert. Selbst erzeugtes Fleisch ist besser als das aus dem Supermarkt, denn es ist nicht mit giftiger Chemie und Hormonen vollgestopft, und die Tiere wurden mit Liebe gezogen und mit Achtung geschlachtet.

Kaninchen

Unabhängig von der Tatsache, daß manche Leute Kaninchen als Streicheltiere halten, wollen wir überlegen, was sie zu unserer Ernährung beitragen können. Sie sind sehr fortpflanzungsfreudig, also eine nie versiegende Fleischquelle. Davon abgesehen haben Kaninchen noch andere Vorteile; zum Beispiel brauchen sie nur wenig Pflege und nicht viel Platz.

Kaninchen kann man in Hütten halten (praktisch nur kleine Kästen), in Drahtkäfigen oder in einem richtigen Kaninchenhaus. Wir haben unseren Stall aus dreißig Zentimeter hohem Hühnerdraht gemacht, doch wir mußten ihn gegen einen engmaschigen Zaun austauschen, weil sich die Kaninchen, auch noch als sie ziemlich groß waren, immer wieder durchquetschten. Außerdem haben sie so schnell gegraben, daß wir bald einen Holzboden legen mußten. Und wir entdeckten, daß das Holz ziemlich dick und hart sein mußte, weil sie sich sonst durchbissen. Im Augenblick sitzen unsere Kaninchen in einem Kaninchenhaus in Käfigen, die rundherum aus Maschendraht bestehen.

Unsere Kaninchenkäfige hängen etwa einen Meter hoch, und direkt darunter ist eine Schicht Sägemehl gestreut, die die festen und flüssigen Abfälle dieser Vierbeiner auffängt. Mit der Zeit wird aus dieser Mischung der beste Dung, den unser Garten bekommen kann. Kaninchendung ist der einzige, den man direkt auf die Erde geben kann, ohne ihn vorher zu behandeln.

Man hatte uns gesagt, daß die Böcke kämpfen würden, wenn sie im gleichen Gehege gehalten würden. Sie haben es nicht getan. Man hatte uns gesagt, daß die Böcke und Weibchen sich nicht vermehren würden, wenn sie die ganze Zeit im gleichen Gehege wären. Sie haben es getan. Man hatte uns gesagt, daß die erwachsenen Kaninchen die Neugeborenen fressen würden, wenn sie ständig zusammen wären. Sie haben es nicht getan. Kleine Kaninchen in allen Größen lebten mit den ausgewachsenen zusammen. All dies wurde uns von einem Mann gesagt, der seit Jahren Kaninchen züchtete. Der einzige Grund, den wir uns denken können, ist, daß die Kaninchen von klein auf zusammen waren und zusammen aufwuchsen und sich deshalb gut verstanden.

Kaninchen müssen mindestens zweimal am Tag gefüttert werden. Sie fressen, solange Futter da ist. In Getreidehandlungen kann man Fertigfutter und Salzringe für Kaninchen kaufen. Außerdem brauchen sie ständig frisches Wasser. Kaninchen fressen praktisch alles, was grün ist, und das in großen Mengen. Im Sommer pflücken wir Löwenzahn und Alfalfa, wilden Hafer und einige andere Gräser und füttern sie zusammen mit dem Fertigfutter. Im Winter gibt es in der Gemüseabteilung des Supermarktes oft Reste umsonst.

Wenn ihr nicht zu viele Kaninchen wollt, solltet ihr die Böcke von den Weibchen trennen. Die Weibchen wissen instinktiv, wie sie ein Nest bauen und die Jungen versorgen müssen. Solange sie genug trockenes Stroh haben, kümmern sie sich selbst um das Nötige. Kleine Kaninchen kommen überall durch, also paßt auf, daß das Gehege dicht ist. Wenn ihr ein paar Tage vor der Geburt einen 30 × 30 × 15 Zentimeter großen Kasten für das Weibchen bereitstellt und ihn halb mit trockenem Heu oder Stroh ausfüllt, haben es die Kleinen warm und gemütlich, bis sie alt genug sind, um draußen herumzuhoppeln.

Wenn ihr Kaninchen habt, dann ist eins unvermeidlich: Sie reißen aus. Wenn zahme Kaninchen draußen sind, dann seid ihr nicht die einzigen, die sie fangen wollen. Eulen, Falken, streunende Hunde und Katzen und einige andere Tiere haben Kaninchen zum Fressen gern, also paßt auf.

Hühner

Hühner liefern reichlich Fleisch und Eier, wenn sie gut versorgt werden.

Am besten kauft man Küken, weil sie nicht viel kosten. Zuerst muß man einen Hühnerstall bauen, der gut isoliert ist und die Hühner vor Regen, Wind und Kälte schützt. Und er sollte dicht genug sein, um Ratten, Katzen und andere Raubtiere draußen zu halten. Der Stall muß mindestens ein Fenster haben. Hühner brauchen keinen Holzboden, aber der Boden sollte auf jeden Fall mit Stroh ausgelegt werden. Der Stall muß groß genug sein; für jedes Tier sollte mindestens ein halber Quadratmeter vorgesehen werden.

Die Küken kann man nachts und bei Frost mit zwei 200-Watt-Birnen warmhalten, die etwa einen halben Meter über dem Boden aufgehängt werden. Die Küken brauchen ständig frisches Wasser und morgens und abends Kükengrütze.

Wenn sie größer werden und dichtes Gefieder entwickeln, kann man ihnen eine Eigenmischung aus Mais, Weizen, Gerste, Sojabohnen, Hafer und Muschelkalk geben, und als Wärmequelle reicht eine 200-Watt-Birne, die etwas höher über dem Boden hängen kann. Kurz darauf werden die Jungtiere häufig auf Plätzen sitzen, die etwas höher als der Boden sind. Baut ihnen Sitzstangen; ein rechteckiger Rahmen aus drei Zentimeter dicken Stäben, der etwa vierzig Zentimeter über dem Boden verankert wird.

Wenn sie groß genug sind, könnt ihr sie morgens nach draußen lassen. Wenn es dunkel wird, kommen sie von selbst wieder herein. Es ist unvermeidlich, daß ihr einige Küken durch Raubtiere oder Krankheiten verliert. Zögert nicht, einen verletzten oder kranken Vogel zu töten. So werden seine Leiden beendet, und die anderen sind vor Ansteckung geschützt. Wegen dieser möglichen Verluste solltet ihr etwa 10% mehr Küken kaufen, als ihr später Hühner haben wollt.

Krankheiten gibt es mehr, als in diesem Buch erwähnt werden können. Aber keine Sorge! Hühnerkrankheiten sind regional begrenzt, und jede trifft normalerweise nur zwei oder drei Tiere. Außerdem sind die meisten Krankheiten sehr selten. Auskunft kann der zuständige Kreisveterinär geben.

Wenn eure Hühner älter werden, könnt ihr schließlich die Hühner von den Hähnen unterscheiden. Ihr braucht nicht viele Hähne, aber pro zehn Hennen sollte mindestens einer da sein, wenn ihr befruchtete Eier haben wollt. Das bedeutet natürlich, daß die Hennen Nester brauchen: dreißig Zentimeter Durchmesser und dreißig Zentimeter über dem Boden. Hölzerne Nistkästen mit offenem Vorderteil sind gut geeignet, wenn ihr nicht auf dem Boden herumkriechen wollt, um die Eier aufzusammeln. Der Boden ist nämlich mit Hühnerdreck bedeckt; das meiste wird unter den Sitzstangen liegen.

Wenn der Dreck zu hoch wird, könnt ihr ihn mit einer Schaufel entfernen und als Kompost verwenden (Dünger). Er sollte ausgeräumt werden, sobald er ein paar Zentimeter hoch ist. Hühnerdreck ist gut für den Garten, denn er ist ein natürlicher Stickstoffträger.

Wenn die Hühner ausgewachsen sind, braucht ihr sie nur noch zweimal am Tag zu füttern und abends die Eier einzusammeln. Wenn ihr mehr Hühner haben wollt, dann laßt eine oder zwei Hennen die Eier ausbrüten. Sie werden den Rest erledigen, bis die Küken geschlüpft sind, und dann beginnt ihr mit Lampen, Kükengrütze und so weiter wieder von vorn.

Mit einem gewissen Alter fressen Hühner praktisch alles, was auf der Mutter Erde wächst. Die Energie der Mutter Erde läßt sie genau wie euch wachsen und gedeihen. Achtet nur auf die wenigen Dinge, die ihr für sie tun müßt, und die Mutter Erde wird sie und euch behüten.

Die Pflege einer Kuh

Habt ihr schon mal daran gedacht, eine Kuh anzuschaffen? Eine Kuh kann jeden Tag mindestens zehn Liter Milch geben. Was bedeutet das? Bei einem Preis von einer Mark pro Liter sind das zehn Mark am Tag oder 3000 Mark im Jahr, wenn man zwei Monate für die Aufzucht eines Kalbes abzieht. Wenn es eine Färse ist, habt ihr eine zweite Milchkuh. Wenn es ein Bullenkalb ist, habt ihr Fleisch.

Wenn eine Kuh ein Kalb hat, steigt die Milchproduktion auf gut fünfzehn Liter am Tag. Damit bekommt ihr immer noch 6 bis 8 Liter, nachdem das Kalb seinen Teil getrunken hat. Wenn das mehr Milch ist als ihr braucht, könnt ihr Käse machen, Frischkäse, Joghurt, Butter, Buttermilch und Schlagsahne. Wenn ihr das gleiche Glück habt wie wir und eine Eismaschine bekommt, könnt ihr ausgezeichnetes Eis machen.

Wenn ihr das Kalb schlachten wollt, spart ihr 24 bis 40 Prozent eurer Lebensmittelrechnung – und das alles von einer Kuh.

Aber: Eine gesunde Kuh kostet erst einmal eine Menge Geld.* Außerdem braucht sie einen Unterstand, der aber nicht teurer als etwa 200 DM sein sollte, wenn ihr billiges Material benutzt. Unserer war umsonst.

Ihr braucht Stroh für den Boden des Stalls, das gewechselt werden muß. Die Kuh braucht etwa zwei Morgen Weide. Möglicherweise braucht ihr Hafer (auf keinen Fall Gerste), vielleicht auch einen Futterzusatz, der die Milchproduktion erhöht, aber die Kosten halten sich in Grenzen. Außerdem braucht ihr etwa zwei Tonnen Heu.

* Auf die Angabe genauer Zahlen wird hier und in den nächsten Abschnitten z. T. verzichtet, da sie regional sehr unterschiedlich sein können.

Es könnte sein, daß ihr einige Male den Tierarzt rufen müßt, doch das ist gut angelegtes Geld, wenn ihr damit sicherstellt, daß die Kuh gesund ist. Ihr solltet versuchen, die Kuh von jemand zu kaufen, den ihr kennt, damit ihr wißt, daß ihr ein gesundes Tier bekommt. Wenn ihr niemand kennt, der euch eine Kuh verkaufen kann, könnt ihr es bei einer Auktion versuchen, wo Kühe mitunter billig abgegeben werden, aber seid vorsichtig. Es muß einen Grund dafür geben, daß sie verkauft werden. Laßt sie von einem Tierarzt untersuchen, sobald ihr sie auf eurer Weide habt.

Wenn ihr eine Kuh haltet, müßt ihr bereit sein, die nötige Zeit zu investieren. Sie muß zweimal pro Tag gemolken und gefüttert werden – ideal ist ein Abstand von 12 Stunden. Ein kleiner Heuballen und etwas Hafer oder Korn hält sie beim Melken ruhig.

Ihr braucht auch einige Geräte, zum Beispiel einen Milcheimer aus Edelstahl, der sorgfältig mit Spezialreinigern für Molkereien gesäubert und nach jeder Benutzung mit heißem Wasser ausgewaschen werden muß. Außerdem ein Seihtuch, um die Milch durchzuseihen. Außerdem braucht ihr ein Halfter und ein Führungsseil, einen Wassertrog und eine Futterkrippe.

Es kann einige tausend Mark kosten, wenn ihr euch entschließt, eine Kuh zu halten, doch sie gibt für 3000 DM Milch im Jahr, und wenn sie ein Bullenkalb hat, fallen 24 % bis 40 % eurer Lebensmittelrechnung weg.

Konservieren von Lebensmitteln

Wir kennen heute eine ganze Reihe von Möglichkeiten, Lebensmittel zu konservieren. Fast jede ist dem Kauf von Fabriklebensmitteln zu Inflationspreisen im Supermarkt vorzuziehen. Wenn ihr einen Garten oder Obstbäume habt oder selbst Fleisch erzeugt, könnt ihr euch und eure Familie besser und billiger ernähren als die Leute, die in der Stadt wohnen. Wenn ihr nicht alles selbst erzeugt, gibt es andere Möglichkeiten, große Mengen zu bekommen, zum Beispiel die Nachlese, Direktkauf beim

Produzenten und der Tauschhandel. Ihr müßt bereit sein, Zeit zu investieren und für jedes Lebensmittel die Konservierungsmethode zu erlernen, die am besten Geschmack und Qualität bewahrt und es sicher konserviert.

Man kann Lebensmittel haltbar machen durch Einkochen, Einfrieren, Trocknen, Räuchern und Lagern im Erdkeller.

Einfrieren

Die Menschen haben heute entdeckt, daß das Einfrieren von Lebensmitteln, ob gekocht oder roh, einfacher ist als Einkochen und außerdem Nährstoffe, Farbe, Beschaffenheit und Geschmack besser bewahrt. So ist es möglich, in großen Mengen einzukaufen, wenn es die Saison für die Dinge ist, oder wenn es Sonderangebote gibt. Man kann Reste einfrieren, um sie ein andermal zu essen, oder man bereitet sie im voraus für Feiern oder große Gesellschaften vor. Wenn man dabei klug vorgeht, kann jede Familie für weniger Geld besser essen, und die Menschen können ihre Zeit für andere Dinge verwenden.

Manche Früchte und Gemüsesorten sollten vor dem Einfrieren blanchiert werden (im Dampfbad oder 2–3 Minuten kochen, dann in kaltes Wasser tauchen). Am besten sieht man in der Gebrauchsanleitung der Gefriertruhe nach, wie lange man die einzelnen Lebensmittel blanchieren muß.

Fleisch sollte zum Verzehr vorbereitet sein, ehe es konserviert wird. Es ist schwierig, mit einem tiefgefrorenen Fleischbrocken etwas anzufangen. Wickelt es zweimal ein, um Frostbrand zu vermeiden. Schichtet den Inhalt der Gefriertruhe alle vier bis acht Wochen um. Schreibt das Datum auf die Packungen.

Einfrieren hat jedoch einen Nachteil. Wenn der Strom eine Zeitlang ausfällt, hat man Pech gehabt.

Einmachen

Für verschiedene Lebensmittel gibt es verschiedene Möglichkeiten: kalt lagern, Einkochen, Aufbewahren in offenen Behältern. Befolgt genau die Anweisungen, denn die Botulismus-Bakterien können jetzt in eurem Boden sein, auch wenn sie früher nicht da waren. Botulismus-Bakterien können verschleppt werden und den Boden infizieren. Die Bakterien vermehren sich in feuchter Umgebung unter Luftabschluß; das Gift, das sie produzieren, kann tödlich sein. Früher haben die Menschen oft Gemüse oder Fleisch gegessen, das nicht ordentlich zubereitet war und sind nicht krank geworden, weil der Boden nicht infiziert war, ABER IHR KÖNNT NICHT SICHER SEIN.

Informiert euch genau über das Einmachen von Lebensmitteln; in den meisten guten Kochbüchern gibt es ein Kapitel über dieses Thema. Befolgt die Anweisungen genau und laßt das Buch bei der Arbeit offen neben euch liegen.

Bevor ihr mit dem Einmachen beginnt, solltet ihr eure Einmachgläser genau untersuchen und alle aussortieren, die nur den kleinsten Sprung haben. Wascht und spült sie gründlich. Einige Methoden erfordern sogar, daß die Gläser sterilisiert werden. Das kann man machen, indem man sie 20 Minuten in Wasser kocht. Die Gummiringe und Deckel müssen ebenfalls sterilisiert werden. Lest die Anweisungen für die Lebensmittel, die ihr einmachen wollt, und vergewissert euch, daß alles vorhanden ist, was ihr braucht, und daß die Geräte in Ordnung sind.

Wenn die Fuhre eingemacht ist, nehmt sie aus dem Weckapparat und stellt sie zum Abkühlen beiseite. Die Gläser müssen gut von der Luft erreicht werden, damit sie gleichmäßig abkühlen können und die Verschlüsse anziehen. (Beim Abkühlen entsteht im Innern der Gläser ein Vakuum, das die Deckel anzieht.) Dann probiert, ob die Deckel fest sind. Wenn ihr den Einmachgummi ohne Anstrengung wieder lösen könnt, ist das Glas nicht verschlossen. Ihr müßt den Inhalt entweder sofort essen oder es mit einem neuen Gummi noch einmal versuchen. Benutzt auf keinen Fall einen Gummi zweimal.

Wenn ihr eure eingeweckten Lebensmittel essen wollt, müßt ihr erkennen können, ob sie noch gut sind. Klopft mit einem Metallgegenstand auf den Deckel. Wenn es dumpf klingt, laßt die Finger davon. Wenn ihr Zweifel habt, laßt die Finger davon. Botulismus ist ernst, manchmal tödlich.

Die wichtigsten Schritte beim Einwecken sind diese: Sucht gute, feste Früchte aus (es sei denn, ihr müßt eine Ernte retten); wascht sie, schneidet und schält oder entkernt sie, je nachdem, was nötig ist; schneidet schlechte Stellen weg; gebt die Früchte bis knapp unter den Rand ins Glas; gießt Wasser und/oder Sirup bzw. Honig (zum Süßen) dazu; wischt die Ränder ab, legt die Einweckgummis und Deckel auf. Dann werden die Gläser entsprechend der Anleitung in einem Einweckapparat verarbeitet.

Trocknen

Wir haben einige Erfahrung mit dem Trocknen von Lebensmitteln, und es waren Erfolge und Fehlschläge. Jetzt wissen wir, was bei uns funktioniert, und das möchten wir euch mitteilen.

Aus unserer Sicht ist das Trocknen die praktischste Methode, Lebensmittel zu konservieren. Fast jede Frucht, jedes Gemüse, jedes Fleisch oder Getreide läßt sich trocknen. Wir haben von den Indianern gehört, die sogar Enteneier trocknen.

Bei JEDER Lagermethode sind die Umstände zu bedenken, die die Qualität der Lebensmittel beeinflussen: FEUCHTIGKEIT, LICHT, SCHÄDLINGE und TEMPERATUR.

Wir schwefeln unsere Lebensmittel überhaupt nicht. Manche Leute sagen, das Schwefeln erhielte das Vitamin C in den Früchten (doch es zerstört den B-Komplex). Es bewahrt auf jeden Fall die Farbe; wir sind jedoch bereit, die Farbe zu verlieren und den natürlichen Geschmack zu behalten. Die Menschen haben seit mindestens 5000 Jahren Lebensmittel ohne Schwefel getrocknet.

Das Trocknen bedeutet, daß FEUCHTIGKEIT, der Nährboden

für Bakterien, Pilze und Fäule, entzogen wird. Gut getrocknete Lebensmittel halten sich lange. Mit der Zeit zerfallen sie, doch das tun auch Lebensmittel, die mit anderen Mitteln konserviert sind.

Wir haben gemerkt, daß es eine Anstrengung der ganzen Gruppe erfordert, wenn große Mengen Früchte oder Gemüse zum Trocknen vorbereitet werden sollen. Die Kerne und Steine zu entfernen, erfordert viel Humor, Geduld und die Bereitschaft, klebrige Finger in Kauf zu nehmen. Makellose Früchte und Gemüse trocknen am besten, aber wir haben auch »zweite Wahl« erfolgreich getrocknet, nachdem wir die schlechten Stellen herausgeschnitten hatten. Wenn ihr den Verdacht habt, daß Pestizide benutzt worden sind, dann wascht die Lebensmittel, die ihr trocknen wollt.

Wir trocknen die meisten Sachen in der Sonne auf Papptafeln. Wir breiten die Früchte nebeneinander aus und sorgen dafür, daß sie sich nicht berühren (weil sie sonst faulen), drehen sie ab und zu um, damit sie gleichmäßig trocknen, und lassen die Sonne den Rest erledigen. Das funktioniert, solange es keine Fliegen (SCHÄDLINGE) gibt und wenn es bei euch nur selten regnet und keinen Tau gibt (FEUCHTIGKEIT). Ein darübergeheftetes Seihtuch hält die Fliegen ab. Ein Zaun, entweder um die Früchte oder um die Hühner, verhindert, daß sie an der Ernte herumpicken. Und wenn ihr schnell seid, könnt ihr die Früchte abends ins Haus bringen, ehe es regnet.

Sonnentrockner

Wir haben jetzt einen einfachen Sonnentrockner, der uns sehr hilft. Der Trockner sieht aus wie eine hochbeinige Kommode mit einem Sonnenkollektor, der von der Unterkante des Kastens schräg zum Boden geneigt ist. Der ganze Kasten wird mit den Scheiben nach Süden aufgestellt.

Ein Sonnenkollektor ist sehr einfach zu bauen. Nehmt ein Stück altes Blech – etwas kleiner als einen Meter zwanzig mal zwei Meter vierzig – und baut eine flache Kiste, die das Blech aufnehmen kann; Die Kiste sollte etwa zehn Zentimeter tief, einen Meter zwanzig breit und zwei Meter vierzig lang sein (als Rückwand ist Sperrholz gut geeignet). Eine Schmalseite kommt nach unten, die andere wird mit dem Trockenapparat verbunden. An beiden Schmalseiten müssen vergitterte Ventilationsöffnungen freibleiben – drei unten und sechs oben. Streicht den Kasten innen schwarz. Es gibt sonnenabsorbierende Spezialfarbe, die das Sonnenlicht besser aufnimmt als normale Farbe, doch das ist nicht unbedingt nötig. Streicht das Deckmaterial des Trockners mit der gleichen schwarzen Farbe und nagelt es in den Kasten. Bedeckt die Konstruktion mit einer Glasscheibe und versiegelt sie mit Silikon. Ihr könnt auch durchsichtige Plastik nehmen, aber mit Glas funktioniert der Apparat besser.

Laßt uns vereinbaren, daß die Südseite ›vorne‹ ist und die Nordseite ›hinten‹. Die Vorderseite des Schrankes muß unten etwas breiter sein als einszwanzig, damit die Oberkante des Sonnenkollektors in den Schrank geschoben werden kann. Die Öffnung sollte nur wenige Millimeter größer sein; nicht mehr als unbedingt nötig. Die Fugen könnt ihr mit Isolierband verkleben. Die ganze Rückwand des Schrankes kann wie eine Tür aufgeklappt werden. Auf die Innenwände des Schrankes haben wir in fünf Zentimeter Abstand Führungsleisten für Trockengitter gesetzt; die Trockengitter haben wir aus Plastik gemacht, denn Metall könnte Gifte absondern. Auf dem Dach ist wieder eine vergitterte Öffnung, die etwa doppelt so groß ist wie die Öffnungen am oberen Ende des Sonnenkollektors (und die Fläche dieser Öffnungen ist wiederum doppelt so groß wie die am unteren Ende; das führt dazu, daß die erwärmte Luft auf dem Weg nach oben durch immer breitere Öffnungen zieht und nicht im Trockner steht).

Der Sonnenkollektor funktioniert am besten, wenn er gerade nach Süden ausgerichtet ist und im rechten Winkel zur Mittagssonne steht.

Wir kennen Leute, die andere Trockenapparate benutzen; teilweise arbeiten sie mit Strom. Wenn ihr euch dafür interessiert, könnt ihr euch Bücher über dieses Thema besorgen. Die optimale Trockentemperatur liegt bei etwa 50 °C.

Die meisten Früchte sind mit den beschriebenen Methoden leicht zu trocknen. Einige beachtenswerte Ausnahmen sind Wassermelonen und manche Beerenarten. Erdbeeren und andere Beeren haben wir getrocknet, indem wir sie zu Girlanden zusammennähten und die Leine aufhängten. Wir wissen, daß Pueblo-Indianer Melonen getrocknet haben, indem sie sie in Viertel schnitten und schälten und in der Sonne auf die Leine hängten, doch wir haben es noch nicht ausprobiert.

Die meisten Früchte sind trocken eßbar, wenn man gute Zähne hat; man kann sie aber auch kochen oder einige Stunden einweichen; wenn man will, kann man sie süßen.

Wir haben auch Gemüse getrocknet: Zucchini, Sellerie, Maiskolben, Zwiebeln, Kohl, Möhren, Paprika und grüne Bohnen. Bohnen müssen langsam im Schatten getrocknet werden. Wir haben sie aufgefädelt und fast einen Monat unser Büro mit ihnen geschmückt.

Fleisch und Fisch läßt sich leicht trocknen. Dörrfleisch stellt man her, indem man das Fleisch in schmale Streifen schneidet, die zusammengenäht werden. Das Bündel wird 3 Minuten in Salzwasser gekocht (eine 10-prozentige Lösung – wenn ein Ei schwimmt, ist sie richtig). Dann wird das Fleisch je nach Luftfeuchtigkeit 3 bis 10 Tage zum Trocknen aufgehängt. Die Fleischstreifen können auch vor dem Aufhängen einen Tag in Salz eingelegt werden. Kleine Fischfilets könnt ihr gut salzen und sofort zum Trocknen aufhängen. Fisch und Fleisch kann auch geräuchert werden, doch das haben wir noch nicht probiert.

Die LAGERUNG getrockneter Lebensmittel ist genauso wichtig wie das Trocknen. Vergewissert euch, ob alles völlig trocken ist. Je trockener es ist, desto länger halten sich die Lebensmittel. Verpackt sie in kleine Plastiktüten und verschließt sie dicht. Es sollten kleine Portionen sein, damit immer nur ein Päckchen betroffen ist, wenn etwas verdirbt; außerdem kann sich FEUCH-

TIGKEIT nicht auf andere Lebensmittel ausbreiten. Wir frieren jede Tüte mindestens 48 Stunden ein, um Schädlinge zu töten – Bakterien oder Wurmlarven zum Beispiel. Dann stecken wir die Tüten in luftdichte Behälter, denn der SAUERSTOFFMANGEL hindert das Wachstum einiger Bakterienarten. Dann lagern wir das Ganze in einem dunklen, kühlen Raum.

Es ist wichtig, die Vorräte etwa alle zwei Monate umzuschichten. Dadurch bekommt ihr eine Vorstellung, was wie schnell verbraucht wird und was noch da ist. Gleichzeitig entdeckt ihr verdorbene Lebensmittel, die ihr wegwerfen müßt. Außerdem seht ihr, ob ihr Mäuse im Lagerraum habt. Vergeßt nicht, daß FEUCHTIGKEIT, LICHT, WÄRME und SCHÄDLINGE unsere Feinde sind. Licht, Wärme und Sauerstoff halfen uns zwar, die Lebensmittel zu trocknen, doch sobald die Lebensmittel trocken sind, schaden sie ihnen.

Räuchern

Fleisch und Fisch zu räuchern, ist ein langwieriger Prozeß, der die schädliche Feuchtigkeit entfernt und das Räuchergut mit Rauch durchsetzt – Rauch ist ein natürliches Konservierungsmittel. Das Räucherfeuer wird mit Hartholz genährt, und die Temperatur in der Räucherkammer soll nicht zu hoch werden (nicht über 30 °C).

Fleisch zu trocknen erfordert Zeit, keine Hitze.

Das Fleisch wird gesäubert, in Streifen geschnitten und in einer Kammer so aufgehängt, daß der Rauch alle Oberflächen bestreichen kann. Wenn es ungleichmäßig geräuchert ist, hält sich das Fleisch nicht lange. Fische können im ganzen geräuchert werden, wenn sie nicht zu groß sind, doch sie müssen ausgenommen werden, damit der Rauch auch ihr Inneres erreicht. Das Fleisch oder die Fische dürfen von nichts anderem als dem Rauch berührt werden.

Das Feuer wird mit Hartholz – zum Beispiel Erle – betrieben. Weiches Holz ist nicht geeignet. Ein Rauchtunnel leitet den

Rauch – nicht die Wärme – vom Feuer in die Räucherkammer. Manchmal muß man ein Leitblech einbauen, um den Rauch gleichmäßig in der Räucherkammer zu verteilen.

Räuchern bei niedrigen Temperaturen konserviert das Fleisch. Wird es zu heiß, kocht es und muß dann eingefroren, eingemacht oder sofort gegessen werden.

Die Ureinwohner im Nordwesten haben Lachs und Fleisch jahrhundertelang auf diese Weise geräuchert und konserviert, und viele besitzen große Räucherhäuser, die nur diesem Zweck dienen.

Erdkeller

Ein Erdkeller ist wichtig, wenn ihr Gemüse und Früchte selbst zieht. Er erfüllt mehrere Aufgaben. Er dient als Lager für Knollenfrüchte, für frische und eingemachte Lebensmittel, und manchmal auch als Schutz vor Stürmen. Er ist vergleichsweise einfach zu bauen, wenn man auch ziemlich mit der Schaufel schuften muß.

Zuerst hebt ihr eine Grube in der Größe eines Zimmers aus, falls das für eure Bedürfnisse reicht. Der Boden muß leicht geneigt sein, damit das Wasser ablaufen kann. Die Wände können mit Steinen oder Zement oder anderen Materialien verkleidet werden, wenn ihr glaubt, daß die Wände sonst nicht lange halten. Stein ist ein guter Baustoff für einen Erdkeller, weil er die gewünschte Kühlung gibt.

Überzeugt euch, daß das Wasser aus eurem Erdkeller abfließen kann; ihr wollt doch eure Nahrung sicher nicht in stehendem Wasser aufbewahren.

Die Grube bekommt ein Dach, das das Gewicht der Erde tragen kann; die Erde isoliert vor Wärme. Die Tür muß gut isoliert werden, und zu ihr führt eine Leiter oder eine Treppe hinunter. Wenn ihr dann noch Regale für Einmachgläser einbaut und Kästen mit trockenem Weizenstroh auslegt, ist euer Keller fertig.

Der Keller soll eure Nahrung konservieren. Milch und Eier können dort ebenso aufbewahrt werden wie Kartoffeln, Rüben, Möhren, Kohl, Rote Beete, Zwiebeln, Kürbisse und Melonen. Alles außer Kartoffeln und Möhren sollte in Kisten mit Erde gelagert werden. Die Früchte dürfen sich nicht berühren, denn sie verfaulen, wenn sie eine Weile dicht beisammen liegen. In den Sommermonaten kann euer Erdkeller eine Menge Gemüse und Früchte aufnehmen, die ihr sonst einfrieren müßtet.

Es ist wichtig, daß ihr alle paar Wochen eure gelagerten Vorräte überprüft, um alles auszusondern, das vielleicht schlecht geworden ist. Dieser Aufwand wird die Menge der verdorbenen Lebensmittel letzten Endes reduzieren.

Lagerhaltung ist lebenswichtig

Wir glauben, daß vor allem die Menschen, die auf dem Land in Gruppen leben, in Harmonie miteinander und mit der Erde, die bevorstehende Reinigung der Mutter Erde überleben werden. Wenn diese Gruppen überleben wollen, müssen sie vorbereitet sein. Das bedeutet, daß sie genug Lebensmittel gelagert haben müssen, um die Gruppe drei oder mehrere Jahre am Leben zu halten.

Was braucht man zum Überleben? Zuerst und vor allem Wasser. Wenn ihr euer Land gut ausgesucht habt, dann habt ihr eine natürliche Wasserquelle, die ohne Störungen fließt. Eine Quelle oder ein Brunnen ist die beste Möglichkeit. Wenn ihr euer Wasser aus einem Bach bezieht, könnte die Versorgung während der Reinigung der Erde irgendwann einmal unsicher werden. Um sicherzustellen, daß ihr auch in solchen Zeiten Wasser habt, solltet ihr Glas- oder Plastikbehälter mit Wasser füllen, sie an einem sicheren Ort lagern und alle paar Monate auf Lecks prüfen; ab und zu muß das Wasser ausgewechselt werden. Rechnet mit einem Minimum von zwei Litern Trinkwasser pro Tag und Person. Wasser, über dessen Qualität ihr nicht sicher seid, solltet ihr ein bis drei Minuten kochen und mehrmals von einem Behälter in einen anderen gießen, damit es wieder Sauerstoff und Geschmack bekommt. Ihr könnt es auch reinigen, indem ihr Bleichmittel zusetzt, dessen einziger Wirkstoff Hypochlorit ist (10 Tropfen auf fünf Liter klares Wasser, 20 Tropfen, wenn das Wasser trüb ist). Laßt das Wasser eine halbe Stunde ruhen und überzeugt euch, ob es noch nach Chlor riecht. Wenn der Geruch verschwunden ist, gebt noch einmal Bleichmittel dazu und laßt es wieder 15 Minuten stehen. Ihr könnt auch eine 3prozentige Jodlösung nehmen: 15 Tropfen auf den Liter klares Wasser, doppelt soviel, wenn es trüb ist. Wenn ihr welche habt, könnt ihr auch Wasserreinigungstabletten nehmen. Diese Methoden sind nützlich, wenn ihr befürchten müßt, daß das Wasser durch Bakterien oder andere Organismen verseucht ist. Gegen chemische Verseuchung oder Radioaktivität helfen sie nicht.

Eine andere Möglichkeit ist es, Aktivfilterkohle zu benutzen. Ihr könnt sie in einen normalen Kaffeefilter geben und das Wasser durchgießen.

Als nächstes solltet ihr einen großen Vorrat von den pflanzlichen oder verschreibungspflichtigen Medikamenten haben, die von den Stammesmitgliedern gebraucht werden: empfängnisverhütende Mittel, Herztropfen, Allergiepillen, Insulin und so weiter. Dann braucht ihr natürlich Lebensmittel, Samen, Geräte zum Einwecken und Trocknen, Angeln und Jagdgeräte. Eine abwechslungsreiche Ernährung ist wichtig, um im Gleichgewicht zu bleiben; wir empfehlen jedem, der glaubt, völlig autark vom eigenen Land leben zu können, sich gründlich zu überlegen, worauf er sich einläßt. Ihr könnt zwar Fleisch bekommen, indem ihr jagt, ihr könnt Wildpflanzen sammeln, Beeren, Kräuter und Früchte, doch wir glauben, daß es unverantwortlich ist, weil es in dieser Situation die Mutter Erde zu sehr belastet.* Wenn ihr einen guten Vorrat an Samen habt, könnt ihr euer Gemüse selbst anbauen und einkochen oder

* Ganz abgesehen davon, daß in den USA die Jagdbestimmungen viel lockerer sind als z. B. in Deutschland.

trocknen, um den Herbst, den Winter und den Frühling zu überstehen, bis ihr frischen Nachschub bekommt. Außer den Geräten zum Einmachen (vergeßt nicht, daß ihr drei- oder viermal so viele Deckel wie Gläser und Ringe braucht), braucht ihr Zucker oder Honig, wenn ihr Früchte einkochen und Marmelade machen wollt. Ihr braucht Salz für das Gemüse, Essig, Dill und andere Gewürze für Sauerkonserven.

Da es ein oder zwei Jahre lang schwierig sein könnte, einen Garten zu bestellen, empfehlen wir, daß ihr ständig einen Vorrat an eingemachten und getrockneten Lebensmitteln lagert. Für eine fünfköpfige Familie braucht ihr durchschnittlich 2 Dosen Suppe am Tag, 2 Dosen Gemüse, 1 Glas Fleisch, 2 Gläser mit Früchten und 5 Flaschen Saft in der Woche. Zusätzlich braucht ihr im Jahr mindestens 30 Pfund Backfett, 6 Packungen Backpulver und eine ganze Menge Desinfektionsmittel zur Reinigung von Wasser und anderen Dingen.

Außer Früchten, Säften und Gemüse braucht ihr noch einige Rohstoffe. Bei einer gut gemischten Ernährung braucht ein Erwachsener etwa 250 Pfund Weizen im Jahr oder 80 Pfund Mehl. Weizen bekommt man billiger als Mehl, und er ist leichter zu lagern. Besorgt euch eine handgetriebene Mühle mit einem Mahlwerk aus Stein, damit ihr den Weizen verarbeiten könnt. Außerdem braucht jeder Erwachsene 60 Pfund Trockenmilch, 120 Pfund getrocknete Bohnen und Erbsen (einschließlich Sojabohnen, die beste pflanzliche Proteinquelle), 50 Pfund Honig und 25 Pfund Erdnußbutter im Jahr. Zusätzlich zu dieser Grundausrüstung müßt ihr alles einlagern, was ihr normalerweise eßt und trinkt: Kaffee zum Beispiel, Tee, Kräuter für Tee, Hafer, Reis, Gerste, Nüsse, Süßigkeiten, Salz, Pfeffer, Gewürze, Essig, Öl, Nachspeisen, Maismehl, Kartoffeln, Sirup, Melasse. Um herauszufinden, wieviel ihr einlagern müßt, könnt ihr die Kartons oder Gläser markieren und feststellen, wieviel ihr in 2 Wochen verbraucht. Das Ergebnis wird dann mit 26 multipliziert, um den Jahresverbrauch zu ermitteln. Lagert nur Dinge, die sich gut halten, und bringt sie in Behältern unter, die vor Feuchtigkeit, vor Mäusen und Insekten schützen.

Was ihr zum Jagen und Angeln braucht, hängt davon ab, was ihr gewöhnt seid und womit ihr umgehen könnt. Wenn ihr nicht gerade Vegetarier werden wollt (was in einer Zeit, in der vielleicht nicht viel wächst, sehr unpraktisch sein könnte), müßt ihr wissen, wie ihr mit den Geräten umgeht. Zum Angeln braucht ihr zum Beispiel reichlich Schnur, ein Sortiment Haken, Köder, Flösse und Senker. Die Gerte könnt ihr selbst schneiden, und auch die Flösse könnt ihr selbst herstellen. Wir empfehlen euch, immer einen Vorrat von Dörrfleisch und eingemachtem Fleisch und Fisch zur Hand zu haben, falls es eine Zeitlang mal nichts zu fangen gibt.

Außerdem solltet ihr die Werkzeuge einlagern, die ihr höchstwahrscheinlich braucht. Dazu gehören ein guter Hirschfänger, ein Wetzstein, Nägel, Schrauben, Hacke, Spaten, Zange, Töpfe, Pfannen, Teller, Schalen, Besteck, eine Mistgabel, Handtücher, Bettzeug, Streichhölzer, mehrere schwere Planen aus imprägniertem Stoff oder Plastik, ein Grill, Feldflaschen, Waschbrett, Seil, Eimer, Dosenöffner und andere Geräte, die man zum Kochen und Essen braucht. Außerdem solltet ihr Hygieneartikel einlagern: Seife, Desinfektionsmittel, Reinigungsmittel, Toilettenpapier, genug Bettzeug für alle, Kleidung, Pullover, schwere Jacken und Regenjacken, Nähzeug, Material für Handarbeiten, gute Wander- oder Arbeitsstiefel, Schuhe oder Überschuhe für den Winter, Arbeitshandschuhe, Zahnputzzeug (dazu gehört auch Zahnseide), Einmalhandtücher, Reserveunterwäsche, Alkohol, Ammoniak, Aspirin, Verbandmaterial, Pflaster, Watte, Ohrentropfen, Magnesiumsulfat, Sicherheitsnadeln, Shampoo, Thermometer, Pinzetten, Antihistamine, Vaseline, Insektenmittel und Vitamintabletten. Wahrscheinlich wollt ihr auch Lesestoff und Schreibsachen einlagern und vielleicht Karten- und andere Spiele.

Ihr braucht außerdem verschiedene Treibstoffe, um die bevorstehende Knappheit zu überstehen, die schlimmer sein wird als jede Ölkrise. Benzin ist ein guter Brennstoff, der nicht nur Automotoren, sondern auch Generatoren und viele andere Dinge antreiben kann. Es kann in den Metallkanistern gelagert werden, die eigens für diesen Zweck hergestellt werden, oder in Metalltonnen. Es ist am sichersten, die Tonnen einzugraben, ohne daß jemand sieht, was ihr tut. Mit unverbleitem Benzin kann man auch Campingöfen und Laternen betreiben. Wir glauben, daß Naturgas oder Propangas nicht mehr unendlich lange zur Verfügung stehen werden, und wir empfehlen auch nicht, es zu lagern. Außer Benzin halten wir nur Holz (oder Kohle, falls sie in eurer Umgebung günstig zu bekommen ist) für brauchbare Brennstoffe. Holz ist gut zum Heizen und Kochen geeignet, und es ist meist leicht zu beschaffen. Wir glauben, daß ihr gut versorgt seid, wenn ihr einen Jahresvorrat anlegt. Auf jeden Fall solltet ihr immer euren Wintervorrat einbunkern, ehe es zu feucht und zu kalt dafür wird. Vier bis acht Klafter Holz sollten für eine Hütte mit vier Zimmern zum Kochen und Heizen ausreichen; es kommt jedoch sehr auf die Lage der Hütte an. Als zusätzliche Lichtquellen braucht ihr einen Vorrat an Kerzen, Taschenlampen, Batterien, Petroleumlaternen und Petroleum.

Uns ist natürlich klar, daß wir euch gerade vorgeschlagen haben, einen großen Teil eures Geldes einzulagern. Doch wir können uns keine bessere Investition vorstellen. Wir streben zwar an, in kleinen Gruppen auf dem Land zu leben, doch wir glauben, daß ihr unabhängig von eurer Familienstruktur und der Umgebung Vorräte anlegen sollt. Stadtbewohner sollten sich zumindest überlegen, wo auf dem Land sie einen Teil ihrer Vorräte lagern können. Wir können kein Datum nennen, an dem sich dieses System selbst zerstören wird, doch wir glauben, daß nicht mehr viel Zeit bleibt. Und es ist besser, die Notvorräte zehn Jahre zu früh zu haben als eine Stunde zu spät.

Fleisch

Für den, der gern Fleisch ißt, ist die Jagd eine Lebensnotwendigkeit.* Es können Zeiten kommen, da Vegetarier vor der Entscheidung stehen, Fleisch zu essen oder zu verhungern; also sollte jeder wissen, wie man jagt, damit man es kann, wenn es nötig wird. Sprecht vor der Jagd ein Gebet an den Schutzgeist des Tieres, auf das ihr aus seid. Erklärt, daß ihr eines seiner Kinder zum Überleben braucht, und daß auch ihr eines Tages die Mutter Erde mit eurem Körper nähren werdet. Wenn ihr tötet, dankt dem Tier dafür, daß es euch sein Leben gab und betet, daß sein Geist rasch in den Großen Geist eingehen möge.

Wenn wir im Sommer jagen müssen, fangen wir Fische und kleine Tiere wie Erdhörnchen und Waldmurmeltiere. Allerdings muß man im Sommer bei kleinen Pelztieren auf Tollwut achten. Großes Wild jagen wir im Herbst und im Winter. In kalten Regionen könnt ihr, wenn ihr im November jagt, euer Fleisch sofort einfrieren und den Winter über draußen in einem Schuppen lagern. Schneidet das Fleisch klein, bevor es friert.

Geduld ist bei der Jagd eine wichtige Tugend. Wenn ihr ein Wasserloch gefunden habt, das Wildtiere als Tränke benutzen, dann müßt ihr vielleicht mehrmals wiederkommen und den ganzen Abend ansitzen, ehe ihr euer Fleisch bekommt. Wenn ihr an Hirschpfaden Salz streut, kommen die Tiere regelmäßig zurück. Wenn ihr tötet, säubert den Boden vom Blut und bedeckt alles gut, damit die anderen Tiere nicht abgeschreckt werden. Der Spätnachmittag oder der frühe Abend ist die beste Jagdzeit für Hirsche und Kaninchen. Wenn ihr dem Wild auflauert, müßt ihr so gut wie möglich mit der Umgebung verschmelzen. Steckt euch Gras auf den Hut, bindet Büschel an die Arme, macht euch unsichtbar, damit ihr möglichst nahe an das Wild herankommt. Tragt braune, graue, grüne, schwarze

* Hier gilt wieder die Einschränkung, daß die Bedingungen in jedem Land anders sind. Das hier Gesagte gilt zunächst für die USA; paßt die Vorschläge den Umständen an, unter denen ihr lebt.

oder dunkelblaue Sachen – Weiß oder helle Farben machen euch auffällig. Die indianischen Bogenschützen mußten nahe an das Wild heran, ehe sie es mit Pfeil und Bogen erlegen konnten. Manchmal mußten sie den halben Tag lauern, doch das war kein entscheidender Faktor. Es kam auf die Nahrung an. Wenn es also den ganzen Tag dauert, bis ihr eure Beute erlegt, dann ist es in Ordnung. Und zugleich genießt ihr die natürliche Umgebung.

Ein Bogen mit 40 Pfund Zugspannung und Pfeile mit scharfer Metallspitze sind gut geeignet. Ihr könnt lernen, eure Pfeilspitzen aus Obsidian oder Feuerstein selbst zu machen; ihr könnt sie mit einem Hirschgeweih oder einem Nagel abschlagen und zuschneiden, und wenn ihr eure Pfeile dann noch selbst mit Federn verseht, seid ihr der Selbstversorgung wieder einen Schritt näher.

Wenn ihr Gewehre benutzen wollt, sind Schrotflinten für kleine Tiere wie Enten und Kaninchen gut geeignet. Kauft gute Munition.

Besorgt euch einen guten Hirschfänger (Messer zum Häuten). Ihr braucht keine Riesenmachete an der Hüfte herumzuschleppen. Das Messer muß nur scharf sein, und ihr müßt wissen, wie man damit umgeht.

Zum Abhäuten von Kaninchen, Erdhörnchen und anderen kleinen Tieren schneidet man zuerst an den Pfoten rund um die Hinterbeine und dann an der Innenseite der Beine entlang bis zum Rektum. Am besten schiebt ihr die Klinge unter die Haut und schneidet. Löst mit Fingern und Messer die Haut vom Körper. Zieht die Haut zu den Vorderläufen hin vom Körper ab. Schneidet vorsichtig am Fußgelenk das Fell ab. Laßt euch Zeit mit Ohren und Augen, wenn ihr das Fell im ganzen aufheben wollt. Bei Kaninchen schneidet man die Haut am Hals einfach ab. Mit Drahtkleiderbügeln könnt ihr die Pelze spannen. Um das Tier zum Kochen vorzubereiten, müßt ihr Füße und Kopf abtrennen, dann den Bauch aufschneiden und die Eingeweide entfernen. Dann könnt ihr in den Brustkasten greifen und Herz und Leber herausnehmen, die gut zu essen sind. Wascht das Fleisch in Wasser. Wenn es sehr blutig ist, laßt es über Nacht in kaltem Wasser liegen.

Beim Abhäuten von Hirschen oder anderen großen Tieren wird zuerst die Kehle durchgeschnitten, damit das Tier ausblutet. Auch hier wir die Haut rund um die Hinterläufe aufgeschnitten, dann folgt ein Schnitt über die Innenseite der Beine zum Rektum. Schneidet um das Rektum herum, dann den Bauch herauf bis zur Kehle. Schneidet rund um die Vorderläufe und zieht das Fell ab. Wenn ihr könnt, hängt das Tier an den Hinterläufen an einen Baum; so ist es leichter abzuziehen. Zieht das Fell mit den Händen ab und helft mit dem Messer nach. Wenn ihr auf dem Boden arbeitet, dann paßt auf, daß das Tier auf dem Fell liegt. Schneidet den Bauch auf und entfernt die Eingeweide. Schneidet die Brusthöhle auf und nehmt Lungen, Herz und Leber heraus. Herz und Leber müssen gleich am Abend gekocht werden. Die Lungen sind für die Haustiere. Biegt die Beine, damit ihr sehen könnt, wo Gelenke sind, die ihr durchschneiden könnt. Schneidet das Fleisch um die Wirbelsäule ab, dann trennt die Rippen auf, nachdem ihr das Brustbein mit einem schweren Messer oder einem Beil gespalten habt. Dann werden die Rippen von der Wirbelsäule gelöst. Schneidet Schinkenstücke und Steaks aus Beinen und Rücken. Der Rest ist gut für Eintöpfe, zum Braten oder als Suppenknochen geeignet. Denkt daran, alles zu verwerten. Verschwendet nicht das Geschenk, das die Vierbeiner euch gaben.

Angeln

Mit Haken und Leine zu fischen ist wohl die gebräuchlichste Methode. Benutzt die Angelausrüstung, an die ihr gewöhnt seid; doch wenn ihr sie nicht habt, könnt ihr auch improvisieren. Es geht ums Essen, nicht um den Angelsport. Für verschiedene Fischarten braucht man verschiedene Haken; und es kommt darauf an, wo ihr angeln wollt. Die Rute könnt ihr aus einem langen, dünnen Ast schneiden. Der Sinn der Sache ist ja nur, den Köder nahe an den Fisch zu bekommen.

Ein guter Köder ist alles, was dem Fisch schmecken könnte. Das kann ein Stück Käse sein, Mais, Würmer oder eine fette Fliege. Seht euch um, wo die Fische stehen (auf dem Grund, an schattigen, ruhigen Stellen etc.). Glaubt nicht, daß ihr ohne die gewohnte Ausrüstung nichts fangen könnt. Erfindungsgeist und ein Gebet helfen sehr.

Man kann auch mit Netzen angeln; entweder wird es in ein schnell fließendes Gewässer gehalten, oder es wird an einer Stelle, an der gewöhnlich Fische sind, verankert.

Nehmt das Leben von Fischen nur, wenn ihr unbedingt müßt. Vergewissert euch, welche Vorschriften (Angelschein) gelten. Manchmal darf man Netze nicht benutzen oder es ist eine Mindestgröße oder ein Mindestgewicht vorgeschrieben. Sprecht eure Gebete genau wie bei der Jagd auf andere Tiere oder beim Sammeln von Angehörigen des Pflanzenreichs.

Wildpflanzen

Wir glauben, daß es im Augenblick unverantwortlich ist, allein von Wildpflanzen zu leben, denn sie sind durch die Achtlosigkeit der Menschen bereits gefährlich dezimiert. Wir glauben aber, daß man sie sehr sparsam zur Ergänzung des Speiseplans einsetzen kann.

Wenn wir eine Pflanze oder ein Kraut pflücken wollen, dann nähern wir uns ihm mit Demut und Achtung. Wir erklären den Kräutern, warum wir sie brauchen und wie wir sie benutzen wollen. Wir reißen die Kräuter und Pflanzen nicht sofort aus, sondern opfern vorher etwas Tabak oder Maismehl oder sprechen ein besonderes Gebet. Wir nehmen nie etwas von unserer Mutter Erde oder unseren Verwandten im Tierreich, ohne auch etwas zu geben.

Wir ernten die Pflanzen schnell und sorgfältig, um das Trauma des Gepflücktwerdens nicht unnötig zu verlängern. Bei der

Ernte sprechen wir still im Herzen ein Dankgebet. Wir »räumen« eine Pflanzenkolonie nicht einfach »ab«. Es ist wichtig, so viele Pflanzen stehenzulassen, daß sie sich erholen und wieder vermehren können, damit auch die künftigen Generationen noch genug Wildpflanzen finden können.

Wenn wir wilde Pflanzen pflücken, müssen wir vorsichtig sein. Einige Giftpflanzen sehen genießbaren Pflanzen sehr ähnlich. Hier sind einige Hinweise für eure Sicherheit:

1. Allgemein verläßliche Regeln – wie das Fehlen oder Vorhandensein von milchigem Saft – gibt es nicht. Der Löwenzahn hat zum Beispiel milchigen Saft und ist eßbar, einige Giftpflanzen haben ihn nicht.
2. Wilde Tiere fressen verschiedene Giftpflanzen. Doch sie haben ein anderes Verdauungssystem, und die gleichen Pflanzen könnten Menschen vergiften.
3. Nutztiere meiden gewöhnlich Giftpflanzen, solange sie andere bekommen, doch im Frühjahr, wenn sie hungrig sind, grasen sie auch Giftpflanzen; manchmal mit tödlichem Resultat.
4. Einige Pflanzen sind giftig, wenn sie welken, wie die Würg-Kirsche und einige Gräser. Benutzt also frische Pflanzen.
5. Das Gift kann auf einen Teil der Pflanze beschränkt sein wie beim Holunder. Die ganze Pflanze ist giftig, doch die REIFEN purpurschwarzen Früchte sind eßbar.
6. Manchmal zerstört Kochen die Gifte, doch das trifft nicht immer zu.
7. Nehmt keine Pflanzen, die aussehen wie wilde Möhren oder wilde Petersilie, wenn ihr nicht absolut sicher seid. Es könnte Schierling sein.
8. Eßt keine weißen oder roten Beeren, wenn ihr nicht absolut sicher seid. Auch von den blauen oder schwarzen Beeren sind einige giftig.
9. Am besten geht ihr *allen* Pilzen aus dem Weg (bis auf die aus dem Geschäft). Selbst Experten haben sich schon geirrt. Vorsicht: Ausprobieren durch Versuch und Irrtum ist gefähr-

lich, denn einige Arten rufen erst nach drei Tagen Symptome hervor; eine erbsengroße Portion kann tödlich sein. Der erste Fehler kann schon der letzte sein.

10. Eßt keine Pflanzen aus Boden, der Selen enthält oder auf dem Selenzeiger wachsen (das könnt ihr in einem Bestimmungsbuch nachschlagen).

11. Einige Pflanzen wie die Melde nehmen große Mengen Nitrate auf, die aus Kunstdüngern stammen. Meidet diese Pflanzen, wenn sie aus Gebieten kommen, in denen gedüngt wird.

12. Meidet Pflanzen, die nahe an Straßen stehen. Oft sind sie mit Unkrautvernichtungsmittel besprüht, oder sie haben die giftigen Auspuffdämpfe aufgenommen.

13. Lernt die Pflanzen in jedem Wachstumsstadium kennen.

14. Eine Wildpflanze ist nicht unbedingt eßbar, nur weil sie entfernt an eine gut bekannte Art erinnert.

15. Seid vorsichtig, wenn ihr unbekannte Pflanzen ausprobiert, selbst wenn ihr sicher zu sein glaubt. Manche Gifte akkumulieren sich.

16. Viele Pflanzen sind giftig, wenn sie verschimmelt sind. Nehmt nur frische.

17. Mutterkorn ist giftig; es befällt mehrere Getreidesorten. Eßt keine Körner, die dunkel sind und mehrmals so groß wie normale Körner.

18. Lernt die Giftpflanzen eurer Heimat kennen, besonders jene, die mit eßbaren Pflanzen verwechselt werden können.

19. Erstellt eine Liste der eßbaren Pflanzen mit großer Sorgfalt, bis ihr sie in allen Wachstumsstadien kennt. Lieber zu vorsichtig sein als im Krankenhaus oder auf dem Friedhof landen.

20. Verschlingt kein ungewohntes Essen, solange sich euer Körper noch nicht darauf eingestellt hat.

21. Eßt die Pflanzen roh, wo immer es möglich ist, denn Kochen zerstört Vitamine und Enzyme sehr schnell.

22. Wenn ihr Wildpflanzen kochen müßt, dann solltet ihr mehrmals das Wasser wechseln. Gießt die erste Ladung Wasser weg, denn häufig ist es sehr bitter.

23. Eßt keine Wildpflanzen, wenn ihr wißt, daß die Strahlenbelastung in eurer Gegend hoch ist.

Es gibt eine ganze Menge Pflanzen, die ihr beruhigt essen könnt. Im folgenden Teil haben wir einige aufgeschrieben, die es fast überall gibt. Diese Liste soll nur ein Anhaltspunkt dafür sein, wie viele eßbare Pflanzen es gibt. Wenn ihr mehr Informationen wollt, lest die vielen guten Bücher, die es über dieses Thema gibt.

EICHELN – Die Indianer lieben diese Nüsse. Wir sammeln sie im Herbst, wenn sie vom Baum fallen. Wenn sie auf dem Boden liegenbleiben, bekommen sie Würmer. Wir schälen sie und ziehen die Bitterstoffe heraus, indem wir heißes Wasser darübergießen und sie mehrmals wässern. Dann mahlen wir sie und benutzen sie als Mehl oder Mehlzusatz oder ergänzen unsere Bohnen- und Suppengerichte mit ihnen.

MELDE – Ein feines Küchenkraut für den Sommer. Sie wächst fast überall. Sie muß gekocht werden (Wasser wechseln), damit jeder schlechte Geschmack, den sie aufgenommen hat, verschwindet.

GROSSE KLETTE – Die zarten, jungen Schößlinge können gesäubert und roh gegessen werden wie Sellerie, oder man dünstet sie zusammen mit anderem Gemüse. Die »Wurst« oben kann gedünstet und wie ein Maiskolben gegessen werden.

LÖWENZAHN – Junge Blätter kommen in den Salat, ältere werden gekocht (Wasser wechseln), um die Bitterkeit herauszuziehen. Das Ergebnis ist ein Grüngemüse, das Spinat sehr ähnlich ist. Das Grün hat reichlich Vitamin A.

SENF – Die grünen Teile schmecken gekocht hervorragend. Sie sind verdauungsfördernd. Die Wurzeln können als Garnierung für Fleisch gemahlen werden.

WILDER HAFER – Die Körner werden über einem Feuer geröstet oder angesengt, um die scharfen Bärte loszuwerden. Dann kann man sie ins Brotmehl mischen oder die Suppe andicken.

WILDFRÜCHTE UND BEEREN – Viele wilde Beeren sind eßbar.

Viele können roh gegessen werden. Viele kann man zusammen mit anderen Wildfrüchten trocknen oder einmachen und später essen.

PINIE – Der Zapfen enthält kleine Nüsse mit einer dünnen Schale. Sie werden von Indianern in Nevada, Kalifornien und New Mexico und an anderen Orten geerntet. Normalerweise werden sie geröstet und heiß verzehrt, doch man kann sie auch roh essen oder in die Suppe geben.

Kräuter

Warum benutzt man Kräuter zum Heilen? Das Verständnis ihrer wahren Natur hilft uns, diese Frage zu beantworten. Kräuter haben eine ganz bestimmte Beziehung zu allen anderen Aspekten der Natur, einschließlich des Menschen. Die Art, wie Kräuter mit Menschen in Interaktion treten, wenn sie als Tee oder Pulver eingenommen oder geraucht werden, ist ein Ergebnis der Natur dieses bestimmten Krautes. Jedes Kraut wirkt anders auf uns, und jeder Mensch reagiert anders. Im Grunde kann man ein Kraut als einen »Befehl« vom Großen Geist betrachten. Ein Kraut ist die Verkörperung des Lichts und des Willens des Großen Geistes. Wenn dem Körper ein Kraut zugeführt wird, reagiert der Körper auf den Willen des Schöpfers.

Ein wichtiger Aspekt beim Heilen mit Kräutern ist Achtung. Wenn wir sehen können, daß jedes Kraut ein Aspekt des göttlichen Willens ist, warum sollten wir dann den Willen des Schöpfers nicht achten? Kräuter müssen als das benutzt werden, was sie sind – als lebende, empfindende Wesen. Wenn wir sie uns als leblose, tote Substanzen vorstellen, vergleichbar den Pillen in der Apotheke, dann geben sie uns viel weniger – weil wir ihnen nicht den Respekt entgegenbringen, den sie brauchen.

Menschen und Kräuter gehören zusammen. Kräuter sind eine sanfte Medizin, die einen bestimmten Aspekt der Liebe des Schöpfers für uns widerspiegeln. Seid sanft mit Kräutern, und sie werden euch mit Liebe zum Schöpfer erfüllen.

Wie alle anderen Wildpflanzen verdienen auch Kräuter eure Liebe und Achtung, besonders wenn ihr sie pflückt. Kräuter sollen gepflückt werden, wenn ihre Wirkung am stärksten ist: wenn die Blätter ausgewachsen und saftig grün sind, wenn die Blüten voll erblüht sind, wenn die Wurzeln voll entwickelt, aber noch nicht alt und verholzt sind. Wenn ihr über den Zeitpunkt nicht sicher seid, fragt das Kraut.

Kräuter trocknen am besten im Schatten. Beim Trocknen sollten sie dunkel und in luftdichten Behältern aufbewahrt werden, damit sie ihre Eigenschaften nicht verlieren.

Wenn möglich verwenden wir Kräuter, die in der Nähe wachsen; dies gilt besonders für die Medizin. Doch das ist manchmal nicht machbar, weil wir mitunter Kräuter brauchen, die woanders wachsen.

Es gibt mehr nützliche Kräuter, als wir hier aufführen können, doch wir haben einige zusammengestellt, die wir für wertvoll halten. Wenn ihr mehr darüber wissen wollt, verweisen wir wieder auf die vielen guten Bücher, die es zum Thema gibt.

Alfalfa hat viele Vitamine und Mineralien, stoppt innere Blutungen und hilft bei der Behandlung von Arthritis.

Bärentraube (Kinnikinnik) ist stärkend und harntreibend.

Brombeerblätter sind gut bei Erkältungen, Geschwüren, Magenbeschwerden, Zyklusstörungen und Wunden.

Cayennepfeffer ist eigentlich ein Gewürz, doch er wird benutzt, um verengte Blutgefäße zu weiten und hilft bei Erkältungen.

Echinacea wurde von manchen Stämmen als Blutreiniger benutzt und zur Heilung von Geschwüren, Infektionen, Insektenstichen, Abszessen, wunder Haut und Verletzungen.

Echte Katzenminze beruhigt die Nerven (besonders bei Kindern), senkt Fieber und hilft bei Erkältungen und Bauchkrämpfen.

Gelbwurz: Die Wurzeln beruhigen die Schleimhäute. Gut geeignet für Grippe, Ausschläge, Nasenbluten und Heiserkeit. Er wirkt kräftigend und antiseptisch.

Gemeiner Beinwell: Die Blätter beruhigen den Magen, reinigen das Blut, stoppen innere Blutungen, helfen bei Gallensteinen, Kopfschmerzen, Schnitten und Verbrennungen. Äußerlich kann man ihn für Umschläge verwenden.

Die Wurzeln reinigen das Blut und helfen bei Rheuma, Grippe, Drüsenstörungen, Husten, Erkältungen und Magengeschwüren.

Grosse Klette ist ein Blutreiniger, wirkt anregend und hilft bei Atemschwierigkeiten.

Grüne Minze beruhigt Nerven und Magen.

Hagebutten haben viel natürliches Vitamin C.

Hopfen ist ein Beruhigungsmittel und Blutreiniger. Kann zum Austreiben von Giften und zum Abtöten von Würmern und gegen Kopfschmerzen benutzt werden.

Kamille beruhigt die Nerven, hilft bei Zahnschmerzen, Ohrenschmerzen und Magenverstimmung. Sie ist ein Stärkungsmittel für das Gewebe.

Königskerze hilft bei Erkältungen und Verstopfung, bei Husten, Heiserkeit und Hautreizungen.

Mahonie – Die Wurzeln reinigen das Blut und wirken stärkend; sie verbessern Verdauung und Hautreinheit.

Mate ist ein Tee der südamerikanischen Indianer. Er wirkt anregend und reinigend.

Pfefferminz hilft bei Magenstörungen, Herzrasen, Blähungen und Grippe.

Schachtelhalm ist ein Anregungsmittel, das bei Verstopfung und Arthritis helfen kann.

Salbei hilft bei Erkältungen und Hautreizungen und reinigt.

Sassafras ist ein Gewürz, das das Blut reinigt, Zahnschmerzen lindert und bei Hautproblemen hilft.

Schafgarbe ist gut bei Erkältungen, äußeren und inneren Blutungen, Grippe und Fieber.

Ulmus Fulva wird bei Geschwüren benutzt, bei inneren Blutungen, Verbrennungen und entzündeten Schleimhäuten.

Wachholderbeeren helfen bei Verstopfung, Husten und Hautkrankheiten. Sie wirken harntreibend.

Wegerich stoppt äußere Blutungen und ist gut für Umschläge bei Infektionen, Ausschlägen und Bienenstichen geeignet.

Weisser Andorn löst Verstopfungen, hilft bei Husten, bei Schwierigkeiten mit Lunge und Hals und bei Geschwüren. Er ist ein Gegengift bei Vergiftungen und giftigen Bissen oder Stichen, und er ist ein Abführmittel.

Yerba Santa (Eriodictyon Californicum) hilft bei Enge im Brustraum und Asthma.

Pflanzentabak des Bear Tribe: eine Mischung aus Kinnikinnik und anderen guten Kräutern. Er hilft Leuten, die mit Rauchen aufhören wollen, und er hat nicht die Gifte des normalen Tabaks.

Wenn wir krank werden, benutzen wir oft Kräuter und andere Naturmedizin, um uns zu heilen.

Selbst mit guter Medizin ist es schwer, heutzutage völlig gesund zu bleiben. Da wir in einem industrialisierten Land leben, sind wir ständig die Zielscheiben der chemischen Kriegsführung und radioaktiver Strahlung. Kaum ein Tag vergeht, an dem wir nicht eine Titelgeschichte über die »neuentdeckten« schädlichen Wirkungen einer Speise, eines Getränks, einer Einwickelfolie oder einer Arznei lesen, deren Gebrauch zum Beispiel vom Bundesgesundheitsamt vorher für völlig unbedenklich gehalten wurde. Und unsere Landesverteidiger erfinden ständig neue Keime und Viren für künftige Kriege. Wie es scheint, wenn man von Grippe- und anderen Epidemien hört, entkommen ab und zu einige Viren aus den Labors. Wenn ihr also eure Nahrung nicht selbst anbauen könnt, wenn ihr keine eigene, reine Quelle im Gebirge habt, wenn ihr nicht ständig saubere Luft atmet, und wenn ihr mit Menschen zu tun habt, die krank sind, dann ist es praktisch unvermeidlich, daß ihr ab und zu krank werdet und mindestens eine Erkältung oder Grippe erwischt.

Der Bear Tribe sieht Ärzte genau wie Automechaniker. Wenn du genau weißt, was nicht in Ordnung ist und was repariert werden muß, und wenn du es nicht selbst machen kannst, dann bring deinen Körper zum Arzt oder das Auto in die Werkstatt. Aber wenn du es selbst kannst, ist es viel weniger riskant.

Wir glauben, daß Ärzte gut für mechanische Probleme sind – für Vorsorgeuntersuchungen, für harmlose Eingriffe, für gebrochene Beine, für Antibiotika bei schweren Infektionen, für Geburten, wenn eine Hausgeburt nicht ratsam scheint –, aber wir glauben, daß sie wie andere Mechaniker nicht halb so viele Antworten haben wie sie glauben; außerdem sind ihre Preise überhöht.

So suchen wir ständig nach Wegen, unsere Körper gesund zu halten und kleinere Reparaturen selbst auszuführen.

Wir sind alle keine ausgebildeten Ernährungswissenschaftler oder Pflanzenkundler, doch wir lesen, was wir über diese Themen bekommen, und wir sprechen mit Leuten, die bereit sind, ihre Erfahrung mit uns zu teilen. Wir glauben auch nicht, daß Kräuter die einzige gute Heilmethode sind. Wie die Homöopathen (Heilung durch Ähnliches) glauben wir, daß kleine Mengen einer Arznei oder Substanz ausreichen, um die natürliche Abwehr des Körpers in Gang zu bringen. Es gab Zeiten, da war unsere Abwehr so schwach, daß wir normale Dosierungen von Antibiotika oder Abführmitteln nehmen mußten. Doch die Nebenwirkungen dieser Medikamente sind so schlimm, daß wir sie meiden, wenn es eben möglich ist.

Wir möchten euch noch einige Heilmethoden beschreiben, die wir bei Erkältungen, Grippe und kleinen Infektionen mit gutem Ergebnis benutzt haben. Wir können nicht versprechen, daß diese Heilmethoden euch auf jeden Fall helfen, aber bei uns haben sie mitunter gut gewirkt. Schwangere Frauen, Frauen mit Kleinkindern oder Schwerkranke sollten natürlich zur Körperwerkstatt gehen.

Die Erkältung ist eine verbreitete und lästige Erkrankung, die manchmal gut zu Hause behandelt werden kann. Wenn man gleich beim ersten Schnüffeln vier- bis zehnmal am Tag je ein Gramm Vitamin C nimmt (am besten organischen Ursprungs), reicht es manchmal schon. Wenn nicht, ist es unserer Meinung nach die beste Therapie, jeden Morgen und jeden Abend eine große Knoblauchzehe zu *kauen* (nicht einfach verschlucken). Wenn ihr danach etwas Petersilie kaut, verschwindet der Geschmack. Wenn ihr ihn überhaupt nicht leiden könnt, schneidet eine Knoblauchzehe klein, gebt sie in eine Tasse und zerstampft sie. Gebt ein Viertel vom Saft einer kleinen Zitrone dazu. Braut einen Kräutertee – Pfefferminze ist gut –, und gießt Knoblauch, Zitrone und etwas Honig dazu. Laßt das Gebräu drei Minuten ziehen. Trinkt dreimal täglich eine Tasse, bis die Erkältung weg ist. Wir haben mit dieser Methode in vier Tagen Erkältungen kuriert, die schon Kehle oder Ohren angegriffen hatten. Sun Bears Lieblingsrezept gegen Erkältungen ist ein heißer Apfelweinessig mit Honigtee; dazu gießt man eine Tasse kochendes Wasser auf 2–3 Eßlöffel Essig und so viel Honig, daß man die Mischung trinken kann. Einige von uns ersetzen den Essig durch Zitronensaft.

Eine andere Pflanzenkur, die wir bei Erkältungen, bei Grippe und anderen Infektionen im Frühstadium angewendet haben, ist unsere Pflanzen-Infektions-Mischung. Sie besteht aus einem Teil Gelbwurz, und je zwei Teilen Myrrhe und Echinacea-Pulver. Es schmeckt ziemlich übel, deshalb haben wir es in große Kapseln gegossen, von denen wir 3 oder 4 am Tag nehmen. Es hilft auch sehr, zu ruhen, wenn eine Erkältung oder Grippe im Anmarsch ist. Ebenso ein langes, lauwarmes Bad. Und paßt auf, daß ihr niemand ansteckt.

Ein Tee, der bei Erkältungen und Grippe hilft, ist eine Mischung aus Schafgarbe, Beinwellblättern und Kamille. Normalerweise geben wir je einen Eßlöffel auf einen Liter kochendes Wasser und lassen den Tee 20 Minuten ziehen. Wenn ihr für eure Kur daheim nur Pflanzen benutzen wollt, könnt ihr die Mischung stärker machen: einen Eßlöffel auf eine Tasse. Wir haben auch Schachtelhalmtee für verstopfte Nasen benutzt.

Bei einer fiebrigen Grippe nehmen wir manchmal große Kapseln mit Cayennepfeffer. Dadurch schwitzt man stark, so daß die Gifte aus dem Körper geschwemmt werden und das Fieber bricht. Manchmal nehmen wir auch vor der Schwitzhütte eine Cayenne-Kapsel mit Zitronensaft, um die Schweißabsonderung zu verstärken und die Gifte loszuwerden. Cayennepfeffer regt Herz und Kreislauf an, also paßt auf, wenn ihr herzkrank seid. Manche Medizinleute benutzen auch die Schwitzhütte, um das Fieber zu beschleunigen. Wir empfehlen jedoch nicht, daß ein Laie diese Methode benutzt. Statt dessen nehmen wir kühle Bäder oder reiben uns alle 15 bis 30 Minuten mit Alkohol ein, bis das Fieber sinkt; oder wir reiben den Kranken mit kühlen Tüchern ab. Zwischen den Kühlungen muß der Kranke gut eingepackt werden, damit er nicht friert.

Ein guter Tee gegen Fieber ist eine Mischung aus Pfefferminze und Holunderblüten (oder Schafgarbe). Zwei Tassen kochendes Wasser kommen auf 7 Gramm Holunderblüten. Trinkt ihn und geht ins Bett. Der Tee öffnet die Poren, so daß die Gifte ausgeschieden werden können. Diese Methode ist auch für Kinder geeignet. Starker Salbeitee ist auch gut. Wenn das Fieber über 40 °C steigt, wird es *gefährlich*. Dann geht lieber schnell zum Arzt.

Bei Magendarmgrippen (oder Lebensmittelvergiftungen) helfen am schnellsten große Kapseln mit Gelbwurz und Vitamin C. Wir nehmen sie alle ein oder zwei Stunden oder in größerem Abstand, bis alle Symptome verschwunden sind. Bei einer Magengrippe essen wir nur, wenn wir wirklich Appetit haben, und dann beginnen wir normalerweise mit Zitrusfrüchten. Pfefferminz, Kamille und Beinwelltee – zusammen oder getrennt – helfen, den Magen zu beruhigen. Ihr könnt es auch mit dem Essig-Honig-Tee versuchen, wenn ihr Magenschmerzen oder eine Grippe habt.

Vergeßt nicht, daß das, was wir Erkältung oder anders nennen, oft eine Reinigung des Körpers von Giften ist, die er nicht abbauen kann. Starke Medikamente unterdrücken die Symptome, ohne etwas zur Heilung beizutragen. Wenn der Körper sich selbst reinigen will, ist es am besten, ihm zu helfen, indem man fastet oder nur wenig ißt, einen Einlauf macht, wenn man weiß, wie es geht, Kräutertee zur Nierenreinigung trinkt, schwitzt, in heißem und dann in kaltem Wasser badet und mit grobem Stoff die Haut massiert, um sie zu reinigen. Schlafen ist gut, denn der Körper kann häufig besser arbeiten, wenn wir ihn nicht stören. Tut keins der Dinge, die wir vorgeschlagen haben, wenn ihr kein gutes Gefühl dabei habt. Vergeßt nicht, daß die meisten natürlichen Heilmethoden oft mehr Zeit erfordern als Chemie. Seid geduldig und hört auf euren Körper. Respektiert ihn und bedenkt, daß er es wert ist, geheilt zu werden. Betet um die Heilung, die zu euch kommen soll. Stellt euch vor, wie ihr ausseht, wenn ihr wieder gesund seid. Wenn ihr euch mit natürlichen Heilmethoden nicht gut fühlt, dann laßt euch nicht überreden. Geht zum Arzt.

Im Notfall kann die Visualisationstechnik helfen, bis ärztliche Hilfe da ist. Sagt dem Opfer mit beruhigender, bestätigender Stimme, daß ihr ihm helfen wollt und fordert es auf, die Augen zu schließen. Legt ganz leicht die Finger oder die Hand auf die verletzte Stelle und fordert das Opfer auf, sich auf die Berührung zu konzentrieren. Berührt es an einer anderen Stelle und wiederholt die Anweisung. Am besten nehmt ihr für die folgenden Berührungen Stellen, die weiter vom Kopf entfernt sind als die Verletzung.

Sprecht positiv, aber nicht übertrieben. Berührt den Verletzten kurz, Stelle um Stelle, fordert ihn auf, auf die Berührung zu achten. Wenn er zittert oder starke Schmerzen hat, macht mit der Behandlung einige Minuten bis zu einer Stunde weiter, bis der größte Teil der Schmerzen verschwunden ist. Der Verletzte hat inzwischen vielleicht gelernt, sich selbst zu berühren und sich auf diese Weise selbst zu helfen.

Normalerweise sind Verletzungen mit Schmerzen verbunden und heilen nur langsam; das gleiche gilt für Verrenkungen, Verbrennungen, Kopfschmerzen und Verkühlungen, solange das Opfer den »verletzten« Bereich mit seiner Lebensenergie meidet. Wenn es auch nicht danach aussieht – es ist nicht die Energie eures Fingers, die ihm hilft; es ist seine eigene Lebenskraft, die durch die Konzentration auf euren Finger auf seinem Körper erzeugt wird. Alles, was ihr tut, ist, ihn mit seiner Verletzung zu verbinden, so daß er seine Lebensenergie in den

Bereich senden kann. Das fördert die Heilung und lindert die Schmerzen. Es ist überflüssig zu sagen, daß man natürlich den Erste-Hilfe-Kasten benutzt, wenn einer vorhanden ist, und diese Technik begleitend einsetzt.

Wenn ihr allein seid, ist diese Technik genauso wirkungsvoll. Statt mit dem Opfer zu sprechen, sprecht ihr mit euch selbst und berührt euch selbst. Stellt euch vor, daß die heilende Energie da ist; ihr müßt sie nur noch am richtigen Ort konzentrieren. Normalerweise fließt diese Energie gleichmäßig durch den ganzen Körper, damit wir gesund bleiben. Doch bei einer plötzlichen Verletzung kann durch Schmerzen Angst entstehen, Panik und ein Schock; und das ist ein Bewußtseinszustand, der diese Kraft blockiert.

Wenn ihr weit von der Zivilisation entfernt leben wollt oder mit vielen Menschen zusammenarbeitet, empfehlen wir euch, wie wir es tun, einmal im Jahr einen Kurs in Herz-Lungen-Wiederbelebung zu machen. Das rettet Leben. Wir empfehlen auch die Erste-Hilfe-Kurse der Hilfsorganisationen. Sie vermitteln euch die Techniken und das Selbstvertrauen, bei Notfällen zu helfen.

Essen

»Unser altes Essen, das wir früher aßen, war gut. Das Fleisch vom Büffel und das Wild war gut. Es machte uns stark. Diese Kühe sind gut zu essen, weich und zart, doch sie sind nicht wie dieses Fleisch. Früher waren wir langlebig. Heute essen wir das Fleisch des weißen Mannes und leben nicht mehr lange – vielleicht siebzig, vielleicht achtzig Jahre, nicht mehr hundert. Süße Medizin hat es uns gesagt. Er sagte, dieses Essen würde süß sein, und wenn wir es geschmeckt hätten, würden wir es wollen und unser altes Essen vergessen. Würg-Kirschen und Pflaumen und wilde Rüben und Honig von den wilden Bienen, das war unser Essen. Dieses andere Essen ist zu süß. Wir essen es und vergessen ... es wird alles wahr, was er sagte.« Fred Last Bull,

Hüter der Heiligen Pfeile der Cheyenne sagte dies 1967 seinem Publikum in Busby, Montana.

Wir glauben, daß Sweet Medicine's Prophezeiung richtig ist. Viele Menschen wissen, daß das Essen, das sie zum Leben brauchen, in Wirklichkeit tödlich für sie ist.

Jeden Tag hören wir neue Eröffnungen über die Reinheit unseres Essens. Zuerst war es das Frühstücksmüsli, dann Zyklamate, dann das Rot Nr. 2, das praktisch überall verwendet wird. Und daß die FDA* das Rot Nr. 2 verbot, bedeutet noch lange nicht, daß es aus den Regalen verschwunden ist. Es darf nicht mehr hergestellt werden, doch die Lagerbestände dürfen verkauft werden. Dann kam das Rot Nr. 40, das das Rot Nr. 2 ersetzen sollte. Auch diese Farbe soll krebserregend sein. Konservierungsmittel sind ausgesprochen schädlich. Nitrate und Nitrite, die ebenfalls praktisch überall auftauchen, verändern die Zellstruktur und können Krebs erzeugen. Konservierungsmittel auf Erdölbasis verursachen Gewichtsverlust, Leberschäden und Mißbildungen bei Kindern. Stilbestrol, ein Hormon, mit dem Rinder schneller Gewicht ansetzen, macht das Fleisch wäßrig und fast proteinfrei und kann bei Frauen Brustkrebs oder Tumore verursachen, Sterilität und Impotenz bei Männern und Wachstumsstörungen bei Kindern. Ende 1970 ließ die FDA eine Verdopplung der Stilbestrol-Gaben bei Rindern zu. In den achtziger Jahren wurde trotz vieler Proteste die Bestrahlung von Lebensmitteln erlaubt, weil sie angeblich den Verfall verzögert. Wir könnten endlos weitermachen, aber wahrscheinlich habt ihr verstanden, was wir meinen.

Was tun? Wir müssen essen, und die meisten können es sich nicht leisten, sich nur von Reformhauskost zu ernähren. Wir haben versucht, unser Budget mit Hilfe unseres Wissens über Ernährung auszubalancieren. Wir wissen, was besonders schädlich ist, ohne einen angemessenen Nutzen zu bringen.

* FDA = Food and Drug Administration, entspricht etwa dem Bundesgesundheitsamt. Die Beispiele stammen aus den USA, aber man braucht nicht viel Phantasie, um sie zu übertragen ...

Weißes Mehl und weißer Zucker sind anscheinend völlig wertlos für unseren Körper. Also nehmen wir Vollkornmehl und Honig, wo immer es möglich ist. Wenn uns jemand eine Tüte weißes Mehl schenkt, werfen wir es nicht weg, sondern benutzen es zusammen mit Vollkornmehl.

Wir versuchen, soviel Obst und Gemüse anzubauen wie möglich. Wir recyceln Dinge, die wir nicht essen können, über unseren Kompost. Wir benutzen kein Spray, und wir stecken viel Liebe in unseren Garten. Dafür bekommen wir natürliche Lebensmittel, die frei sind von Pestiziden und Hormonen. Wie wir schon früher gesagt haben, ist es für fast jeden, der einen Garten hat, möglich, auf diese Weise dem Körper und dem Geldbeutel zu helfen. Selbst in der Stadt kann man leere Flächen oder Hinterhöfe für einen kleinen Garten finden. Um die Früchte und das Gemüse für die Monate zu konservieren, in denen sie nicht wachsen, trocknen wir sie oder kochen sie ein. Sucht nach aufgegebenen Obstgärten oder Obstgärten, in denen ihr selbst pflücken könnt und fragt den Besitzer, ob er Pestizide benutzt. Organisch angebaute Früchte sind besser, aber heutzutage so schwer zu kriegen, daß wir auch andere Früchte essen, doch wir schälen oder waschen sie vorher.

Junge Keime sind das ganze Jahr über eine gute Möglichkeit, sich mit Vitamin C und Mineralstoffen zu versorgen. Sie lassen sich leicht aus Alfalfa-Samen, Linsen, Weizen und anderem Getreide ziehen. Nehmt organisches Saatgut, steckt es in ein Glas, laßt es etwa acht Stunden in Wasser stehen, wascht und spült es drei Tage lang drei- bis viermal am Tag mit klarem Wasser. Am vierten Tag sollten die Körner gekeimt sein. Spült sie ab und stellt sie einen Tag in die Sonne, damit sie Chlorophyll entwickeln, dann steckt sie in Tüten und friert sie ein, bis ihr sie für Salate, Eierspeisen, Suppen und Eintöpfe braucht; sie sind fast für alles zu verwenden.

Um unverfälschtes Fleisch zu bekommen, müssen wir nicht nur die Tiere selbst aufziehen, sondern auch das Futter selbst herstellen. Wenn ihr zum Beispiel normales Hühnerfutter kauft, dann bekommt ihr in etwa die gleichen Hormone, die auf einer

Hühnerfarm gegeben werden. Wenn ihr Hühner aufzieht und das Futter selbst zusammenstellt, könnt ihr ziemlich sicher sein, daß ihr gute, frische Eier bekommt.

Wenn ihr keine Fleischtiere aufziehen könnt, empfehlen wir euch, euch in der Nähe umzusehen, ob dort ein Kleinbetrieb Vieh züchtet. Wenn ihr sucht, findet ihr vielleicht eine Quelle für organisches Hühner- oder Kaninchenfleisch. Es ist auch möglich, Rindfleisch direkt beim Züchter zu kaufen, bevor das Vieh in die Mastställe kommt, wo es mit Hormonen vollgepumpt wird. Manche Metzger verkaufen Wild, das den Speiseplan wundervoll ergänzen kann.

Wir essen oft vegetarisch, und das ist für jeden und überall möglich. Wenn ihr vegetarisch eßt, müßt ihr darauf achten, daß ihr genug Protein bekommt; das erreicht man durch die richtige Kombination von Getreide, Käse, Bohnen, Hülsenfrüchten und so weiter.

Die Milch, die wir brauchen, liefert eine Kuh oder die Ziegen. Wer keine Kuh hat, kann sich nach kleinen Molkereien umsehen oder Rohmilch im Reformhaus oder Bioladen kaufen. Daraus könnt ihr dann ganz leicht selbst Butter, Joghurt und Frischkäse machen. Wenn ihr lieber entrahmte Milcht trinkt, dann erkundigt euch, wie sie hergestellt wird. Manche Bearbeitungsmethoden, zum Beispiel starkes Erhitzen, zerstören Proteine und Vitamine.

Weizen, Reis, Linsen und so weiter kaufen wir meist bei Lebensmittelkooperativen oder direkt beim Bauern, am besten bei einem, der organisch wirtschaftet. Wenn ihr euch mit Freunden zusammentun könnt, dann bekommt ihr für größere Mengen bessere Preise; das gleiche gilt für Früchte und Gemüse.

Was ihr eßt, beeinflußt dramatisch euer Lebensgefühl, euer Denken und Aussehen. Wir glauben, daß die zusätzliche Zeit beim Besorgen und Kochen der Lebensmittel eine der besten Investitionen ist, die wir nur machen können, um gesund zu bleiben.

Um gut zu essen ist es wichtig, daß das Essen mit Gebeten und Liebe vorbereitet, serviert und gegessen wird. Menschen mit negativen Energien sollten nicht kochen, denn ihre Haltung kann das Essen vergiften. Leute, die auf einem »Ernährungstrip« sind, ob sie nun Vegetarier, Makrobioten oder Fleischesser sind, werden oft wütend, wenn ihre Wünsche nicht erfüllt werden. Solche Leute sollten die Küche nicht betreten, solange sie nicht gelernt haben, die Gefühle anderer in bezug auf Ernährung zu respektieren. Wir haben festgestellt, daß Leute, die Ernährung zur Religion machen, Schwierigkeiten mit dem Leben in der Gruppe haben. Doch bei uns leben Leute mit allen möglichen Ernährungsgewohnheiten harmonisch zusammen. Das Geheimnis? Liebe, Achtung, Geduld und die Fähigkeit, auch mal den Mund zu halten.

Auch in der Küche ist es hilfreich, weitgehend autark zu werden. Macht euch nicht von Rezeptbüchern abhängig. Wenn ihr nicht ganz sicher seid, wie es geht, handelt intuitiv. Solange ihr Liebe im Herzen habt, wird es gutgehen.

Finanzen

Wir sind jedesmal frustriert und traurig, wenn wir sehen, wie Leute gezwungen werden, den Plan vom Leben auf dem Land aufzugeben. Oft müssen sie in die Stadt zurück und einen Job suchen. Für uns heißt das, daß diese Leute schließlich bezahlt haben, ohne die Belohnung zu bekommen, die sie gesucht haben. Jemand anders profitiert von ihrem Fehler. Außerdem werden die Leute, die sich in dieser Falle fangen, vielleicht verbittern und werden nicht so leicht einen neuen Versuch wagen. Eine bessere Planung der Finanzen hätte ihr Heim, ihre Pläne und ihre Träume gerettet. Es ist wichtig, eine realistische Vorstellung von dem zu haben, was euch erwartet, und darauf vorbereitet zu sein.

Steigende Kosten sind nicht nur in der Stadt ein Problem. Alles, was ihr braucht, kostet auf eine Art etwas – Bargeld, Transportmittel, Zeit oder Arbeit. Benzin kann einen großen Posten ausmachen, und ob ihr es glaubt oder nicht, ihr werdet immer wieder einmal dringend etwas in der Stadt besorgen müssen.

Die Wegwerfgesellschaft, in der wir aufgewachsen sind, hat uns beigebracht, verschwenderisch zu sein. Anscheinend haben wir viele der alten Tricks zum Sparen vergessen. Unsere Großeltern, die Drepression und Kriege erlebten, waren Zauberer, wenn es darum ging, Dinge wiederzuverwerten, sie anders zu verwenden, zu sparen und von vornherein weniger zu brauchen. Hühnerknochen wurden für Fleischbrühe aufgehoben, Fertigsuppen brauchte man nicht zu kaufen. Kleine Seifenreste wurden gesammelt und in einem Schnürbeutel aus zwei Waschlappen zum Wäschewaschen verwendet. Socken wurden gestopft. (Ihr könnt lange suchen, bis ihr jemand findet, der stopfen kann.) Stoffreste wurden als Flicken aufgehoben. Es war beeindruckend, wie viele Dinge gerettet und wiederverwendet wurden.

Die atemberaubende Geschwindigkeit des heutigen Lebens macht es attraktiv, viele Dinge verschwenderisch zu tun. Es gibt Raum für Annehmlichkeiten, und es ist auch wichtig, die menschliche Energie mitzuzählen, wenn wir die Kosten ausrechnen. Wenn eine Familie sich selbst versorgen will, aber gleichzeitig die Jobs behalten muß, ist es brutal, darauf zu bestehen, daß sie ihre Sachen mit der Hand waschen müssen, weil eine Waschmaschine zu verschwenderisch ist. Die Zeit und die Energie, die sie in diesem Fall durch Maschinen sparen, ist besser verwendet, wenn sie das Haus winterfest machen oder Holz einfahren. Das Entscheidende ist, sich die Kosten aller Dinge bewußt zu machen, damit man vernünftig entscheiden kann.

Lernt, das Unerwartete zu erwarten. Es gibt platte Reifen, kaputte Geräte, verletzte Tiere, die den Tierarzt brauchen, Ausgaben für Gebäude und persönliche Bedürfnisse. Wenn euer Auto kaputt ist, zwingt es euch, es so schnell wie möglich zu reparieren. Ihr werdet feststellen, daß eure Arbeit ohne Auto langsamer vorangeht oder ganz stockt. Vielleicht kommt ihr später ohne Auto aus, aber während ihr noch lernt, autark zu sein, braucht ihr es, um Material und Lebensmittel zu holen,

Feuerholz, Dünger, Menschen und Tiere, und um den Müll wegzubringen und die Straße auszubessern.

Die Finanzplanung kann ziemlich nervenaufreibend sein. Doch unsere Haltung ist, daß die Finanzplanung unser Freund ist. Es ist schwierig, die Ausgaben vorauszuplanen, wenn ihr euch diese Mühe nicht macht. Dasselbe gilt für die Einnahmen. Finanzplanung bedeutet festzustellen, was ihr euch wann leisten könnt und was die Alternativen kosten. Wenn ihr ein Auto habt und einen Laster braucht, schreibt die Möglichkeiten auf. Euer Auto ist bezahlt. Um die Balken zum Haus zu bringen, müßt ihr 30 Fahrten mit dem Auto machen. Was kostet das? Ihr könntet für zwei Tage einen Laster mieten. Wieviel kostet das? Könnt ihr den Laster in dieser Zeit noch anders benutzen? Wieviel spart ihr später, wenn ihr es jetzt tut? Wieviel ist euer Auto wert? Gibt es einen Markt dafür? Was würde es kosten, einen Laster zu kaufen? Und ihn weiter zu unterhalten? Und was würde es kosten, beide zu betreiben? Ist ein Laster für alle eure Bedürfnisse geeignet oder würdet ihr ständig einen leeren Laster mit Benzin füttern und nichts dafür bekommen? Diese Fragen können nur beantwortet werden, wenn ihr genau rechnet. Hebt die Berechnungen auf, schreibt die Schlußfolgerungen nieder. Diese Informationen sind dann verfügbar, wenn ihr sie später braucht.

Hier ein Beispiel für einen fiktiven Finanzplan. Ihr müßt natürlich die aktuellen Werte einsetzen.

Wärmedämmung

Starke Isolierung	1000 Dollar (je nach Hausgröße)
Leichte Isolierung	650 Dollar
Ihr habt »gespart«:	350 Dollar

ABER JETZT MÜSST IHR HOLZ KAUFEN

Bedarf im ersten Fall	240 Dollar
Bedarf im zweiten Fall	600 Dollar

Indem ihr also billiger isoliert habt, konntet ihr 350 Dollar sparen, doch ihr mußtet 360 Dollar mehr für Holz ausgeben – und das in einem Jahr. Die stärkere Isolierung hätte sich in einem Jahr durch den geringeren Holzverbrauch bezahlt gemacht. Wahrscheinlich ist euch aber mit der dünnen Isolierung immer noch kalt, und ihr müßt noch mehr heizen und braucht einen zweiten Holzschuppen. Wenn ihr sehr vorsichtig seid, kostet er 40 Dollar.

Ähnliches gilt für die Holzarten. Teures Holz heizt besser, aber die Ausgabe kann sich lohnen, wenn ihr berücksichtigt, daß ihr bei billigem Holz erheblich größere Mengen braucht.

Außerdem müßt ihr die Kosten berücksichtigen, die entstehen, wenn ihr das Holz besorgt – zusätzliche Fahrten mit dem Laster, Arbeitsaufwand (die Zeit und Energie könnte an anderen Stellen nutzbringender eingesetzt werden).

Wenn ihr Holz im Wald sammeln wollt, braucht ihr eine Genehmigung, die meist etwas kostet. Beachtet die Vorschriften für Motorsägen und Fahrzeuge im Wald (Funkenflug).

Das Auto, mit dem ihr das Holz holt, braucht nicht nur Benzin. Es braucht Öl, es verschleißt, ihr müßt Versicherung und Steuern bezahlen.

Motorsägen gibt es nicht umsonst. Eine alte, gebrauchte kann schnell kaputtgehen. Eine neue ist teuer, aber ihr habt mindestens ein halbes Jahr Garantie. Die Motorsäge braucht Treibstoff und ist irgendwann kaputt. Wenn ihr teures Holz mit höherem Heizwert nehmt, habt ihr weniger zu sägen. Also: Teures Holz kann in der Endabrechnung viel billiger sein.

Theoretische Berechnungen in dieser Art können euch helfen, die wirklichen Kosten zu bestimmen, die oft sehr von den scheinbaren Kosten abweichen.

Versicherungen

Versichert sein beruhigt, und es ist lebenswichtig für jeden, der ein Haus kaufen will oder eine Farm auf Erbpacht übernimmt. Einmal haben wir bei einem Brand unser Geflügel verloren, doch die Versicherung hat den Neuaufbau der Herde bezahlt. Ohne Versicherung wäre es schwierig gewesen, unseren Verlust auszugleichen. Seht euch die Versicherungsverträge gut an und überlegt genau, ob ihr sie brauchen könnt. Versicherungen sind sehr teuer, und eine überflüssige Versicherung kann euch aussaugen. Vergewissert euch, wie hoch genau die Deckungssumme ist. Es ist eine bittere Enttäuschung, wenn ihr Riesensummen für die Prämien ausgegeben habt und dann feststellt, daß der Verlust nicht ersetzt wird – oder daß die Selbstbeteiligung so hoch ist, daß ihr letzten Endes sowieso selbst bezahlt.

Auch private Krankenversicherungen sind mit Vorsicht zu genießen. Es gibt viele verschiedene Arten. Sie sind meist billiger als die gesetzliche Krankenversicherung, doch auch hier gibt es Fallstricke. Eine Alternative, die bei manchen Leuten und Gruppen gut funktioniert, ist die Selbstversicherung. Das bedeutet, daß eisenhart jeden Monat ein bestimmter Betrag aufs Sparbuch kommt. Das Geld wird erst angerührt, wenn der Notfall da ist, den sonst die Versicherung bezahlen würde.

Andere finanzielle Realitäten

Eure Einkäufe müßt ihr bezahlen, ob sie nun fürs Gebäude sind oder zum Ziel haben, euch eines Tages selbst zu versorgen. Holz, Nägel, Dachlatten, Isoliermaterial, Betongründungen, Stromkabel – alles wird teurer. Saatgut, Tierfutter und Tiermedizin können euren Etat ziemlich anknabbern.

Wenn ihr nicht gewaltige Finanzreserven habt, braucht ihr eine verläßliche Einnahmequelle. Sorgt zumindest teilweise dafür, bevor ihr aufs Land zieht, und vergewissert euch, ob es weiter funktioniert. Verlaßt euch nicht auf Dinge, die noch nicht Realität geworden sind.

Es gab in der jüngsten Vergangenheit einige Versuche der (amerikanischen) Regierung, Menschen zu helfen, die finanziell in die Klemme gekommen sind. Diese Bemühungen haben nicht viele Früchte getragen, soweit wir gesehen haben, wenn es auch gute Ideen waren. Die Programme zur Wärmedämmung alter Häuser hatten so wenig Geld, daß sie auf sehr alte Empfänger beschnitten werden mußten. Die SBA (Small Business Administration, eine Existenzgründungshilfe) gibt guten Rat, aber keine speziellen Informationen und kaum Geld. Man kommt besser weg, wenn man sich um einen Forschungsauftrag bemüht. Alternativbanken und Lebensmittelkooperativen können nur geben, was sie haben. Wenn es 14 Kisten Salzmandeln gibt, dann war's das eben. Das Sozialamt ist entwürdigend. Wenn ihr als Empfänger in Frage kommt, dann benutzt das Geld, solange ihr müßt, aber bedenkt, daß das nichts ist im Vergleich zu dem, was ihr für euch selbst tun könnt. Arbeitslosigkeit kann eine Verschwendung von Zeit und Energie sein. Wenn ihr das Geld braucht, behaltet den Job so lange wie möglich oder bleibt arbeitslos gemeldet oder sucht einen Job, der es euch erlaubt, gleichzeitig an eurer Selbständigkeit zu arbeiten.

Überlegt euch genau, was eure Vorhaben kosten. Finanzierung ist kompliziert, wenn man sie mit der guten alten Zeit vergleicht, wo die Leute Geld hinlegten und die Ware mitnahmen. Wenn ihr Darlehen und Zinsen genau betrachtet, werdet ihr feststellen, daß dies die Einnahmequelle der Banken ist. Fragt genau nach: »Wann muß ich die erste Rate zurückzahlen, wieviel davon ist Tilgung und wieviel geht für Zinsen drauf?« Die Antwort könnte schockierend sein.

Wenn ihr ein Darlehen braucht, dann nehmt es mit offenen Augen. Was passiert, wenn ihr die Raten zu spät zahlt? Was, wenn die Zinsrate sinkt? Könnt ihr umschulden? Gibt es Klauseln für vorzeitige Rückzahlung? Müßt ihr immer noch jeden Monat zahlen, wenn ihr Sonderzahlungen geleistet habt, oder könnt ihr zum Ausgleich einen Monat auslassen? Ihr könntet feststellen, daß es günstiger ist, das Geld zu sparen und erst zu zahlen, wenn es fällig wird.

All dies bedeutet, daß ihr eine Einkommensquelle finden müßt, die euch genug Zeit läßt, eure neue Bleibe winterfest zu machen. Wenn ihr viel Glück habt, bekommt ihr Geld aus einer früheren Tätigkeit; zum Beispiel, wenn ihr einen Bestseller geschrieben oder eine Ölquelle gekauft habt. Doch die meisten haben dieses Glück nicht, und deshalb müssen wir arbeiten, um das Geld zu beschaffen.

Seid vorsichtig mit den Ausgaben. Wenn ihr bar bezahlt, seid ihr in einer guten Verhandlungsposition. Überzeugt euch trotzdem, ob es ein guter Handel ist. Sucht nach Dingen aus zweiter Hand. Sucht Dinge, die repariert werden müssen. Manchmal müßt ihr Sachen neu kaufen. Wartet wenn möglich auf Sonderangebote.

Erwartet nicht, daß ihr alles tauschen könnt. Der Tauschhandel wird gerade erst wieder populär, und es braucht Zeit, bis ihr einen Abnehmer für eure Ware findet, der gleichzeitig etwas Interessantes für euch hat. Der Tauschhandel erfordert viel Zeit, wenn auch Organisationen helfen können, es einfacher zu machen.

Wenn ihr ein Telefon habt, dann bezahlt die Rechnung pünktlich. Zahlt auch die Raten für euer Land oder das Haus. Säumige Zahler müssen oft so hohe Konventionalstrafen zahlen, daß sie sich nicht wieder erholen. Zahlt am besten immer bar. Vielleicht braucht ihr eines Tages wirklich einen Kredit, und dann wollt ihr als gutes Risiko gelten. Zahlt eure Steuern, damit ihr nicht durch eine Zwangsversteigerung von eurem Land vertrieben werdet.

Es gibt einige Möglichkeiten, wie ihr etwas verdienen könnt; zum Beispiel könnt ihr Holz schneiden und ausliefern (das erfordert allerdings einige Investitionen für Motorsägen, Benzin, verschiedenen Kleinkram und ist außerdem nur ein Saisongeschäft); ihr könnt eure Erzeugnisse verkaufen (ebenfalls saisonabhängig, und ihr braucht große Mengen) und Eier. Für Lebensmittel gibt es verschiedene Vorschriften der Aufsichtsbehörden (Kreisgesundheitsamt, Gewerbeaufsicht), und ihr müßt mit Besuch von Inspektoren rechnen. Ein solches Geschäft sollte voll funktionieren, ehe ihr aufs Land zieht. Vergeßt nicht, daß ihr, wenn ihr erst einmal umgezogen seid, viel mehr Zeit für die Fortbewegung braucht. Andere Möglichkeiten sind: Bienen halten und Honig verkaufen; Regenwürmer züchten; Kuchen und Torten backen; Kräuter ziehen und verkaufen; Zuckerzeug machen; Keimlinge verkaufen. Doch wenn ihr nicht in großem Maßstab einsteigt, braucht ihr noch eine zweite Einkommensquelle.

Heimarbeiten

Heimarbeit ist lebenswichtig, wenn ihr autark sein wollt, aber ihr müßt so regelmäßig und gewissenhaft arbeiten wie bei jedem anderen Job. Das sollte nicht schwer sein, denn schließlich arbeitet ihr nur für euch selbst und für niemand sonst. Ihr solltet versuchen, einen gut organisierten Bereich für die Entwicklung dieser Projekte bereitzustellen und jede Woche eine gewisse Zeit nur dafür arbeiten.

Ihr müßt Dinge herstellen, für die es eine Nachfrage gibt. Ihr müßt versuchen, mit einem Minimum an Aufwand (sowohl Geld als auch Arbeit) ein Maximum an Qualität herzustellen. Eure Zeit ist kostbar, also verschwendet nicht viele Stunden an Dinge, die sich schwer verkaufen lassen. Vergeßt nicht, daß die meisten Leute auf den Pfennig schauen müssen; also haltet die Kosten niedrig, doch verkauft eure Zeit nicht zu billig.

Werbung ist wichtig. Wenn ihr keine Freunde habt, die eure Ware in einem Laden schnell verkaufen können, müßt ihr euch auf die Beine machen. Ihr müßt herausfinden, was die Leute haben wollen, und ihr müßt eure Sachen so machen, daß sie ihnen gefallen. Manche Sachen verkaufen sich am besten in Boutiquen, andere auf Flohmärkten und wieder andere im Versand. Probiert alle Möglichkeiten aus.

Macht ordentliche Aufzeichnungen über eure Geschäfte. Bleibt auf dem laufenden. Nichts ist schlimmer als eine schlampige Buchführung und unordentliche Akten. Wenn ihr jemand

Geld schuldig seid, dann zahlt. Wenn jemand euch etwas schuldet, mahnt es an. Diese Dinge erledigt man nur gut, wenn man guten, ethischen Geschäftsgrundsätzen folgt.

Nähen ist ein kreatives Handwerk, doch ihr müßt herausfinden, was gefragt ist. Normalerweise kaufen die Leute keine Sachen, von denen sie glauben, daß sie sie auch selbst machen können; also würdet ihr mit Topflappen und Flickenteppichen und Spielzeug allein ziemlich schlecht aussehen. Wenn Jeans in Mode sind, könnt ihr euch sogar dem aktuellen Stil anpassen und Sachen machen, die original »stonewashed« sind. In Kramläden bekommt ihr Material für lange Kleider, Kissenbezüge, Hüte, Taschen, Tragetücher für Babys, Jacken, Arbeitsschürzen mit Werkzeugtaschen und andere Dinge.

Die Freizeitindustrie erlebt gerade einen Boom; ihr könnt auch mit Schlafsäcken Geld verdienen, mit Tipis, Rucksäcken, Behältern und Planen für verschiedene Zwecke. Am besten nehmt ihr Bestellungen an, damit ihr euer Material nicht auf Dinge vergeudet, die dann nicht verkauft werden. Das bedeutet, daß ihr Kleinanzeigen aufgeben müßt.

Denkt auch an Lederarbeiten: Mokkassins, Geldbörsen, Hemden, Hosen, Jacken. Das sind alles gute, nützliche Dinge, die anderen genauso helfen wie eurem Etat. Wenn ihr Rohpelze bekommt, dann könnt ihr sie gerben und weiterverkaufen.

Eine andere, manchmal sehr lukrative Arbeit ist der Möbelbau – ihr könnt eine ganze Reihe Dinge herstellen. Stühle, Tische, Schreibtische, Sekretäre, Hochbetten, Fässer. Wenn ihr lieber in kleinem Maßstab arbeitet, kommen Kindermöbel in Frage, Puppenmöbel oder auch Spielzeug. Wir kennen Leute, die ihr Geld nur in diesem Bereich verdienen.

Schmuck ist eine andere Möglichkeit, den Etat aufzustocken. Ihr könnt Ketten aus Silber und Kupfer oder Gold machen. Ihr könnt Kopfkissen besticken, Möbel polstern, Plüschtiere, Flickenteppiche, Steingut und Keramik herstellen.

Wenn ihr durch Heimarbeit Geld verdienen wollt, spielt eure Phantasie eine große Rolle, aber ebenso eure handwerklichen Fähigkeiten, der Markt und eure Verkaufsstrategie.

Tauschhandel

Wer braucht Geld?

Früher lebten die Leute viele Jahrtausende glücklich und zufrieden ohne Geld. Sie haben ihre Häuser selbst gebaut, ihre Nahrung selbst erzeugt, ihre Kleidung und Waffen selbst hergestellt, und was sie nicht selbst erzeugen oder tun konnten, haben sie im Tausch bekommen.

Mit den Städten und Zwischenhändlern kam die Notwendigkeit auf, Geld zu benutzen – und Scheckbücher, Kreditkarten und all die anderen zivilisierten Abstraktionen, die den wahren Wert der Dinge und Dienste verschleiern. Heute versuchen viele Leute wieder, das Geld aus dem Spiel zu lassen und ihre Geschäfte nur im Tauschhandel abzuschließen. Diese Idee ist so populär geworden, daß es in einigen großen Städten der USA sogar schon kommerzielle Tauschbörsen gibt, die im Auftrag ihrer reichen Kunden – die genau um die Vorteile dieses Handels wissen – arbeiten.

Wir betreiben schon seit vielen Jahren den Tauschhandel. Wir glauben, daß das Erlernen des Handels ein wichtiger erster Schritt beim Aufbau einer lebensfähigen ökonomischen Alternative zum existierenden System ist, und daß der Handel nach der Reinigung das Geld ersetzen wird. Wir haben Türkisschmuck gegen Perlen und Ketten getauscht, gegen Decken, Körbe, Federn, Töpfereiwaren, Bilder und Lederzeug; dann sind wir woanders hingegangen und haben einen Teil oder die ganze Fuhre wieder gegen Türkise eingetauscht. Mit wem wir handelten, hing davon ab, was wir in einem bestimmten Augenblick hatten und was wir brauchten. Wir haben unser Kunstgewerbe und unsere Produkte sogar gegen zahnärztliche Betreuung eingetauscht, gegen ärztliche Hilfe, Lebensmittel und Kräuter. Wir haben unsere Arbeit gegeben und Früchte geerntet und dafür einen Teil der Früchte behalten. Wir ließen Leute Darlehen zurückzahlen, indem sie für unsere Zeitung arbeiteten. Wir haben Leute mit einer Wolldecke ausgezahlt. Wir haben Sojabohnen und Perlen im Austausch für Abonnements genommen.

Wenn ihr seht, wie Kinder Quartettkarten oder Aufkleber tauschen, dann wißt ihr, daß diese Art zu handeln viel Spaß machen kann und viel befriedigender ist, als die Bilder von toten Präsidenten auszutauschen. So ungefähr die Hälfte unseres ganzen Handels geschah einfach aus der Freude am Geben und Nehmen. Die andere Hälfte ermöglichte es uns, ohne Bargeld Dinge zu bekommen, die wir brauchten. Wir haben bei Zusammenkünften und Vorträgen wertvolle Dinge bekommen, einfach weil wir zum Tausch bereit waren. Es gibt einige Regeln, die wir beachten, damit jeder Handel glücklich wird. Wir haben sie für euch aufgeschrieben:

1. Laßt euch auf keinen Handel ein, mit dem ihr nicht rundherum zufrieden seid. Bei einem Handel darf es keinen Gedanken an Rückerstattung geben.
2. Laßt euch nicht zu einem Handel überreden. Wenn der Handel wächst, werden immer mehr Gauner versuchen, ihren Müll abzustoßen.
3. Versucht auch umgekehrt nie, jemand zu einem Handel zu überreden. Vielleicht ist euer Partner im Augenblick finanziell nicht in der Lage, Tauschhandel zu betreiben. Viele indianische Silberschmiede zum Beispiel können sich den Tauschhandel nicht erlauben, weil sie für das Rohmaterial Bargeld brauchen.
4. Wenn ihr glaubt, daß der andere schlecht abschneidet, weil er es nicht besser weiß oder die Ware nicht genau kennt, dann sagt es ihm. Wenn er sie trotzdem will, ist es seine Sache.
5. Damit bei einem Handel beide Seiten glücklich sind, müssen beide das Gefühl haben, eine Winzigkeit besser weggekommen zu sein als der andere. Seid immer bereit, die Kleinigkeit dazuzugeben, die dem anderen das Gefühl gibt, die Nase vorn zu haben. Ein glücklicher Handel zwischen zwei Leuten führt normalerweise zu weiteren.

Ein Problem, auf das wir beim Tauschhandel immer wieder stoßen, ist die Notwendigkeit, den Dingen einen Wert in Dollar zuzuordnen, um zu entscheiden, ob der Handel fair ist. Als wir zum Beispiel mit unserem Zahnarzt verhandelten, stellte er uns den vollen Betrag für seine Dienste in Rechnung. Dann suchte er aus unserem Angebot heraus, was er wollte, und wir stellten ihm den vollen Betrag in Rechnung. Wir sind so sehr darauf konditioniert, bei dem Begriff Wert sofort an Geld zu denken, daß es uns schwerfällt, mit dieser Gewohnheit zu brechen; doch wenn man eine Weile mit Zahnschmerzen auf dem Land hockt, und dann kommt ein Zahnarzt vorbei und sagt, für ein Halsband aus Kürbisblüten würde er es in Ordnung bringen, dann denkt man nicht mehr groß darüber nach, was das Halsband gekostet hat. Wenn wir zugleich für unsere Bedürfnisse und aus Spaß an der Sache handeln, dann werden wir lernen, den Dingen wieder ihren wirklichen Wert zuzumessen. Für einen Verhungernden ist ein Laib Brot wertvoller als ein Barren Gold.

Die beste und wahrscheinlich sogar die einzige Art, den Handel zu lernen, ist es, zu handeln. Geht zu einer Sammlerausstellung, einem Flohmarkt oder einer Alternativmesse und seht, wie ihr zurechtkommt. Sobald ihr euch beim Handeln wohl fühlt, könnt ihr es probieren, wo immer ihr eine Möglichkeit dafür seht. Wenn es nicht funktioniert, habt ihr nichts verloren. Wenn es klappt, habt ihr wieder jemand überzeugt, es mit dem Tauschhandel zu versuchen.

Tauschbörsen sind ein guter Weg, Leute mit dem Tauschhandel vertraut zu machen und die Reichweite eurer Geschäfte zu erweitern. Die Börse, der wir angehören, funktioniert folgendermaßen: Wir zahlen einen Monatsbeitrag für Porto, Telefon etc. Wenn wir etwas gedruckt haben wollen, suchen wir jemand, der es kann. Wenn er bereit ist, schickt er uns eine Rechnung über den tatsächlichen Preis. Unser Konto zeigt dann, was wir ihm für den Druck schuldig sind. Dann braucht vielleicht jemand Türkise, Feuerholz oder eine Anzeige in Wildfire, unserer Zeitung, und wir schicken ihm eine Rechnung und bekommen den Betrag gutgeschrieben. Der Vorteil ist, daß wir keinen direkten Handelspartner suchen müssen und daß wir durch den Handel Zugang zu einer großen Zahl von Rohstoffen und Dienstleistungen haben.

Harmonie

Einer der größten Segen, wenn man die Stadt verläßt und aufs Land zieht, ist der, daß ein großer Teil der Hektik aufhört. Ihr könnt eure Energie auf den Aufbau von Dingen konzentrieren, die wirklich nützlich für euch sind. Das neue Leben bringt manche Leute vielleicht auf die Idee, daß man jede Kontrolle aufgeben könnte, doch wir haben festgestellt, daß diese Haltung naiv und unklug ist. Letzten Endes spart es Zeit, Sorgen und sogar Geld, »Ordnung zu halten« und mit Gesetzen und Nachbarn zurechtzukommen.

Motorfahrzeuge

Sorgt dafür, daß eure Autos der Straßenverkehrsordnung entsprechen. Sorgt dafür, daß sie sicher sind. Scheinwerfer müssen funktionieren, Scheibenwischer, Auspuff, Hupe etc. müssen in Ordnung sein. Wenn ihr kontrolliert werdet, bekommt ihr eine Mängelkarte und müßt innerhalb von 8 Tagen die Schäden beheben. Möglicherweise bekommt ihr sogar einen Bußgeldbescheid.

Laßt nur Leute mit Führerschein fahren. Zahlt die Versicherungsprämien pünktlich. Ein Auto kann ein Schatz sein oder ein Sargnagel. Haltet es in Ordnung.

Bauvorschriften

Ihr bekommt Ärger, wenn ihr ohne Baugenehmigung baut. Im schlimmsten Fall müßt ihr alles wieder abreißen. Wenn ihr Bauvorschriften verletzt, können die juristischen Konsequenzen sehr ernst sein; möglicherweise blockiert eine solche Auseinandersetzung eure ganzen anderen Pläne. Es ist einfacher, sich vorher eine Genehmigung zu besorgen. Das gleiche gilt für elektrische Anlagen und Sickergruben und ähnliches.

Feuerwaffen

Jagt auf keinen Fall, wenn es nicht unbedingt notwendig ist. Wenn ihr alles andere unter Kontrolle habt, ist es wahrscheinlich auch gar nicht nötig. Wenn es sein muß, besorgt euch einen Jagdschein, auch wenn es euch nicht paßt. Wenn ihr wildert und erwischt werdet, wird es euch sehr leid tun.

Beachtet die Vorschriften für Feuerwaffen (Waffenschein). Macht euch mit den Gesetzen vertraut und beachtet sie genau.

Drogen

Nehmt keine. Abgesehen vom Ärger mit der Polizei sind die Sachen, die sie direkt mit den Konsumenten machen, noch viel schlimmer.

Flächennutzungsplan

Wenn ihr in ein Gebiet zieht, das ihr nicht kennt, dann erkundigt euch, wie die Vorschriften für Außentoiletten aussehen. Erkundigt euch, ob ihr ohne weiteres Vieh züchten dürft. Wenn ihr in einem Wasserschutzgebiet lebt, müßt ihr besondere Bestimmungen beachten. Wenn ihr es nicht tut, bekommt ihr nicht nur Ärger mit den Ordnungshütern, sondern auch mit allen Nachbarn.

Lagerfeuer, Angeln

Beschwört keinen unnötigen Ärger herauf. Wenn ihr nicht genau wißt, ob etwas erlaubt ist, dann laßt es lieber. Gesetze zu verletzen bringt immer Schwierigkeiten. Wenn ihr sicher seid, daß ihr angeln dürft, dann nehmt nur, was ihr braucht und seid darauf vorbereitet, Kontrolleuren euren Angelschein zu zeigen. Für Lagerfeuer braucht man oft eine Genehmigung (falls sie nicht sowieso verboten sind). Erkundigt euch.

Viehzeug

Wenn man etwas aufpaßt und nachdenkt, hat man meist keine Probleme mit wilden Tieren. Versucht nicht, euch Tieren zu nähern oder sie zu fangen. Ihr könnt euch mit ihnen anfreunden, ohne sie zu domestizieren. Weicht ihnen in der Paarungszeit und wenn sie Junge haben aus. Achtet immer auf tollwütige Tiere. Faßt keine toten Tiere an. Entfernt sie mit einer Schaufel und begrabt sie weit von euren Kindern und Haustieren entfernt.

Leute

Wenn ihr aufs Land zieht, müßt ihr euch mit neuen Nachbarn abstimmen. Vielleicht haben sie am Anfang Vorurteile gegen euch, denn ihr seid erst einmal Fremde. Sie waren vor euch da, also müßt ihr euch von eurer besten Seite zeigen, um sie nicht vor den Kopf zu stoßen. Sie werden es zu schätzen wissen, wenn ihr sie in Ruhe laßt und euch um euren eigenen Kram kümmert. Borgt nichts aus und bittet sie nicht um Gefälligkeiten. Macht keinen Krach. Haltet euer Land sauber, damit es keine Beleidigung fürs Auge ist. Zuerst werden eure Nachbarn vielleicht wünschen, daß ihr wieder verschwindet, und einige könnten offen feindselig sein. Gebt ihnen nicht den Vorwand, nach dem sie suchen. Es kann sich immer noch ein gutes Verhältnis entwickeln. Bietet nicht zu aufdringlich eure Hilfe an, aber seid bereit, beim Löschen von Bränden oder bei Reparaturen zu helfen. Das ist ohnehin ein Teil der Verantwortung, die wir für unsere Mitmenschen haben. Haltet eure Tiere aus den Gärten der Nachbarn. Dringt nicht in ihr Gebiet ein und sorgt dafür, daß es auch eure Gäste nicht tun; eure Gäste können nicht wissen, wo die Grundstücksgrenzen sind. Hütet eure Wasserversorgung. Kümmert euch um euren eigenen Kram.

V

Gedichte und Legenden

O Großer Geist,
Sonne, Mond, Himmel und Meer;
Ihr seid in mir
Und überall um mich herum.

Euer Atem fließt so sanft,
Er streichelt das Land.
Er weht mit solcher Macht,
Um unsere Mitmenschen zu heilen.

Euer Blick ruht auf uns,
Vor uns selbst können wir uns nicht verbergen.
Wir müssen mit unseren Veränderungen gehen
Wie mit dem Wechsel der Gezeiten.

Danke für eure Schönheit,
Danke für dieses Leben.
Lehrt uns, dem Weg

Eures Lichts zu folgen.

O Großer Geist,
Wir grüßen dich mit unserer Liebe,
Wir sehnen uns nach deiner Weisheit,
Nach dem Segen deiner Liebe.
Schenke uns die Führung deiner Liebe.

O Großer Geist,
Sonne, Mond, Himmel und Meer;
Ihr seid in mir
Und überall um mich herum.

Dank sei Antahkarana
für dieses Lied

Hör nur...

Manchmal
verlangt es mich
zu rufen –
»Hört auf! Hört auf,
unsere Mutter
abzuschlachten
und die Schönheit
und die Pracht,
die auf ihr lebt!«
dieses Verlangen,
diese Stimme
in meinem Innern
wurde mir vom Großen Geist gegeben.
Es ist die Stimme
der Liebe.

Schweig still.
Höre.
Aus der Stille
in dir selbst
wirst du
es auch hören.

Es ist ein Dröhnen.
Es ist ein Flüstern.
Und es ist immer
da –
und ist bereit,
dich zu führen, wenn du
es nur hören willst.

Die Stimme
wird dir offenbaren,
deine kleinen Brüder
die Schönheit aller Wesen
zu achten
und die Königreiche
der Pflanzen und des Wassers
gut zu hüten.

Von ihr
wirst du
die Freundlichkeit der Bäume
lernen
und den Regen nicht mehr
zu verfluchen.
Geh im Regen
und sei dankbar
für seine Güte.

Sag danke,
wenn unsere Mutter

ihre Farbe wechselt –
Jahreszeit um Jahreszeit;
jede hat eine eigene Schönheit
ganz für sich,
und auch wir verändern uns und wandeln uns
und wirken unsren Anteil
in den Kreis.

Du wirst lernen,
daß du
gar nicht so viele Dinge
und Apparate brauchst
und daß du dich selbst und
deine Mutter tötest,
wenn du haben willst.

Alles, was du brauchst
wird dir gegeben.
Es ist da –
die Stimme
sagt es
dir –
wenn du nur
hören willst –

Wi i ni napa

Der Läufer

Wenn der alte Schamane stirbt,
empfängt der Auserwählte seine
Gabe durch eine Vision
von seinem Tier.

Um von diesem Geist zu lernen,
muß der junge Schamane

in den Wald gehen,
muß warten
hungernd nach Wissen.

Er läuft im dunklen Wald
und folgt der schmalen Spur
des Maultiers.
Er trägt ein Band aus weißen Knochen
und einen Medizinbeutel am Hals.

Er läuft, um seinen Schmerz zu finden.
Er läuft, um seine Kraft zu finden,
er fastet, erduldet, singt
und ruft heilige Namen an.

Er läuft
hinaus in den Wald,
bis ihn das Licht ereilt
und ihn hält.

Sein wildes Tier ist da
und springt ihn an,
wirft ihn zu Boden,
gibt ihm seine Macht,
schmiedet seine Kraft.

Der Läufer wird Schamane,
ganz weiße Knochen und Magie.

Gloria Hulk

Bruder der Dunkelheit

Ich stehe vor dir auf
und winke dir und locke dich und stoße dich
zur Tür der Dunkelheit,
die ich, der Rabe, bin.

Warum fürchtest du dich so vor mir, der Dunkelheit?
Siehst du nicht den Reichtum
zwischen all den Sternen, wo ich mich vergnüge?
Fühlst du nicht die Pracht, die Lebenskraft in mir?
Alles ist aus Dunkelheit gemacht.

Ich bin der Böse, der pocht und atmet wie ein dunkles Tier.
Leg es um dich wie ein Fell.
Es riecht nach Moschus
und wiegt schwer wie ein Bär beim Winterschlaf.

Ich bin gekommen, dich zu führen –
zur dunklen Unterwelt deiner Mitternacht –
zum schwarzen Diamanten,
der verborgen in deinem Herzen ruht.

Streife mein Gewand aus Dunkelheit über deinen Kopf
wie die Haube einer Kobra. Sieh meine samtenen,
funkelnden Schwingen in der Nacht.
Flieg mit mir über die Städte und durch Straßen,
die angefüllt sind mit dem Müll des Tages,
auf die öden Strände, die angefüllt sind
mit der Folter, dem Schmerz
und der Negation des Lebens.

Meine Dunkelheit kennt keine Negation.
Hier ist nichts zu sehen, das wir nicht akzeptieren können.
Folge mir ins Herz deiner Dunkelheit.
Stürze dich in diese dunkle Höhle.

Erlaube deinen Ängsten, nacheinander aufzusteigen.
Mit meinem scharfen Schnabel werden wir jeder Furcht ins
Eingeweide stoßen und das dunkle Tier, das unter den Blättern
der Verleugnung in ihr schläft, erkennen –
dort in der sterilen Höhle deiner Angst.

Solange du dich an dein Licht klammerst, wird sich die Kraft,
dein Frühling, nicht in dir erheben können.
Schmecke das exotische Aroma jeder Furcht.
Jede Furcht ist ein verbannter Freund, der deine Hand braucht,
Fühle, wie die Umarmung deines Freundes deine Einsamkeit
verschluckt und umhüllt.

Gehöre zur Dunkelheit, wie ich zu ihr gehöre.
Ich biete dir den Weg der Nacht.
Stürze dich in diese Nacht,
wie du dich in einen warmen See stürzt,
in dem es kein Licht gibt, und enthülle dein Blöße.

In dieser Höhle der Vollendung wird die Ehe zwischen
Licht und Dunkelheit vollzogen: Winter und Sommer sind
geeint.
Der volle Kreis deiner Seele wird alles Leben umfassen;
dann wirst du keine Öde mehr kennen.

R. A. SwanSon
Ojibwa-Dichter.

Kleine Tochter...
Halte meine Trommel
einen Moment über das Feuer.
Dann werden wir
das Lied deiner Mutter singen.

Frank Chilcote

Sieben Trommler

Sieben Trommler sangen
ein wirklich gutes Lied;
nicht zu schnell, doch schnell genug
damit sich jeder
gut fühlte

immer
zwei oder drei auf einmal
traten die Tänzer heraus
jeder bewegte sich
auf seine eigene
anmutige Art

ein Mann tanzte
mit allen
anderen
er tanzte in weichem
anmutigem Rhythmus
er war aufrecht
und groß gewachsen

er bewegte sich langsam
am Anfang
senkte abwechselnd
die breiten Schultern
in langsamen Kreisen

sein Kopf hüpfte
leicht
im Takt
der Trommel
und die ganze Zeit
schwankte sein Körper
hin und her

er trat mitten
zwischen die Tänzer
umkreiste die Trommel
wie alle anderen
er war aufrecht
und großgewachsen

als er an den Kindern
vorbeitanzte
wußte er
daß sie ihn beobachteten
(deshalb tanzte
er stolz)

als die Trommel
schneller schlug
tanzte er schneller
und geschickter
Staub begann sich zu erheben
aus dem dicht
gewachsenen Gras

immer noch tiefer
tanzte er im Kreis
er tanzte für zwei junge Männer
als Herausforderung
doch sie nahmen
sie nicht an

er tanzte hinter
einem jungen Mädchen
dann neben ihr
schließlich wurde er langsamer
und tanzte vor ihr weiter

er tanzte langsam
und anmutig
aufrecht und groß
als die Trommeln innehielten
hielt er inne
und stand bewegungslos

stolz und schweigend
lauschte er
den klingenden Glocken der
Tänzer die das Lied nicht
so gut kannten
wie er

R. A. SwanSon
Ojibwe-Dichter

Die Berührung der Trommeln

Trommel schlägt
Herz schlägt
Huf schlägt
Trommelschlag schwingt
wie das Herz

Schwingungen sagen alles
lausche
dem Schlag des Herzens
lausche
dem Schlag des Hufs

Die Berührung der Trommel
ist das Geräusch
von Haut auf Haut
über Zeder gespannt

über Knochen gespannt

Hufschlag
Herzschlag
Trommelschlag
werden
eins

Hufschläge geben Leben
und werden Trommelschläge
Trommelschläge bringen Leben
in das
Herz

R. A. SwanSon
Ojibwe-Dichter

Kreise des Lebens

Du mein Kind, laß uns zusammen sitzen
wir zwei im Kreis um unser Feuer.
Großmutter Mond lugt zu uns herunter
erhebt sich aus der Wildnis
gleitet um die Berge.

Es ist eine gute Nacht, der Eistaucher klagt.
Wir werden vom Bauch reden, kleine Schwester;
es ist Zeit, daß du erfährst,
wie er kommt und geht, sich hebt und leert
für die Kleinen, die noch geboren werden.

Klein wie deine Faust: kreisrunde, feste Kugel,
glänzend in der tiefen Dunkelheit
noch nicht bereit für Ankömmlinge
noch nicht voll Sehnsucht, weil sie fehlen.

Deiner ist noch leer und still.

Wenige Tage lang ist mein Bauch ein Nest,
Rot, meine Liebe, nicht weiß wie unsere Verwandte;
meiner liegt voll wie die Großmutter dort oben.

Deiner wird sich mit reicher Nahrung füllen
um den Hellen Roten Strom des Lebens zu ergießen
der zum Licht der Sonne tröpfelt.

Dann kommt die Stille Zeit, wenn das Wachstum weitergeht,
wenn Wurzeln stark werden
und das Ei schweigend wächst
und Großmutter Mond unsichtbar ihrem Weg folgt.

Rauche mit mir, Kind, es kommt noch mehr.

Was hält diesen großen, Stillen Rhythmus auf?
Wie bricht er ab, wie fährt er fort?
Kreise, Kind, zwei Kreise
werden Ein Kreis und Wachsen
werden zwei, sind gleich und doch so ungleich
wachsen und werden vier und acht und immer mehr
und füllen das Nest.
Neun Monde füllen den Großen Kreis
Dann drängt er heraus, ein neuer Strom des Lebens
dem Glanz der Sonne entgegen, in dem er wächst
und der Luft und dem Boden der Mutter Erde entgegen.

Der Rote Strom rinnt weiter, reinigt die nun gedehnte Kugel;
wieder und immer wieder.

Für immer, fragst du?

Schweig still, Kind, der Mond kommt, der Eisvogel ruft.

Bald wirst du deinen Anfang haben:
das Ende der Freiheit deiner Kindheit.

Ich werde bald mein Ende haben,
den Beginn meiner letzten Freiheiten...

Kreise, mein Kind, Kreise um das Feuer.

Morning Star

Wie der Bear Tribe zum Medizin-Klan wurde

Der Morgen war still und ruhig. Einige Vögel begrüßten mit ihrem Gesang das dämmernde Licht. Etwas Rauch kräuselte sich über den Hütten auf der Lichtung. Ein kleiner Bach hinter den Hütten wob seine Stimme ins Morgenlied. Ab und zu hoben sich Türklappen, und Frauen tauchten auf, blickten einen Moment nach Osten und begannen den Tag damit, Holz für das Feuer zu holen oder Wasser zum Kochen zu schöpfen.

Als das Licht stärker wurde, standen immer mehr Leute auf und entboten dem Osten ihren Gruß, bis sich der runde Rand der Sonne über den Horizont schob. Nun blieben alle stehen und wandten sich dem Licht zu, das sie mit Gesang begrüßten.

Einen Augenblick später stolperte ein alter Mann ins Dorf, dessen Atem rauh und keuchend ging. Sein Körper war schwach und ausgemergelt, und seine Haut war mit nässenden Narben bedeckt. Als er sich einer Hütte näherte, streckte er die Arme, als wollte er die Frau packen, die das Feuer versorgte.

»Bitte, Mutter«, bat er, »gib einem alten Mann einen Platz zum Ruhen und etwas Nahrung zu essen, damit er wieder stark und gesund wird.«

Die Frau wich vor ihm zurück und rief: »Geh fort. Laß uns allein. Wenn meine Kinder deine Krankheit bekommen? Wir werden alle sterben, wie du stirbst. Geh.«

Der alte Mann wartete einen Augenblick, doch als die Frau

nach etwas griff, das sie nach ihm werfen konnte, drehte er sich um und ging.

Den ganzen Tag über wanderte der alte Mann von Hütte zu Hütte und bat überall um Essen und einen Platz zum Ausruhen. Doch überall traf er auf Angst, Zorn und Ablehnung. Er wurde von jeder Hütte fortgeschickt. Kinder hatten sogar Steine nach ihm geworfen. Als der Tag fast vorbei war, blieb nur noch eine Hütte, zu der er gehen konnte. Sie stand ein wenig abseits von den anderen. Zwischen den ausgefransten Klappen stieg eine kleine Rauchsäule auf; die Tür stand offen. Drinnen saß eine alte Frau am Feuer und flickte Sachen. Ihr Haar war ganz weiß, und ihr Gesicht war von den Tränen und dem Lachen vieler Monde gezeichnet.

Die alte Frau hatte den alten Mann nicht kommen hören, und so räusperte er sich, damit sie wußte, daß er da war. Als sie aufblickte, sah er keine Abscheu und keine Furcht in ihren Augen.

»Großmutter«, sagte er. »Ich bin müde und hungrig. Bitte gib mir ein Stück von deinem Brot und einen Platz, an dem ich mich niederlegen kann.«

»Komm herein«, sagte die Frau. »Hier ist Essen und Wärme.«

Der alte Mann trat ein und wärmte sich, während die Frau etwas Essen zubereitete. Als er gegessen hatte, gab sie ihm ein Schlafgewand, und während er schlief, blieb sie am Feuer sitzen und flickte Sachen.

In den nächsten Tagen wurde der alte Mann immer schwächer, obwohl die Frau alles tat, um ihn zu stärken und es ihm behaglich zu machen. Schließlich sagte der alte Mann zu ihr: »Großmutter, es gibt eine gewisse Pflanze, die meine Krankheit heilen kann, doch ich bin zu schwach, um zu gehen und sie zu suchen. Ich werde dich das Gebet lehren, mit dem du die Pflanze findest und dir sagen, wie du sie erkennst und benutzt. Wirst du das tun?«

Die Frau willigte ein, und so erklärte er ihr alles, was sie wissen mußte. Sie hörte seinen Anweisungen zu, sprach das Gebet und holte die Pflanze. Dann bereitete sie die Pflanze nach den Anweisungen des alten Mannes zu und gab sie ihm.

Als die Tage vergingen, wurde der alte Mann wieder stärker, die Wunden hörten zu nässen auf und begannen zu heilen. Als er wieder gesund war, freuten sich die beiden alten Leute und sprachen Dankgebete.

Binnen weniger Tage wurde der alte Mann wieder krank. Die alte Frau versorgte ihn und pflegte ihn und tat alles, was ihr einfiel, um ihn zu heilen. Nichts linderte die Krankheit, bis der alte Mann der Frau von einer gewissen Pflanze erzählte, die ihm helfen würde. Wiederum sprach er ihr das richtige Gebet zum Finden der Pflanze vor und gab ihr Anweisungen, wie sie zuzubereiten sei. Und wiederum tat die Frau wie ihr geheißen, und als sie dem alten Mann die Pflanzenmedizin gab, wurde er wieder kräftig, und seine Gesundheit war wiederhergestellt.

Wieder und wieder wurde der alte Mann krank, und jedesmal bekam er eine Krankheit, die die Frau nicht heilen konnte. Und jedesmal erzählte der alte Mann der Frau von der Pflanze und dem Gebet, das ihm helfen konnte. Jedesmal tat die Frau, was er ihr auftrug, und konnte seine Kraft und Gesundheit wiederherstellen. Viele Male wurde der alte Mann krank, und die Frau brachte ihm die Heilung, und manchmal glaubte die Frau, daß sie vor Müdigkeit umfallen würde. Die Arbeit war unendlich, und manchmal fragte sich die alte Frau, wie ein so kranker alter Mann am Leben bliebe. Sie tat weiterhin alles, was er ihr auftrug, und jedesmal ging es dem alten Mann besser.

Schließlich kam der Frühling. Eines Tages sagte der alte Mann zu der Frau: »Großmutter, ich muß bald gehen, doch es gibt noch einige Dinge, die ich dir vorher sagen muß.

Vor einiger Zeit blickte Gitche Manitou auf die Schöpfung herab und sah, daß die Menschen an Krankheiten litten und nicht wußten, wie sie die Pflanzen benutzen konnten, die doch da waren, um jede Krankheit zu heilen. Er sah auch, daß der Bär von diesen Pflanzen wußte, die gebraucht wurden, um dem Leiden der Menschen abzuhelfen. Er gab mir eine Krankheit und schickte mich aus, um unter den Menschen einen zu finden, der mitfühlend genug ist, mir Essen und einen Platz am Feuer zu geben, und der die Mittel lernen konnte, meine vielen Krankheiten zu heilen. Er sagte, ich würde dich finden, und du würdest lernen, mich von allen Krankheiten der Menschheit zu heilen. Nun hast du alle diese Dinge gelernt, und du gehörst zu meinem Klan.

So war es. Du hast jede Krankheit geheilt, und du gehörst zum Bear Tribe. Es ist gut. Du bist Heilerin und wirst andere lehren, die würdig sind. Du wirst sie prüfen, wie ich dich geprüft habe. Gitche Manitou will es so. Und nun muß ich gehen. Lebewohl.«

Der alte Mann stand auf und schritt davon. Am Rande des Waldes hielt er inne. Als die Frau ihn anblickte, verwandelte er sich in einen prächtigen schwarzen Bären. Einen Augenblick später verschwand er zwischen den Bäumen.

Seit jener Zeit ist der Bear Clan als Medizin-Klan bekannt.

Neu erzählt von Sun Bear nach einer alten Ojibwa-Legende.

Die Legende vom Siwash-Felsen

In den Tagen, bevor der Weiße Mann kam, ging eine Squamish-Frau zu ihrem Mann und sprach: »Komm ... es ist fast Zeit.«

Sie nahm ihn bei der Hand und führte ihn aus dem Dorf durch Haine von gewaltigen Zedern, Fichten, Kiefern und Balsampappeln, bis sie den Meeresstrand erreichten. Nachdem sie eine Weile an der gekrümmten Uferlinie gewandert waren, erreichten sie eine vorspringende Halbinsel, an deren äußerster Spitze sie sagte: »Hier.« Damit drehte sie sich um und verschwand in den dichten Büschen an der Grenze zwischen Wald und Strand. Er sah ihr lächelnd nach, wie sie sich schwer mit dem Kind entfernte.

»Wird es ein Junge oder ein Mädchen?« fragte er sich leise. Dann drehte er sich um und watete ins Meer und hob die Arme in den Himmel.

»Großer Geist«, betete er, »reinige meine Seele, wenn ich schwimme, wie die See meinen Körper reinigen wird. Mache, daß ich diesen neuen Geist, der die Welt betritt, in Geist und

Körper völlig rein begrüße, um sein oder ihr zukünftiges Leben an diesem Ort nicht zu behindern. O Großer Geist, stärke meine Arme, wenn ich schwimme, daß sie mich in meiner Schwester Ozean halten, bis das Kind geboren ist. O Quelle allen Lebens, mache, daß ich von der Schande unsauberer Vaterschaft verschont bleibe. Von mir wird das Kind die Art der Männer lernen... Großer Geist, hilf mir jetzt, ihm meinen klaren, reinen Geist zu zeigen, damit auch sein Leben rein sei und er dich preise. Und wenn es ein Mädchen ist, dann laß sie die Kräfte des Mannes sehen, damit sie in Ehre lebt und einen reinen Mann erkennt, wenn sie ihn sieht. O Großer Geist, das Leben dieses Kindes liegt in deiner Hand, es kam von dir und wird am Ende zu dir zurückkehren. Hilf mir nun, ihn oder sie auf die Weise zu begrüßen, die einem gebührt, der gerade von dir gekommen ist.«

Und mit diesen Worten stürzte er sich in die See.

Stunden vergingen, während die Frau am Strand und der Mann im Wasser sich jeder auf seine Art bemühte, den Eintritt des Kindes in diese Welt zu ehren. In den Büschen ritt die Frau auf einem anderen Meer, auf den Wogen des Meeres des Lebens, die über und durch ihren Körper wogten, während der Mann draußen in der Strömung nicht nachließ in seinem unermüdlichen Anschwimmen gegen die Flut. Als die Zeit verging, glaubte er, in der Ferne Trommeln zu hören... fast, als lauschte er dem schlagenden Herz der Berge, die dicht am Wasser das Land umringten. Er schwamm etwas langsamer und hob den Kopf über das Wasser. Ja, jetzt konnte er es hören! Keine Trommelschläge, sondern ein weit entfernter, leiser Gesang, fast unhörbar im Geräusch des Meeres, das unermüdlich auf den Strand peitschte, fast ein Teil der Berge, des Waldes und der See.

Als er zum Ufer blickte, hörte er einen leisen Schrei von seiner Frau. Die Zeit war wirklich nahe! Er betete jetzt zu sich selbst und durchteilte wieder das Wasser.

Als er schwamm, kam das ferne Singen näher und drang deutlicher in seine Ohren. Schließlich erfüllte lauter Gesang das Land und hallte vom Himmel und den Bergen wider.

»Wir sind die Boten des Großen Geistes!« vernahm er.

»Mögen alle, die uns hören, die Augen schließen, denn unser Anblick ist ihr Tod! Wir sind die Boten des Großen Geistes! Mögen sich die Wasser vor uns teilen ... möge alles in der See vor unserem Schritt die Flucht ergreifen. Uns zu berühren oder das Wasser, das wir berührten, ist der Tod!«

Sein Herz sank. Er hatte von seiner Großmutter von den drei Männern gehört, den gewaltigen Geist-Männern, die vom Großen Geist zu ihrer unbekannten Aufgabe ausgesandt waren, und er wußte von ihrem großen Kanu, das schon zweimal vor langer Zeit diesen Weg genommen hatte. Einmal war ein Junge im Wasser gewesen, der sich geweigert hatte, ihnen Platz zu machen. Er war gestorben.

Er blickte wieder zum Ufer. Wenn er jetzt das Wasser verließ, würde sein Kind von einem unreinen Vater begrüßt werden, und gleich am Anfang seines Lebens, dem wichtigsten Augenblick überhaupt, würde es die Beschränkungen der Krankheit kennenlernen; Krankheiten des Körpers und solche des Geistes, die sich als Geiz äußern, als Lethargie, als Gedankenlosigkeit, Achtlosigkeit ... all die Gefährten eines unreinen Geistes. Nein, damit wollte er sein Kind nicht belasten. Es war besser, hier im Wasser zu sterben, als auf den Befehl der drei gewaltigen Männer in ihrem Kanu ans Ufer zu kriechen und das ganze Leben seines Kindes zu zerstören.

Inzwischen war das Kanu so nahe gekommen, daß die Männer darin ihn sehen konnten, wie er entschlossen weiterschwamm.

»Ho!« rief der erste im Bug.

»Ho, Sterblicher! Bist du taub, daß du unsere Warnung nicht hörtest, als wir kamen? Warum bist du noch im Wasser?«

Er leckte seine Lippen und trank ein wenig Salzwasser, um seine Kehle zu befeuchten, und deutete zum Ufer.

»Mein Weib liegt mit unserem ersten Kind in den Büschen«, erwiderte er, und gerade als er hinüberdeutete, klang der ferne Schrei eines Neugeborenen über das Wasser. »Ich will mein erstes Kind nicht unrein begrüßen«, sagte er. »Lieber will ich sterben.«

Als er im Wasser auf seinen Tod wartete, wanderte sein Geist in seinem Leben zurück. Wie gut sie zu ihm gewesen war! Und seine Eltern und Nachbarn. Sie würden ein großes Verschenkfest zu seinen Ehren machen und all ihren Besitz fortgeben. Eine Zeit der Trauer würde folgen, und danach würden die Verwandten »wie durch Zauberei« all die notwendigen Dinge ersetzen, die sie zum Leben in ihrem Teil des Langhauses brauchten. Er wußte, daß sie ihn vermissen würden, doch sie würden den Verlust hinnehmen...

Er wurde aus dem Tagtraum gerissen, als der Steuermann sich aus dem Heck des Bootes erhob und mit dem Paddel auf ihn deutete.

»Sterblicher«, sagte er nicht unfreundlich, »du hast großen Mut gezeigt, als du zum Segen deiner Tochter, denn eine Tochter ist es, unserem Zorn trotztest. Mit deinem Mut hast du die Unsterblichkeit gewonnen, denn wenn immer deine Stammesleute dir begegnen, sollen sie in dir die Tugenden der reinen Vaterschaft erkennen und sich an sie erinnern. Du sollst die Zeitalter als großer Felsen überdauern, der hier im Wasser steht, wo du uns trotztest; doch du sollst nicht kahl sein wie einer, der vom Geist verstoßen ist. Nein, du sollst drei Bäume tragen, einen für jeden deiner Liebsten... für dein Weib, dein Kind und für dein Volk.«

Und er streckte das Paddel über das Wasser und berührte den Squamish-Mann leicht an der Schulter.

Der Siwash-Fels steht heute noch, und die Geschichte vom Mann, der den Geistern zum Segen seines Weibs und seiner Tochter trotzte, wird heute noch erzählt.

Wenn man nach Vancouver in Kanada reist, so erzählen die Indianer, und dem Ufer bis zur äußersten Spitze des Stanley Parks folgt, dann kann man den kühnen, wundervollen Felsen sehen, der seine zähen Bäume trägt; und wenn man sich dort an dieser Stelle zum Unterholz wendet, findet man, wenn man Glück hat, einen Felsblock in der Größe einer Frau, die halb sitzend über den Boden gebeugt ist.

Daneben, erzählen sie, ist ein kleiner Felsen, der entfernt einem

Neugeborenen ähnelt ... eine dauerhafte Ehrung für den Mut eines Mannes und eine ewige Erinnerung für die Squamish, den Eintritt ihrer Kinder in diese Welt im Herzen, in Geist und Körper rein zu begrüßen, um ihnen einen felsenstarken Grund zu geben, auf dem ihr Leben bauen kann.

Wie der Donnervogel entstand

Es war einmal ein großer Habicht, der größte Habicht, der jemals auf Erden gelebt hatte. Dieser Habicht war so groß, daß der Schatten seiner Flügel zwei Hütten verdunkelte, wenn er über das Dorf flog. Zum Glück für die Menschen war dieser Habicht gut und freundlich zu allen, die ihn kannten.

Aber der Habicht war nicht nur groß, er war auch sehr mächtig. Sobald er ein bestimmtes Lied anstimmte, versammelten sich alle Habichte der Umgebung um ihn, um sich mit ihm zu beraten. Mit einem anderen Gesang konnte er jede Regenwolke, die sich am Himmel zeigte, einfangen und zu sich holen. Es hieß sogar, daß er ein bestimmtes Lied hatte, das Mäuse und Kaninchen direkt in seine Fänge springen ließ, wenn er tief über der Erde kreiste. Er war in der Tat ein sehr mächtiger Habicht.

Dieser Habicht war so mächtig, daß die Donnerwesen eines Tages beschlossen, ihm ein besonderes Lied zu verleihen, mit dem er sie herbeirufen konnte. Um dieses Lied richtig singen zu können, mußte er zuerst eine runde Hütte bauen, die groß genug war, um ihn und all die anderen Tiere, die er zu seinem Gesang einladen wollte, zu umfassen. Weiterhin mußte er einen ganz besonderen runden Altar errichten, an dem er besondere Dinge aus den Mineral-, Pflanzen- und Tierreichen zu hinterlegen hatte. Ebenso hießen sie ihn, dem Großen Geist seinen Dank abzustatten, bevor er jenes Lied anstimmte, um den Donnerwesen dafür zu danken, daß er ihre Kraft mit ihnen teilen durfte.

An einem Sommertag beschloß er nun, dieses Lied zu singen und traf alle Vorbereitungen, die die Donnerwesen ihm aufgetragen hatten. Er lud einige Habichte, einen Adler, zwei Raben, einen Geier und einen Seeadler in seine Hütte ein. Sie nahmen seine Einladung an, und als der Gesang beendet war und die Donnerwesen herbeigeeilt waren, verließen sie alle die Hütte in dem Wissen, daß sie durch das Vernehmen dieses Gesangs eine besondere Kraft erhalten hatten.

Großer Habicht hatte bemerkenswerte Kräfte erhalten und konnte von nun an mit einer einzigen Berührung seiner Flügel sogar die tiefsten Wunden seiner Freunde heilen. Aber mit dem Ausmaß an Kraft, die er jetzt besaß, wurde Großer Habicht ganz und gar nicht fertig, und anstatt allmorgendlich wie geheißen dem Großen Geist seinen Dank abzustatten, verkündete er frech: »Ich bin der mächtigste aller Habichte! Ich bin der große Kaik Kaik Kaik.«

Der Große Geist schaute diesem Treiben eine Weile geduldig zu in der Hoffnung, daß sich Großer Habicht wieder an seine Anweisungen erinnern würde. Aber nichts dergleichen geschah. Im Gegenteil, Großer Habicht wurde immer dreister.

Im darauffolgenden Sommer beschloß Großer Habicht, das Lied der Donnerwesen erneut zu singen, um noch mehr Kraft zu erhalten. Er glaubte, daß er jetzt so mächtig war, daß er sich nicht darum zu kümmern brauchte, eine Hütte zu bauen oder die Vorbereitungen zu treffen, die ihm aufgetragen worden waren. Ja, er kümmerte sich nicht einmal mehr darum, dem Großen Geist oder den Donnerwesen seinen Dank darzubringen. Und dieses Mal lud er alle Vögel und Tiere ein, damit sie Zeuge seiner Macht werden konnten.

Er stimmte sein Lied von seinem Nest, im höchsten Baum der Umgebung, an; putzte und plusterte sich nur um so mehr auf, je näher die Donnerwesen herankamen. Plötzlich schoß ein Blitzstrahl aus einer Wolke heraus und ging in dem Augenblick, als er die Spitze seines Flügels berührte, in einen Flammenball auf, um ebenso plötzlich mit dem Habicht zu entschwinden, bevor irgendeinem der anderen Tiere ein Leid zugefügt wurde. Sie alle blickten verwundert um sich und trauten ihren Augen nicht. Großer Habicht aber fand sich selbst im Himmel vor dem Großen Geist wieder.

»Großer Habicht«, sagte der Große Geist, »du warst zu überheblich. Du hast vergessen, deinen Dank abzustatten. Du hast die Zeremonien mißachtet, die dir anvertraut worden waren. Du hast die wirkliche Quelle deiner Kraft aus den Augen verloren. Da du die großen Donnerwesen durch den Mißbrauch ihrer Gaben beleidigt hast, wirst du ihnen ab heute dienen. Du wirst ein großer, stattlicher Vogel bleiben, aber du wirst nicht in der Lage sein, den Donner herbeizurufen. Von nun an werden sie dich rufen. Wann immer die Donnerwesen sich aufmachen, um ihre Arbeit zu verrichten, wirst du mit ihnen gehen. Und damit deine Eitelkeit nicht wieder überhandnimmt, wirst du stets hinter den Wolken verborgen sein. Einigen Menschen wirst du als seltsame Wolkenformation erscheinen und anderen als feurige Gestalt, die vom Blitz geschaffen wurde. Nur jene, die einen sehr klaren Blick haben, werden dich als das erkennen, was du bist: als den Vogel des Feuers, den Donnervogel. Geh und diene jenen, die du verletzt hast, bis du die Freuden kennengelernt hast, die daraus erwachsen können, demütig zu dienen und sich seines Platzes im Universum zu besinnen.«

Und so kam der Donnervogel zu den Menschen.